| 高等教育现代化研究丛书 |

董泽芳◇主编

西南地区地方高校学科建设研究

——基于知识生产模式理论

XINAN DIQU DIFANG GAOXIAO XUEKE JIANSHE YANJIU

—JIYU ZHISHI SHENGCHAN MOSHI LILUN

王琳博／著

華中師範大學出版社

新出图证（鄂）字 10 号

图书在版编目（CIP）数据

西南地区地方高校学科建设研究：基于知识生产模式理论/王琳博著. —武汉：华中师范大学出版社，2023.6

（高等教育现代化研究丛书 / 董泽芳主编）

ISBN 978-7-5769-0206-8

Ⅰ.①西… Ⅱ.①王… Ⅲ.①地方高校—学科建设—研究—西南地区 Ⅳ.①G642.3

中国国家版本馆 CIP 数据核字（2023）第 146276 号

西南地区地方高校学科建设研究

——基于知识生产模式理论

责任编辑：陈良军　**责任校对：**王　炜　**封面设计：**罗明波

编辑室：学术出版中心　**电话：**027-67867792

出版发行：华中师范大学出版社有限责任公司

社址：湖北省武汉市洪山区珞喻路 152 号　**邮编：**430079

电话：027-67863426（发行部）　**传真：**027-67863291

网址：http://press.ccnu.edu.cn　**电子邮箱：**press@mail.ccnu.edu.cn

印刷：湖北恒泰印务有限公司　**督印：**刘　敏

开本：710mm×1000mm　1/16　**印张：**15.75

版次：2023 年 6 月第 1 版　**印次：**2023 年 6 月第 1 次印刷

字数：242 千字　**定价：**80.00 元

欢迎上网查询、购书

总　序

教育是国之大计、党之大计。党的二十大报告提出了“实施科教兴国战略，强化现代化建设人才支撑”的重要论断，围绕教育优先发展、科技自立自强、人才引领驱动等作出新的全面部署。这为我们在全面建设社会主义现代化国家新征程上加快建设教育强国、科技强国、人才强国指明了方向。

高校承担着人才培养、科学研究、社会服务、文化传承创新与国际交流合作等重要职能，是教育高地、科技高地、人才高地的融合体。习近平总书记指出，高等教育发展水平是一个国家发展水平和发展潜力的重要标志。国家对高等教育的需要比以往任何时候都更加迫切，对科学知识和卓越人才的渴求比以往任何时候都更加强烈。实现高等教育现代化是实现教育现代化的核心内容，是建设教育强国、科技强国与人才强国的重要保障，是全面实现中国式现代化的强大基础，是推进中华民族伟大复兴的先导工程。

实现我国高等教育现代化，既要顺应国际高等教育的发展潮流，符合全球高等教育发展的共同愿景，体现世界一流的高等教育理念、体系、质量和水平；也要具有鲜明的中国特色，契合中国的国情，坚持社会主义办学方向，重视对优秀传统文化、核心价值理念和正确教育思想的弘扬，走出一条在高等教育大国基础上建设高等教育强国的道路；还要遵循我国现代化发展、教育现代化发展与人才发展自身的规律。高等教育现代化是一个立足本国、向他国学习，并不断自我创新的过程。基于此，我国高等教育现代化应该是立足于人口规模巨大国情的现代化，是追求人的全面发展、全体人民共同富裕、物质文明和精神文明协调并进、人与自然和谐共生的现代化，走和平发展道路的现代化。

实现我国高等教育现代化要把握机遇，用好机遇。当今世界正处于国际形势大变动时期，中国的发展也进入新时代，综观国际、国内形势，我国正处在进一步发展的重要战略机遇期，这为高等教育现代化发展提供了千载难逢的机遇。如世界经济格局新变化为高等教育现代化提供了强大的外部动力，"科教兴国"与"人才强国"战略为高等教育现代化建设提供了重要的战略支撑，经济持续发展与对高教投入加大为高等教育现代化发展提供了必要的物质保障，全党全社会对"教育优先发展"战略的认识深化为高等教育现代化发展创造了良好的精神环境，广泛的国际开放与合作背景拓宽了我国高等教育现代化国际交流平台，等等。在促进我国高等教育现代化发展的进程中，我们必须以高度的使命感把握机遇，用好机遇。

实现我国高等教育现代化也必须正视问题、研究问题。这些问题主要有：一是有些理念滞后，表现在很多大学对大学主体是什么、为什么办大学以及大学应该怎样办等缺乏深层次的理性认识；二是价值取向偏颇，表现在重功利价值轻学术价值，重科技价值轻人文价值，重局部近期价值轻整体长远价值，重个人发展价值轻社会发展价值，重效率价值轻公平价值，重适应社会的价值轻社会导引的价值，重分化的价值轻整合的价值，重维护稳定价值轻改革创新等方面，价值取向上的偏颇必然导致办学方向的迷茫、培养目标的模糊与高等教育功能的萎缩；三是发展定位不当，表现在我国当前许多高校在定位上仍然存在着办学目标雷同、服务面向不清、办学层次混乱、发展模式单一、办学特色淡化等问题；四是经费投入不足，表现在我国生均财政经费偏低，不同地区高校生均经费差距很大，公办高校经费投入与规模发展不相适应，不少高校的硬件建设和软件建设受到极大限制；五是制度建设薄弱，表现在大学与政府、社会的关系尚未理顺，大学自身的主体性的失落，有些大学内部也因种种原因出现行政权力异化，如职能官位化、作风衙门化、学术行政化等现象；六是教师现状堪忧，表现在部分高校教师人文素质偏低、敬业意识淡薄、价值观念偏颇和师德教风不佳等方面；七是培养模式僵化，反映在部分高校培养目标过专、专业划分过细、专业设置求全、教学方法重灌、学习方法过死、评价方法单一等；八是教学质量堪忧，主要反映在学生的自主学习能力不高、实践能力偏弱、创新人才较差等方面。我们必须以高度的责任感研究问题、破解难题。

本套丛书正是基于上述认识，围绕我国社会现代化进程中高等教育现代化面临的问题进行了探究。如有专著根据高等教育现代化是为了实现科教强国、人才强国的目标，将有效开发高校人力资源作为研究对象，以当今国际形势变动、国内发展转型、学校自身变革对高校教师开发以及人才培养的需求为研究切入点，重点评介了国内外高校人力资源开发与管理的相关理论，结合对当前高校人力资源开发与管理现状的调查研究，着重分析了高校人力资源选、用、管、评的机制优化与实施策略。有专著依据我国高等教育现代化追求公平与质量并重的目标，阐释了评价考生入学公平的最终标准是人人都能接受适合自己的高质量高等教育，人人都能成为社会的有用之才，人人都有出彩的机会；高等教育分流机制创新的根本目的是促进高等教育公平，前提条件是保证教育质量，高等教育分流机制创新必须合目的性、合规律性、合条件性。有专著认为实现乡村振兴是我国高等教育现代化的重要任务，提出了“培育一粒种子，带动一个专业，服务一群产业，扶持一方经济”“以师兴乡”的办学理念，开展了研究生层次乡村工匠之师培养培训创新实践与理论研究，总结出了“三界共振＋三双共振＋三术共振”要素之和及其相互作用的“全息共振”模式。有专著围绕高等教育对乡村振兴的智力支持的理念，采用访谈、个案等形式对某些具有典型性的农村社区进行实证调查，分析了高等教育对乡村振兴进行智力渗透方面的成绩与问题，提出了实现高等教育为乡村振兴提供切实有效智力支持的对策建议。有专著基于“制度—环境—行为”和“行为—环境—制度”两条主线，围绕制度、社会结构与组织环境、行为主体三大中心及其相互作用，对应用型本科高校教师工作考核制度的变迁机制和运行现状进行了探究。有专著立足于高等教育现代化是追求全体人民共同富裕、城乡协调发展的现代化，提出高师实践教学改革应以实习支教为抓手，整合教师教育实践教学改革和农村师资补充，建构地方政府推动下高校实习生、高校教师、乡村教师与城镇教师循环流转的“四元多维”模式，以促进贫困地区教育发展。有专著基于高职院校服务战略产业的方向，研究了区域战略性新兴产业对人才的需求，调查了职业院校人才培养现状，探讨和建构了推进职业院校服务区域战略性产业的路径和相关政策保障。有专著根据高等教育现代化的目标，从新制度主义理论视角出发，研究了推动高校分类发展，引导应用型本科高校特色发展，完善教师权益保障制度、工资薪酬制度和职称评定制度等的思路与对策。有专著以 112 所地方本科师范院校为样本，对组织目标、组织结构、组织行为等方面的转型问题进行了研究，提出了建立省级统筹下的教师教育体系、形成分类评估的制度、促进适合区域特色的本土化发展之路等对策。有专著基于知识生产模式理论的分析视角，综合运用多种方法，研究了西南地区地方高校的学科建设问题，剖析了地方高校与学科、地方高校与知识、学科与知识的逻辑关系，总结了西南地区地方高校学科建设的基本经验，梳理了地方高校学科建设中的主要问题，提出了在高等教育现代化进程中优化地方高校学科建设的基本路径。有专著以教育博士专业学位研究生培养模式为研究对象，以知识生产模式转型为理论视角，考察了我国教育博士专业学位研究生培养中的问题，提出了构建“系统集群—结构要素”组合的教育博士专业学位研究生培养模式和改革路径。

本套丛书在选题上都是紧紧围绕高等教育现代化发展，立足于问题研究，着眼于学科发展，致力于实践服务，既有宏观的政策考察，也有中观的制度分析，更有微观的对策探讨；书中提出的可行性建议与举措，对促进我国高等教育改革与发展具有一定的参考价值，希望能为构建中国式现代化高等教育体系，推进高等教育现代化发展贡献微薄之力。本套丛书的作者有些是资历尚浅的青年学者，书中有些观点和论证还显稚嫩和不足，但他们对教育深厚的人文情怀与现实关切令人感动。

中国高等教育现代化建设是一个系统工程，还有许多值得研究的问题。由于作者水平所限，以及对高等教育现代化发展的规律认识不深，本套丛书必有诸多不足，希望诸位读者不吝赐教。在此要特别感谢华中师范大学出版社领导、编辑部主任及各位编辑对本套丛书的大力支持。

董泽芳

2023 年 5 月 12 日

序

几年前，王琳博博士通过学习我的论文联系到了我，后来我们在一次会议中见过一面。自此以后，他就把我当作学长，不时向我请教一些问题。近日，他将准备出版的大作《西南地区地方高校学科建设研究——基于知识生产模式理论》发给我，请我为他写一个序。以往年轻的博士请我作序，我都建议他们联系他人，并且帮他们推荐德高望重的前辈。这倒不是我不乐意提携新人，而是自感平台太低，能量不足。在我即将从绍兴文理学院调入福建师范大学之际，我没法拒绝一位年轻博士积极上进的恳请，爽快地答应了王琳博博士的作序要求。该书是王琳博博士以其博士论文为基础打磨而成的专著，质量应该还是有保证的。于是，在有限时间内，我概览全书，择要细品，针对特点，略表浅见。

首先，分析视角可取。该书以地方高校为逻辑起点，以大学职能为逻辑中介，分析地方高校与知识、学科与知识、地方高校与学科之间的逻辑关系。基于知识生产模式转型的理论指引，地方高校作为培养应用型人才的主要场所，在国家“双一流”建设和各地方政府政策的驱动下，不断进行内部治理体系建设和外部关系调整，不断提升学科建设的水平和质量。知识作为地方高校人才培养的重要因子，在大学职能彰显中扮演着重要角色。在知识社会中，谁拥有丰富的专业知识、专业技术、专业思维和专业情感，谁就能在劳动力市场上占据优势地位。可见，地方高校学科建设的本质就是发展知识，培养具有高深专业知识的人才。地方高校无论是教学型高校、教学研究型高校还是应用型高校，都是以知识为中介的，培养具有学科知识的人才是地方高校学科建设的基本目的。

其次，选用研究方法适切。在研究“西南地区地方高校学科建设”这个课题时，该书选用了比较适切的研究方法，对研究问题有较为深入的认识，提出了一些新的观点和结论，并且这些新观点对于促进西南地区地方高校一流学科建设具有指导性。从这个层面上讲，本研究所使用的方法具有一定的创新性。在大数据科学的背景下，运用 Citespace 5.1、Bicomb 2.0、Nvivo 11.0 等统计分析软件，将学科建设的制度、政策、规划及访谈内容等文本形式的原始资料转化成可视化的图表，这样的信息呈现方式能更直观与清晰地展示学科建设的历史脉络、现状、问题及发展策略。基于历史流变、理论基础、现状调查和案例研究的课题设计思路，该书分析探讨了地方高校学科建设的内涵和外延，地方高校学科建设的特点、存在的问题和影响因素，未来地方高校学科建设的路径选择，等等，丰富和补充了一流大学和一流学科建设的学术研究。

最后，实践应用价值较大。王琳博博士在地方高校工作过五年，工作之后又继续深造，对地方高校学科建设实践有较深的认识。博士毕业之后，他又对本课题开展了持续深入的研究，并且取得了阶段性研究成果，发表了《知识生产模式下地方高校区域性一流学科建设的路径优化》《地方大学校长治校理念：内涵释义、核心要旨与实践价值》等论文。在撰写这部书稿时，他不仅以自己工作过的高校为实践基地，而且新增了几所地方高校作为调研对象。该书重点选用两所地方高校学科建设的实践作为案例，通过深入访谈与实地调研，得出具有一定实践价值的结论。两所地方高校的学科建设具有某些共性特征，但也存在比较鲜明的个性差异。两校在变革发展中具有的共性特征表现在：在历史积淀上具有相似的发展渊源，在地理空间上具有相似的区位优势，在办学定位上具有一致的决策选择。但是，两校在学科领导的体制机制、学校学科文化建设的内容等方面又存在比较明显的差异，两校在发展方向、发展速度、人员构成、制度建设、经费使用、人才培养、科研转化、文化培育等多方面呈现出不同的特点。

总之，该书是一部对知识生产模式理论下西南地区地方高校学科建设问题进行专题性、系统性研究的探索之作。该书在对西南地区地方高校学科建设问题进行文献研究、历史回顾、调查分析与案例解剖的基础上，采用文献法、调查法、访谈法和案例研究法等多种研究方法，基于知识生产模式理论的分析视角，分析了地方高校与学科、地方高校与知识、学科与知识的逻辑关系，总结了我国西南地区地方高校学科建设的基本经验，梳理了地方高校学科建设在实践中存在的主要问题，并提出未来地方高校学科建设的优化路径，对同类型地方高校学科建设具有实践指导意义。当然，一千个读者就有一千个哈姆雷特，我也将我认为该研究要在后续跟进中不断完善的地方留给作者，而不留给读者。期待王琳博博士在未来工作中不忘初心，坚定信念，奋力拼搏，再接再厉，在学术研究中取得更加丰硕的成果。

是为序。

付八军

2022 年 7 月 3 日于福建师范大学仓山校区

前　言

学科建设是一项席卷全国、影响深远的高等教育改革活动。经过第一轮的“双一流”建设之后，我国又出台了新的政策。2022 年教育部、财政部、国家发展改革委发布《关于深入推进世界一流大学和一流学科建设的若干意见》（教研〔2022〕1 号），并指出，“双一流”建设实施以来，各项工作有力推进，改革发展成效明显，推动高等教育强国建设迈上新的历史起点，但仍然存在高层次创新人才供给能力不足、服务国家战略需求不够精准、资源配置亟待优化等问题。作为我国高等教育体系中主体部分的地方高校，自然也承担着建设区域内“双一流”的历史使命和责任。

选择地方高校学科建设作为研究课题，对于我们深化对学科建设的认识和推动地方高校区域内一流学科建设具有重要的理论意义和实践意义。理论上，有利于丰富和发展我国地方高校学科建设的理论，有利于加深对我国地方高校一流本科教育的认识。实践上，可以为我国地方高校学科建设提供有益的经验，可以为地方高校学科建设的改革者和建设者提供决策咨询服务，也可以为地方高校学科专业设置与调整提供实践依据。本书具有如下特点：

第一，分析视角新颖独特。本书以地方高校为逻辑起点，以大学职能为逻辑中介，分析了地方高校与知识、学科与知识、地方高校与学科之间的逻辑关系。基于知识生产模式转型理论的分析视角，地方高校作为培养专业型知识的应用型人才的主要场所，在国家“双一流”建设和各省区市地方政府政策的驱动下，也在不断进行内部治理体系和外部关系的调整，不断提升学科建设的水平和质量。知识作为地方高校人才培养的重要因子，在大学职能彰显中扮演着重要角色。在知识社会中，谁拥有丰富的专业知识、专业技术、专业思维和专业情感，谁就能在劳动力市场中占据优势地位。可见，地方高校学科建设的本质就是发展知识，培养具有高深专业知识的人才。无论地方高校属于教学型高校、教学研究型高校还是应用型高校，都以培养具有学科知识的人才为学科建设的根本目的。

第二，选用研究方法适切。本书所言及的教育研究方法创新并不是指在现有研究中所使用的方法种概念和属概念的基础上再创造了一种新的研究方法种类，而是指在研究“西南地区地方高校学科建设”这个课题时，选用了比较适切的研究方法，促进了对所研究问题的深入认识与了解，从而得出了一些新的观点和结论，并且这些新观点对于促进西南地区地方高校一流学科建设具有比较强的可操作性。从这个层面上讲，本书所使用的方法具有一定的创新性。在大数据科学的背景下，运用 Citespace 5.1、Bicomb 2.0、Nvivo 11.0 等统计分析软件，将学科建设的制度、政策、规划、访谈内容等文本形式的原始资料转化成可视化的图表，这样的信息呈现方式更直观与清晰地展示了学科建设的历史脉络、现状、存在问题及发展策略。本书从历史流变、理论基础、现状调查和案例研究的分析思路中疏理了地方高校学科建设的内涵和外延、发展的特点、存在的问题和影响因素，未来地方高校学科建设的路径选择，对于地方高校建设区域内一流学科具有一定的借鉴意义与参考价值。

第三，实践应用价值较大。笔者在以地方高校学科建设为研究课题时，在地方高校工作过 5 年，后又继续深造研习 3 年多，对地方高校学科建设的实践工作有比较深刻的认识。博士毕业之后，又对该课题进行了持续深入的研究，并且取得了阶段性的研究成果。如发表了《知识生产模式下地方高校区域性一流学科建设的路径优化》《地方大学校长治校理念：内涵释义、核心要旨与实践价值》等论文；在实地调研中，新增了几所被调研的高校。本书重点以两所地方高校的学科建设实践为案例，通过深入访谈与实地调研，得出了具有一定实践应用价值的结论。两所地方高校的学科建设具有某些一致性的特点，但也存在比较鲜明的个性化差异。两校变革发展的同质性表现在：在历史积淀上具有相似的发展渊源，在地理空间上具有相似的区位优势，在办学定位上具有一致的决策选择。但在学校内外治理中，在学科建设领导的体制机制上，在学校文化建设的内容上，都存在比较明显的差异，两校在发展方向、发展速度、人员构成、制度建设、经费使用、人才培养、科研转化、文化培育等多方面呈现出不同的特点。

总之，本书选题较新、内容丰富、逻辑严密、结构合理、观点鲜明，是一部对知识生产模式理论下西南地区地方高校学科建设问题进行专题性、系统性研究的探索之作。本书在对西南地区地方高校学科建设问题进行文献研究、历史回顾、调查分析与案例解析的基础上，采用了文献法、调查法、访谈法和案例研究法等多种研究方法，基于知识生产模式理论的分析视角，分析了地方高校与学科、地方高校与知识、学科与知识之间的逻辑关系，总结了我国西南地区地方高校学科建设的基本经验，调研了地方高校学科建设实践中存在的主要问题，提出了未来地方高校学科建设的优化路径，对同类型地方高校学科建设具有较强的实践指导意义。

王琳博

2022 年 7 月 12 日

目　　录

第一章　地方高校学科建设研究概述

2018年11月23日，全国新建本科院校联席会议暨第十八次工作研讨会在西安召开。会议指出，全国普通本科院校有1243所，其中新建本科院校702所，占56.48%。没有新建本科院校质量，就没有我国高等教育质量；没有新建本科院校强大，就没有中国高等教育强大。2019年全国教育事业发展统计公报显示，全国各类高等教育在学总规模为4002万人，高等教育毛入学率为51.6%。全国共有普通高等学校2688所（含独立学院257所），比上年增加25所，增长0.94%。其中，本科院校1265所，比上年增加20所[①]。可见，地方高校成为我国高等教育体系中极为重要的组成部分。

2022年2月14日，教育部、财政部、国家发展改革委发布《关于深入推进世界一流大学和一流学科建设的若干意见》（教研〔2022〕1号）（以下简称《若干意见》）。《若干意见》指出，“双一流”建设实施以来，各项工作有力推进，改革发展成效明显，推动高等教育强国建设迈上新的历史起点。但目前仍然存在的高层次创新人才供给能力不足、服务国家战略需求不够精准、资源配置亟待优化等问题。《若干意见》提出，要以习近平新时代中国特色社会主义思想为指导，深入贯彻党的十九大和十九届历次全会精神，深入落实习近平总书记关于教育的重要论述和全国教育大会、中央人才工作会议、全国研究生教育会议精

---

① 2019年全国教育事业发展统计公报[EB/OL].(2020-05-20)[2022-01-01]. http://www.moe.gov.cn/jyb_sjzl/sjzl_fztjgb/202005/t20200520_456751.html.

神，立足中华民族伟大复兴战略全局和世界百年未有之大变局，立足新发展阶段、贯彻新发展理念、服务构建新发展格局，全面贯彻党的教育方针，落实立德树人根本任务，对标2030年更多的大学和学科进入世界一流行列以及2035年建成教育强国、人才强国的目标，更加突出“双一流”建设培养一流人才、服务国家战略需求、争创世界一流的导向，深化体制机制改革，统筹推进、分类建设一流大学和一流学科，在关键核心领域加快培养战略科技人才、一流科技领军人才和创新团队，为全面建成社会主义现代化强国提供有力支撑。

《若干意见》从九个方面阐述了“十四五”期间深入推进“双一流”建设的思路和措施：准确把握新发展阶段战略定位，全力推进“双一流”高质量建设；强化立德树人，造就一流自立自强人才方阵；服务新发展格局，优化学科专业布局；坚持引育并举，打造高水平师资队伍；完善大学创新体系，深化科教融合育人；推进高水平对外开放合作，提升人才培养国际竞争力；优化管理评价机制，引导建设高校特色发展；完善稳定支持机制，加大建设高校条件保障力度；加强组织领导，提升建设高校治理能力。

对地方高校的学科建设进行研究，可以推动地方高校的区域性一流学科建设与改革，增强我国地方高校的核心竞争力、社会影响力和社会声誉。在新时代，我国地方高校学科建设包括哪些内容？在“双一流”背景下，我国地方高校学科建设存在怎样的问题？影响地方高校学科建设的主要因素有哪些？地方高校学科建设的发展策略是什么？这些是现实中地方高校内涵建设必须深思的关键性问题。本书将通过分析我国大学学科建设的理论基础，回顾我国大学学科建设的历史流变，在借鉴世界一流大学学科建设经验的基础之上，通过我国地方高校学科建设的现状调查和案例研究，探寻我国地方高校学科建设的发展规律和特点，提出适合我国地方高校学科建设的发展理念和具体建议，为新时代我国地方高校学科建设的质量提升提供学理依据与改革思路。

第一节　地方高校学科建设的背景与研究缘由

一、地方高校学科建设的时代背景

（一）新时代国家高等教育政策驱动下的改革行为

2015 年 11 月 5 日，国务院发布的《统筹推进世界一流大学和一流学科建设总体方案》指出："坚持以学科为基础。引导和支持高等学校优化学科结构，凝练学科发展方向，突出学科建设重点，创新学科组织模式，打造更多学科高峰，带动学校发挥优势、办出特色。"① 2017 年 9 月 21 日，教育部、财政部、国家发展改革委印发《关于公布世界一流大学和一流学科建设高校及建设学科名单的通知》②，公布 42 所世界一流大学和 95 所一流学科建设高校及建设学科名单。在"双一流"建设高校名单中，一流大学建设高校有 42 所，一流学科建设高校有 95 所。而进入一流大学建设名单的 42 所高校，又被分为 A 类和 B 类，其中，A 类为 36 所，B 类为 6 所。世界一流大学与一流学科建设（"双一流"建设）项目的实施，标志着继"985 工程""211 工程"之后我国高等教育进入了一个新的发展阶段。

2018 年 8 月 8 日，教育部、财政部、国家发展改革委印发《关于高等学校加快"双一流"建设的指导意见》（以下简称《指导意见》）③。《指导意见》指出，要优化学科布局，构建协调可持续发展的学科体系。立足学校办学定位和学科发展规律，打破传统学科之间的壁

① 国务院关于印发统筹推进世界一流大学和一流学科建设总体方案的通知[EB/OL].(2015-11-05)[2019-03-24]. http://www.gov.cn/zhengce/content/2015-11/05/content_10269.htm.

② 教育部　财政部　国家发展改革委关于公布世界一流大学和一流学科建设高校及建设学科名单的通知[EB/OL].(2017-09-21)[2019-03-24]. http://www.moe.gov.cn/srcsite/A22/moe_843/201709/t20170921_314942.html.

③ 教育部　财政部　国家发展改革委印发《关于高等学校加快"双一流"建设的指导意见》的通知[EB/OL].(2018-08-20)[2019-03-24]. http://www.moe.gov.cn/srcsite/A22/moe_843/201808/t20180823_345987.html? from=timeline&isappinstalled=0.

垒，以“双一流”建设学科为核心，以优势特色学科为主体，以相关学科为支撑，整合相关传统学科资源，促进基础学科、应用学科交叉融合，在前沿和交叉学科领域培植新的学科生长点。与国家和区域发展战略需求紧密衔接，加快建设对接区域传统优势产业，以及先进制造、生态环保等战略性新兴产业发展的学科。加强马克思主义学科建设，加快完善具有支撑作用的学科，突出优势、拓展领域、补齐短板，努力构建全方位、全领域、全要素的中国特色哲学社会科学体系。优化学术学位和专业学位类别授权点布局，处理好交叉学科与传统学科的关系，完善学科新增与退出机制，学科的调整或撤销不应违背学校和学科发展规律，力戒盲目跟风简单化。2018 年 9 月 17 日，教育部发布《关于加快建设高水平本科教育全面提高人才培养能力的意见》[①]，提出要大力推进一流专业建设，应用型本科高校要结合办学特色努力建设一流专业。主动布局集成电路、人工智能、云计算、大数据、网络空间安全等战略性新兴产业发展和民生急需相关学科专业。结合区域内高校学科专业特色和优势，加强专业布局顶层设计，因地制宜，分类施策，加强指导，及时调整与发展需求不相适应的专业，培育特色优势专业集群，打造专业建设新高地，提升服务区域经济社会发展能力。

近年来，除了国家出台相关“双一流”建设的政策、法规和文件外，我国各省（区、市）也陆续出台了地方性“双一流”建设实施方案。2016 年 4 月 29 日，贵州省教育厅颁布了《关于大力推进区域内一流大学和一流学科建设的实施意见》（以下简称《实施意见》）[②]。《实施意见》提出，要推进高水平大学、学科和专业建设，立足贵州省高等教育发展现状，紧紧围绕“地方性、特色化、高水平”三个核心，鼓励和支持不同类型的大学和学科专业差别化发展，加快进入区

---

① 教育部关于加快建设高水平本科教育全面提高人才培养能力的意见[EB/OL].(2018-10-08)[2019-03-24]. http://www.moe.gov.cn/srcsite/A08/s7056/201810/t20181017_351887.html.

② 贵州省教育厅印发《关于大力推进区域内一流大学和一流学科建设的实施意见》的通知[EB/OL].(2016-05-04)[2019-03-24]. http://jyt.guizhou.gov.cn/zwgk/xxgkml/zcwj/qjh/201712/t20171206_16137520.html.

域内一流行列或前列的步伐。全省高校要根据自身实际，合理选择区域内一流大学、一流学科和一流专业的建设路径，科学规划、积极推进。拥有多个省内领先、国内具有一定影响力的优势特色学科、专业的大学，要在多领域建设一流学科、专业，形成一批相互支撑、协同发展的区域内一流学科专业群，全面提升综合实力和区域竞争力，进入区域内一流大学行列或前列。拥有某一优势特色学科专业的大学，要突出学科专业优势，提升学科专业水平，进入区域内该学科专业领域一流行列或前列。

2020 年 1 月 21 日，教育部、国家发展改革委、财政部印发《关于“双一流”建设高校促进学科融合　加快人工智能领域研究生培养的若干意见》①的通知，通知指出，探索深度融合的学科建设和人才培养新模式，鼓励企业、社会加大投入，形成财政资金、金融资本、社会资本合力支持人工智能相关学科发展和高层次人才培养的新格局。跨界融合、精准培养，培育新的学科生长点和特色方向。为了更好适应知识经济社会的发展要求，更好地面对信息技术、人工智能、互联网＋、大数据时代的变革实践，地方高校在推进“双一流”建设中，需重申学科建设的定位、规划、平台、经费、治理、人才等。

2022 年 2 月 14 日，教育部、财政部、国家发展改革委发出《关于公布第二轮“双一流”建设高校及建设学科名单的通知》②，公布第二轮“双一流”建设高校及建设学科名单和给予公开警示（含撤销）的首轮建设学科名单。根据该通知，共有 147 所高校进入第二轮“双一流”建设，与首轮相比，新增山西大学、南京医科大学、湘潭大学、华南农业大学、广州医科大学、南方科技大学、上海科技大学等 7 所高校，同

---

① 教育部　国家发展改革委　财政部印发《关于“双一流”建设高校促进学科融合　加快人工智能领域研究生培养的若干意见》的通知[EB/OL].(2020-02-24)[2020-12-30]. http://www.moe.gov.cn/srcsite/A22/moe_826/202003/t20200303_426801.html.

② 教育部　财政部　国家发展改革委关于公布第二轮“双一流”建设高校及建设学科名单的通知[EB/OL].(2022-02-14)[2022-03-30]. http://www.moe.gov.cn/srcsite/A22/s7065/202202/t20220211_598710.html.

时不再区分一流大学建设高校和一流学科建设高校。在学科分布上，331个建设学科（不含北京大学、清华大学自主确定建设的学科）包含数学、物理、化学、生物学等基础学科59个、工程类学科180个、哲学社会科学学科92个。同时，首轮建设中的北京中医药大学等15所高校的16个学科被公开警示或撤销（被撤销学科根据学科建设情况调整为其他学科）。

（二）新时代我国地方高校转型发展的现实诉求

在“双一流”建设高校中，绝大多数大学都是原来的“985工程”和“211工程”高校，这些高校具有比较强劲的科研基础、科研实力和研究团队及成员，属于以培养学术型研究人才为核心的研究型大学。高职高专院校主要是培养技术技能型人才，偏向于职业教育。作为地方高校，有的是新建本科院校，本科教育办学历史比较短，办学基础比较薄弱，以本科教育为主，有的地方高校属于省属重点大学，办学历史比较长，办学条件比较好，主要以本科教育为主，适度发展研究生教育。地方高校处于一种夹层的尴尬境地，上不及“双一流”建设高校具有比较强劲的科研基础及力量，下不能与高职高专院校偏向技术技能型人才的培养相比较。目前，国内的公办地方高校在国家政策驱动的影响中，形成了比较一致的人才培养观，就是结合地方经济社会发展的需求，注重产学研合作，以培养应用型人才作为高校转型发展的重要内容。有的地方高校把建设应用技术大学作为学校的办学定位，有的地方高校把建设教学服务型大学作为学校的办学定位，还有的地方高校把建设创业型大学作为学校的办学定位。无论选择或偏向何种办学定位，这些地方高校都有一个共同之处，即把应用型人才培养作为人才培养的核心。

（三）新时代我国地方高校生存竞争的必然结果

大学是一个生命体，在这个组织内部，生活着不同性格、不同价值观的生命个体。像世界上其他生命体一样，大学这个庞大而复杂的组织体也充满生命和灵性，只是这样的生命是人为赋予的。因为有了生命的意义与价值，所以大学时刻处于“消亡”与“再生”

的生命循环过程中。大学生命的“消亡”与“再生”主要受国家政治、经济、文化、科技等综合因素的影响，当然还有大学自身生存发展的情况。从中世纪大学诞生以来，纵观中外大学发展史，有的大学被其他大学合并了，那么，我们可以将这样的大学视为已经“消亡”了。有的大学更名了，在调整了学校的办学定位、发展规划、人事变革、教学改革、课程建设等之后，重新恢复了生机与活力，这样的大学我们视为“再生”。在高等教育生态系统中，也同样存在这样的“优胜劣汰，适者生存”的竞争法则。在新时代，或者更准确地讲，在“双一流”建设背景下和在我国实现高等教育强国的长远目标中，地方高校作为高等教育生态系统中的中坚力量，如何让其不断“新陈代谢”，进行区域性一流学科建设，成为一个需要思考的问题。中国高等教育已经步入了新时代，从 1999 年以来的数量增长发展期过渡到内涵建设与质量提升的改革期，现在已经进入高等教育普及化阶段。公办地方高校作为我国高等教育体系中重要的组成部分，在服务地方经济社会发展的过程中，应坚持以一流本科教育为根本，这是众多地方高校历史发展定位的战略选择。在推进一流本科教育的过程中，应以一流学科建设为导向，坚守“大学—学科—知识”内在的逻辑思路，在地方高校发展战略规划的指引下，推动地方高校的内涵建设，推动地方高校的“双一流”建设，从而为地方高校的长远发展赢得更多的机会。

二、地方高校学科建设的研究缘由

基于前文的分析，我国西南地区地方高校学科建设的变革行为，既是一种国家高等教育政策驱动下的适应过程，也是地方高校谋求发展、追求卓越的竞争结果。与进入“国家队”的“双一流”高校相比，地方高校在学科发展基础、学科定位选择、学科队伍建设、学科特色发展、学科团队培养、学科文化建设、学科资源分配等诸多方面具有差异性，因此，与国外世界一流大学和国内“双一流”建设高校相比，地方高校需要在实践变革中探索出一条适合自己发展的建设之路。故而，地方高校如何建设区域性（地方性）一流学科成为发展中亟须思考的问题，这个现实问题也成为本研究的核心问题。

为了遵循学术研究的特点和规律，解决本研究中提出的核心问题“地方高校如何建设区域性一流学科”，本研究在解决具体问题时采用如下研究方法：第一，追根溯源。在深入分析学科、学科建设和西南地区地方高校学科建设的基本概念的基础上，提出本研究对学科建设内涵和外延的认识。第二，区域研究。在科学认识学科建设的核心概念后，把西南地区地方高校作为区域研究，探讨该地区学科建设中的特殊矛盾。第三，调查分析。通过抽样调查，分析33所西南地区地方高校学科建设存在的问题和影响因素。第四，案例比较。既探讨西南地区地方高校学科建设中的共性问题，又选取2所新建本科院校学科建设作为案例比较，讨论2所地方高校学科建设的个性问题。第五，路径选择研究。在理论分析和实践变革的基础上，提出地方高校学科建设的发展路径。围绕如何建设区域性一流学科这个核心问题，我们提出了如下五个与核心问题息息相关的具体问题：

①西南地区地方高校学科建设的内涵和外延是什么？

②西南地区地方高校学科建设的特殊性表现在哪些方面？

③西南地区地方高校学科建设存在的主要问题是什么？

④西南地区地方高校学科建设的影响因素有哪些？

⑤西南地区地方高校学科建设的路径选择有哪些？

第二节　地方高校学科建设研究的价值意蕴

我国西南地区地方高校学科建设既是一个值得研究的理论问题，又是高教改革中的现实问题。选择地方高校学科建设作为研究课题，对于我们深化对学科建设的认识和推动地方高校区域性一流学科建设具有重要的理论意义和实践意义。

一、地方高校学科建设研究的理论价值

（一）有利于丰富和发展我国地方高校学科建设的理论

地方高校作为我国高等教育系统中非常重要的组成部分，在人才培养、科学研究和服务地方经济社会发展中发挥着不可替代的作用。在“双一流”建设政策的驱动下，西南地区地方高校如何建设区域性一流学科，如何通过区域性一流学科建设提升地方高校的本科教育质量、人才培养质量、科研质量和学科建设水平，进而提升地方高校服务经济社会发展的能力，成为现阶段地方高校需要破解的现实难题。通过全面系统地研究我国西南地区地方高校学科建设的基本情况、存在的问题及影响因素，可以总结出学科建设的经验和学科发展的一般性规律；结合西南地区地方高校学科建设的民族性、应用性、地方性和师范性的特点，可以为未来地方高校区域性一流学科建设研究提供“西南样本”和“西南模式”，从而丰富和发展我国地方高校学科建设的理论。

（二）有利于加深对我国地方高校一流本科教育的认识

地方高校主要是以本科教育为主，适度发展研究生教育和留学生教育。地方高校的学科建设与专业建设、课程建设、教师队伍建设息息相关，学科之下是若干专业，每个专业包含不同的课程，每门课程的教学又由学科教师来担任，并通过教学来培养学科专业人才。因此，提升地方高校学科建设的质量和水平，有利于提升地方高校本科教育质量。本研究重点以贵州省两所地方高校的学科建设为案例，将地方高校作为一个整体进行系统思考。一流学科建设是提升一流本科教育的有力举措，我国西南地区地方高校的本科教育是主体，研究生教育和留学生教育是辅助。本科教育起着承上启下的桥梁作用。接受了本科教育的学生有的会直接就业，有的会选择考研，有的会选择自主创业，等等。本科生毕业大致面临就业和深造两条道路，故而，我们要以一流学科建设为着力点，通过提升学科专业建设质量和水平来提升本科生的教育质量。笔者曾经在贵州某地方高校工作过五年，因此较为顺利地对这两所贵州地方

高校的领导、专家、学者、教师和学生进行了深度访谈，使本研究既遵循了学科建设的普遍规律，又结合了具体院校自身学科建设的校情校史，真正为地方高校学科建设提供决策咨询服务。

二、地方高校学科建设研究的实践价值

（一）可以为我国地方高校学科建设提供有益的经验

我国东、中、西部地方高校学科建设在历史条件、现实基础、大学领导治理理念、办学定位等方面存在巨大差异，推动区域性一流学科建设，兄弟院校之间相互学习和借鉴成为一种提升办学质量和水平的有效方式，可以减少在实践变革中的成本损耗（如时间成本、社会成本、教育成本）。高等教育教学是培养人的社会活动，是一场无法重复和复制的活动，地方高校的学科建设也是一种新背景下的变革，一旦新制度、新变革在学生身上发生作用和影响，那么，这种影响和作用就是“终身制”的。我国已经进入高等教育普及化阶段，显然，普及化阶段的高等教育与大众化阶段的高等教育存在差异，如何在高等教育发展的新时期提升地方高校学科建设的水平和质量就成为地方高校内涵建设中需要思考的命题。为了减少地方高校学科建设变革的盲目性与主观性，不同区域地方高校学科建设的实践可以成为相互学习的有效借鉴。通过对我国西南地区地方高校学科建设的实证分析和案例研究，并从相互比较中获得关于学科建设的影响因素和存在问题的理性认识，可以为同类型不同区域的地方高校的学科建设提供新思路、新方法和新路径。

（二）可以为地方高校学科建设的改革者和建设者提供决策咨询服务

随着国家和地方政府“双一流”政策的颁布与实施，新政策的出台对地方高校发展来说，既是机遇又是挑战。“双一流”背景下的地方高校学科建设是一条任重道远的改革之路，每所地方高校除了具有本科院校学科建设的共性之处，还有自身的特点。即使是同类型的高校，除了学习借鉴之外，更需要学科建设的主体思考自身学科建设存在的矛盾。现实变革中没有现成可走的路子，还需要地方高校积极地探索与思考。

西南地区地方高校在办学历史、办学定位、办学基础、发展目标、政策环境等存在多种差异，这些差异也造成了地方大学学科建设的差异。通过对地方高校学科建设的理性认识和实践反思，尤其是对“双一流”建设的政策分析和文本分析，可以观察政策的实施情况，增强地方高校学科建设改革者的信心，从而避免实践变革中的盲目行为，减少在学科建设中人力、物力和财力的无形消耗，加速推动地方高校的转型发展，形成地方高校的学科核心竞争力，建成具有地方特色的区域性一流学科。

（三）可以为地方高校学科专业设置与调整提供实践依据

在实践中，学科和专业是一对相互联系又相互区别的概念，学科建设和专业建设也是常常结合在一起的，学科建设需要若干专业来支撑，专业的发展有利于学科建设水平的提升。因此，对于地方高校学科建设而言，学科、专业一体化建设成为一种通用的法则。但是，学科、专业设置不是永恒不变的，它会随着地方经济社会发展的需要而适时调整，也就是说，在地方经济社会发展和就业市场的影响下，地方高校专业设置深受就业市场的影响，在招生方面，就业前景较好的专业也深受家长和学生的喜欢。一些比较传统的专业可能因为就业率持续偏低而被淘汰。与此同时，有的新专业又会随着就业市场的青睐应运而生，如2018年贵州高校新增审批本科专业名单中，贵州财经大学新设了大数据管理与应用专业。同时，新旧专业的“再生”与“消亡”势必又会引发一些新的问题，如旧专业的教师面临的转岗问题，新办专业面临的课程设置、教师队伍建设、实验室建设等问题。在分析学科建设的问题和发展规律的基础上，研究我国地方高校学科建设可以为学科专业设置与调整提供一些历史经验和现实依据。

第三节　地方高校学科建设研究综述

在知网、维普、万方、google学术、Web of science、Springer Link、EBSCO Education Research Complete数据库中，以“学科建设”为关键词，辅之以“学科”“一流学科”“重点学科”“特色学科”“优势

学科”“弱势学科”“高校学科”“大学学科”“学科发展”“学科评估”“学科制度”“学科规训”“学科文化”等主题，外文文献以“discipline construction”“discipline development”为关键词进行检索，并通过华中师范大学、西南大学、华中科技大学、武汉理工大学、武汉大学、江汉大学、黑龙江大学、重庆幼儿师范高等专科学校等学校图书馆和湖北省图书馆，以及中华人民共和国教育部官网和四川省、重庆市、贵州省、云南省等省市人民政府官网，省教育厅、市教委等官网，收集整理以学科建设为主的相关论著、期刊论文、硕博论文、报纸以及外文文献，可以发现现有文献中关于学科建设的研究分为如下三个方面的内容：

一、关于学科建设的理论研究

关于学科建设的理论研究，从国内学者的研究来看，有从学科文化视角进行研究的，也有从领导行为视角进行研究的，还有从学科专业结构和学科排名等视角进行研究的。蒋洪池（2011）[①] 针对学科文化研究中的“非历史性”“泛理论性”等缺陷，选取中世纪、文艺复兴时期、启蒙运动时代到20世纪中期三个历史阶段探究大学学科文化的历史演变，并以此为逻辑起点，从知识（学科文化的本原）、学科（学科文化的载体）和学者（学科文化的主体）三个方面揭示了大学学科文化的本质内涵，在此基础上展望了大学学科文化的发展前景，从而进一步拓展了学科文化研究的论题视域，初步构建了学科文化研究的概念体系和理论逻辑框架。谢桂华（2011）[②] 从理论与实践的视角比较全面系统地论述了高等学校学科建设的有关问题，从多学科的理论视角探索了学科建设的理论与规律，运用制度分析探讨了我国学科制度与学科文化建设的路径创新，以高等教育国际化的视野对中外学科发展模式做了比较研究。

关少化（2012）[③] 运用组织变革理论、领导行为理论、协调发展理

---

① 蒋洪池. 大学学科文化研究［M］. 北京：光明日报出版社，2011.

② 谢桂华. 高等学校学科建设论［M］. 北京：高等教育出版社，2011.

③ 关少化. 大学学科建设领导行为对学科发展的影响研究［M］. 武汉：华中师范大学出版社，2012.

论，就大学学科建设领导行为对学科发展的影响进行实证研究。该研究针对大学学科建设特性，借鉴组织变革理论、领导行为理论，对大学学科建设领导行为实践进行了归纳分析，并编制了问卷。该研究针对学科基本特性，在分析学科发展含义的基础上，确定了学科发展的评价指标体系，经加权平均计算，对 31 所样本大学的学科发展进行了评价。

苏均平、姜北（2014）① 根据学科建设发展的趋势和需要，结合学科建设现实情况和经验总结，对学科与学科建设的概念，学科专业结构调整及优化组合，学科带头人的选拔、培养和任用，学科人才队伍建设，学科文化建设，学科建设经费的筹措与管理，学科建设的组织与管理，军队院校的学科建设、学科建设的最终目的，学科带头人及其苗子的心理学选拔，学科的评估及指标体系，学科与学科建设的展望等做了论述，既系统介绍了学科建设的概念、目的与意义、作用、建设方法和途径等基本内容，又结合当下的形势讨论了创新型国家、研究型大学、转化医学、“2011 计划”、学科带头人及其苗子的心理学选拔等比较热门的内容，对国家、省市、院校、科室不同层面的学科建设也进行了较深入的讨论。王建华（2014）② 从多个角度对知识、学科与大学之间的复杂关系进行了深入研究，以“知识”和“大学”作为学科建设的两翼，围绕学科建设这个轴心，不仅对学科建设的理论进行了概括，还对我国大学的重点学科建设制度进行了深刻反思。除此之外，基于我国高校学科建设的现实需要，该研究还前瞻性地对知识规划与学科建设、学科规训与学科承认的方式、跨学科研究中大学与学科的互动以及知识产权、学术—产业链等与学科建设密切相关的其他问题进行了具体阐述。

王莉华、王素文、汪辉（2015）③ 融合了综合性的学科排名分析和独立的案例研究方法，分别从综合性的排行情况和具体的学科发展案例这两个不同层面研究世界一流大学学科竞争力的发展和现状，分析了学术界对竞

① 苏均平，姜北．学科与学科建设［M］．2 版．上海：第二军医大学出版社，2014.

② 王建华．学科的境况与大学的遭遇［M］．北京：教育科学出版社，2014.

③ 王莉华，王素文，汪辉．世界一流大学学科竞争力［M］．杭州：浙江大学出版社 2015.

争力的研究现状，整理了学术界对大学竞争力、学科竞争力及其相互关系的研究成果。同时，采取了历史研究和案例研究相结合的定性研究方法，深入分析3个学科、8所大学的系或学院，分析这些学科成长的过程和重要影响因素。刘菊香、张海水（2015）① 深入学科种类层面，分析研究了1998—2010年我国普通高等教育本专科招生情况及其在人才市场的需求情况，并从人才市场需求的角度，研究某个特定学科或职业的未来发展。

王继民、陈凌（2016）② 基于北京大学一级学科数据分析平台（http://scie.pku.edu.cn）的规范数据，对10年（2006—2015年）来我国人文社科类17个一级学科的相关评估数据进行了定量分析，包括国内外学科排名、国家社科基金项目、国际论文、国内中文核心期刊论文、全国百篇优秀博士学位论文、高校优秀成果奖、重点学科、教育部重点研究基地、优秀人才等10种评估数据。其论文《中国人文社科类一级学科数据分析报告》所分析的一级学科有：中国语言文学、外国语言文学、哲学、社会学、理论经济学、应用经济学、政治学、图书情报与档案管理、马克思主义理论、新闻传播学、法学、教育学、体育学、中国史、世界史、考古学、民族学等。

王丽娟（2018）③ 在《民国国立大学学科价值取向流变研究（1912—1936）》中，以民国国立大学"理想本位—现实本位—实践本位"学科价值取向发展演变为经，以"学科知识—学科制度—学科文化"为纬，研究了民国国立大学学科价值取向的形成、演化过程和演化的影响因素，探讨了造成学科发展价值理想与实施现状的差距，揭示了不同价值取向下学科的真实形态以及构筑这种形态的具体的政治、经济、社会和文化背景，对研究型大学学科建设提供了历史借鉴与现实参照。

---

① 刘菊香，张海水．中国普通高等教育本专科学科专业发展研究：基于人才供求的视角［M］．上海：上海科技教育出版社，2016．

② 王继民，陈凌．中国人文社科类一级学科数据分析报告：2016［M］．北京：科学出版社，2016．

③ 王丽娟．民国国立大学学科价值取向流变研究：1912—1936［M］．北京：中国社会科学出版社，2018．

在国外，很少有人把高等学校的学科建设问题作为一个单独的问题来进行研究，在外文中甚至找不出与学科建设相对应的词语。但这并不等于说国外就没有人研究学科建设问题。加州大学伯克利分校高等教育研究所所长马丁·特罗（Martin Trow）教授从社会学的角度，对各国高等院校按照地位、名望、财富、权力以及影响进行分等分析，介绍了一些国家的大学提高学科水平的做法。他认为，要使高等学校的地位得到升迁和变革，无论国家采取什么行动，最终都要由争取著名教授和出类拔萃的年轻教师、争取研究经费、争取优秀本科生和研究生等市场力量来决定。

综上所述，笔者在中国知网，以“学科建设”为关键词、主题作了文献检索，收集整理了 1981—2020 年在中文核心期刊刊发的论文，文献检索时间为 2020 年 8 月 18 日。笔者绘制了关键词知识图谱，通过关键词的中心性和知识图谱分析，可以看出近四十年来我国学科建设研究的热点和趋势。通过分析笔者发现这类研究既有对某一学科建设的研究，也有对学科建设的其他相关内容的研究，如对重点学科、人才培养、“双一流”建设、专业建设、马克思主义理论学科、艺术学、情报学、课程建设、学科定位、学科发展、学科体系等方面的研究（见图 1-1、表 1-1、表 1-2）。通过关键词的频次与集中性也可以看出，学科建设研究深受国家教育政策和政治层面意识形态的影响。

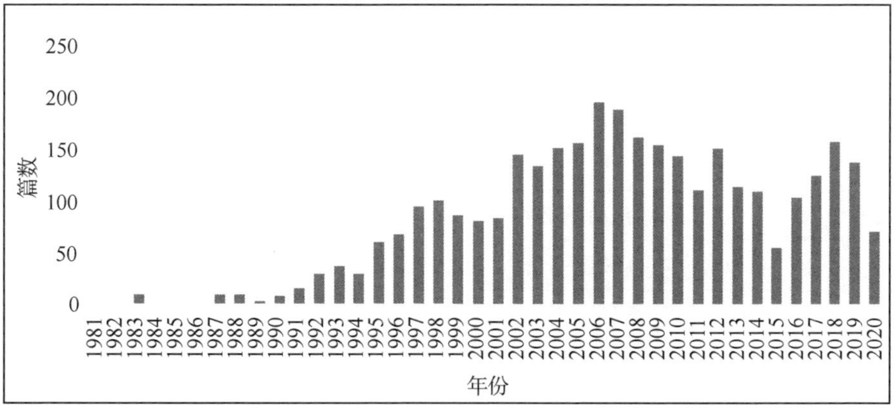

图 1-1　1981—2020 年发表在中文核心期刊上关于我国学科建设研究的论文篇数变化

表 1-1　1981—2020 年发表在中文核心期刊上关于我国学科建设研究的论文篇数

年份	1981	1982	1983	1984	1985	1986	1987	1988	1989	1990
篇数	2	0	10	2	2	2	10	10	3	8
年份	1991	1992	1993	1994	1995	1996	1997	1998	1999	2000
篇数	16	30	37	30	61	68	95	100	87	81
年份	2001	2002	2003	2004	2005	2006	2007	2008	2009	2010
篇数	83	144	135	152	156	196	188	162	155	145
年份	2011	2012	2013	2014	2015	2016	2017	2018	2019	2020
篇数	110	152	113	109	56	104	125	157	137	71

表 1-2　1981—2020 年我国学科建设研究文献中高中心度关键词(频次≥20)

序号	频次	中心度	关键词	序号	频次	中心度	关键词
1	1453	1.24	学科建设	21	30	0.01	研究型大学
2	131	0.16	学科	22	28	0.00	地方高校
3	124	0.07	重点学科建设	23	27	0.01	研究生教育
4	109	0.07	重点学科	24	27	0.02	学科发展
5	86	0.07	一流学科	25	27	0.01	高等教育
6	72	0.04	建设	26	27	0.01	一流学科建设
7	72	0.07	人才培养	27	25	0.00	马克思主义理论学科建设
8	67	0.04	高校	28	25	0.01	一级学科
9	61	0.05	“双一流”建设	29	24	0.00	课程建设
10	59	0.01	思想政治教育	30	23	0.00	学科定位
11	46	0.01	高校图书馆	31	22	0.02	高等教育学
12	45	0.03	学科带头人	32	22	0.02	学科群
13	41	0.02	专业建设	33	22	0.00	世界一流大学
14	41	0.07	学科体系	34	22	0.01	高校学建设

续表

序号	频次	中心度	关键词	序号	频次	中心度	关键词
15	36	0.02	学科服务	35	21	0.01	马克思主义理论一级学科
16	35	0.01	学科馆员	36	21	0.01	创新
17	34	0.01	马克思主义	37	21	0.03	博士点
18	32	0.01	马克思主义理论学科	38	21	0.01	“双一流”
19	32	0.01	马克思主义理论	39	20	0.01	学科交叉
20	31	0.03	交叉学科	40	20	0.01	学科专业建设

笔者在中国知网，以“篇名＝学科建设”作了文献检索，收集整理了2001—2020年各高校公开发表的312篇硕士、博士学位论文（见表1-3），其中博士论文23篇，硕士论文289篇，检索时间为2020年8月22日。将数据导入Citespace软件，并绘制关键词知识图谱，通过关键词的中心度分析和知识图谱分析，我们可以看出20年来学科建设研究的一些研究热点和发展趋势（见表1-3、表1-4、图1-2、图1-3）。

表1-3　2001—2020年我国学科建设研究硕博学位论文的年度分布表

年份	2001	2002	2003	2004	2005	2006	2007	2008	2009	2010
篇数	1	2	4	7	5	13	27	22	15	16
年份	2011	2012	2013	2014	2015	2016	2017	2018	2019	2020
篇数	21	27	25	16	14	18	20	30	27	2

表1-4　2001—2020年我国学科建设研究硕博学位论文高中心度关键词(频次≥2)

序号	频次	中心度	关键词	序号	频次	中心度	关键词
1	155	0.82	学科建设	20	2	0.00	人才培养
2	20	0.29	学科	21	2	0.08	核心竞争力
3	6	0.16	建设	22	2	0.09	现状
4	5	0.04	一流学科	23	2	0.00	指标体系

续表

序号	频次	中心度	关键词	序号	频次	中心度	关键词
5	5	0.00	绩效评价	24	2	0.00	教育
6	5	0.11	地方高校	25	2	0.00	义务教育
7	5	0.14	“双一流”建设	26	2	0.02	学科制度
8	4	0.13	高校	27	2	0.00	课程设置
9	4	0.05	学科发展	28	2	0.00	特色学科建设
10	4	0.02	学科文化	29	2	0.00	团队建设
11	4	0.30	对策	30	2	0.00	重点学科建设
12	4	0.27	重点学科	31	2	0.00	学科服务
13	4	0.02	学科体系	32	2	0.00	网络信息组织
14	3	0.00	发展	33	2	0.00	特色
15	3	0.00	研究型大学	34	2	0.00	学科信息门户
16	2	0.07	“双一流”	35	2	0.00	一流学科建设
17	2	0.00	高等教育	36	2	0.00	专业建设
18	2	0.00	高等学校	37	2	0.00	层次分析法
19	2	0.00	民族院校				

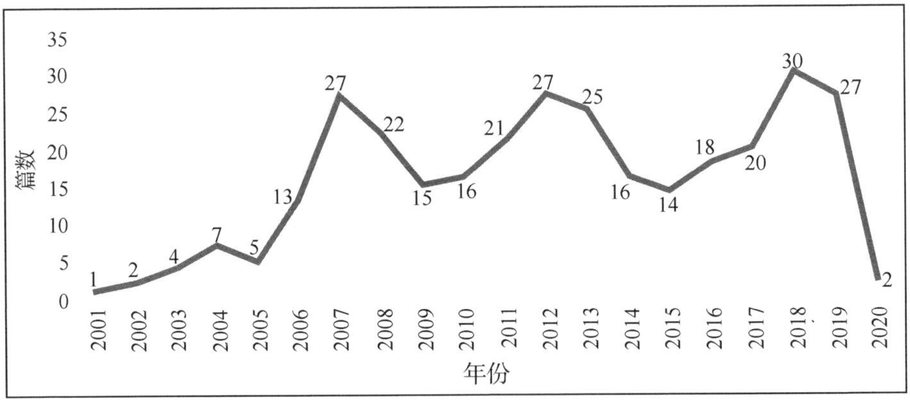

图 1-2　2001—2020 年我国学科建设研究硕博论文的年度分布图

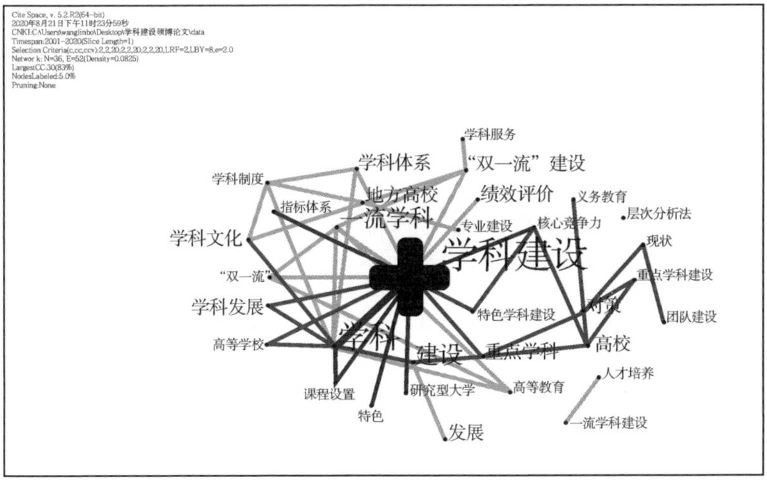

图 1-3　2001—2020 年我国学科建设研究硕博论文关键词知识图谱

二、关于高校学科建设的研究

这里的大学学科建设研究主要针对研究型大学的学科建设、民族类院校的学科建设、行业类大学的学科建设和地方高校的学科建设。对地方高校学科建设研究主要采用案例研究的方法，即对某个地区内的多所地方高校做案例分析，在比较中探寻地方高校学科建设的规律，总结概括地方高校学科建设的成绩。其中有对地方高等师范院校进行研究的，如卢瑛祥（2004）① 对地方工科院校学科建设人、财、物管理进行了研究，他提出要使学科建设工作得以有序、高效地运行，必须做好人、财、物的管理。也有以某一所大学为研究对象，深入分析探讨其学科建设概况的，如陈寿灿（2004）② 以浙江财经学院为案例，重点分析了浙江财经学院若干学科建设——财政学科建设、会计学科建设、金融学科建设以

① 卢瑛祥. 地方工科院校学科建设人、财、物管理刍议［J］. 广西民族学院学报（哲学社会科学版），2004（S2）：118-123.

② 陈寿灿. 整合与转型：浙江财经学院学科建设研究［M］. 北京：中国财政经济出版社，2004.

及影响我国高等教育发展的因素。

胡新喜等人（2005）① 在分析地方农业院校学科建设的现状及存在的主要问题的基础上，有针对性地提出了地方农业院校搞好学科建设的主要对策，即统一思想、科学定位与规划、加强学术队伍与师资建设、加强科研与人才培养。张新婷（2017）② 对地方高校应用型学科建设进行了研究。研究发现，目前地方高校应用型学科建设中存在方向和领域凝练不精准或有重复、学科团队的聚合力与竞争力不足、科研成果不聚焦且质量层次不高、学科建设的科研条件有待提升、学科建设的制度机制需健全完善、应用型学科文化建设重视度不高等问题。在此基础上，张新婷提出要找准优势与特色，促进创新成果产出，合理遴选成员，兼顾培养与引进，校政企深度合作，重点发展交叉平台，健全相关制度机制以及培育学科文化，丰富学科内涵等对策，以助力地方高校建成一批区域一流、全国知名、在国际上有影响力的应用型学科。

陈兴荣（2017）③ 以黄冈师范学院为例，对地方高校一流学科建设进行了思考。地方高校如何抢抓“双一流”建设的发展机遇，如何建设一流学科，其核心在于要突出重点，“培养长子”。地方高校要走科教融合的道路，要坚持以人为中心的理念，要重在“建设”，要培育良好的文化。傅明星等人（2018）④ 以陕西理工大学为例分析其学科建设发展中存在的问题，根据实际提出准确定位、重点突破、错位发展等建设思路与原则，并制定切实可行的发展对策：创新人才管理机制，加大人才引进力度，打造高水平的师资队伍；完善科研评价管理机制，加大科研

---

① 胡新喜，贺建华，李阿利，等．地方农业院校学科建设的现状及其对策［J］．湖南农业大学学报（社会科学版），2005（2）：63-66．

② 张新婷．地方本科院校应用型学科建设研究［J］．铜仁学院学报，2017，19（11）：59-66．

③ 陈兴荣．地方高校“一流学科”建设的若干思考：以黄冈师范学院为例［J］．黄冈师范学院学报，2017，37（6）：10-13．

④ 傅明星，赵鼎洲，付兴林，等．“双一流”背景下地方普通高校学科建设的思路与对策：以陕西理工大学为例［J］．陕西理工大学学报（社会科学版），2018，36（1）：65-70．

奖励力度，提高科研创新能力和水平；创新人才培养模式，加强实践教学和创新创业教育，提高人才培养质量；增强服务社会能力，完善成果转化机制，提升学校的对外形象和学科声誉。刘立峰、宋文刚（2018）[①] 认为，在大数据时代的大背景下，地方高校学科建设工作的发展需要借助大数据的专业化信息采集、分析和处理能力，解决学科建设在学科定位、学科结构、学术队伍、基地建设以及科研成果等方面存在的不足，谋求科学、持续的发展。

王超等人（2018）[②] 以北京工业大学为例，分析了其学科建设由“211 工程”时期的硬件建设模式向软性环境建设的转变：从宏观上，以社会经济发展的环境需求为外生动力，以服务地方和成为北京市的世界一流大学为定位，培育学科创新生长点；从中观上，以实施“自上而下”与“自下而上”相结合的新型学部制为方式，突破学科壁垒，促进学科交叉融合；从微观上，以实施学科专业一体化建设为举措，教学、科研、人才培养齐头并进。在开展一流学科建设的实践道路上，北京工业大学形成了自己特定的追求和思路。罗学科（2018）[③] 以北京印刷学院为例，在分析“双一流”建设内涵与意义的基础上，从地方行业院校角度，分析其建设一流特色学科的必要性、可行性、路径与方法，并就其如何进一步丰富学科内涵、积极培育博士单位授权学科的思路进行了介绍。

三、关于其他二级学科建设的相关研究

从已有研究文献的统计分析来看，在学科建设领域里，人文社科领域的研究比较多，如关于教育类学科建设的研究。教育学类学科建设研

---

① 刘立峰，宋文刚．大数据背景下地方高校学科建设的困境与对策［J］．北华大学学报（社会科学版），2018，19（4）：152-156.

② 王超，樊媛，贾克斌，等．地方高水平大学建设一流学科的路径：以北京工业大学为例［J］．教育研究 2018，39（8）：153-157.

③ 罗学科．地方行业院校建设一流特色学科的思考与探索：以北京印刷学院为例［J］．北京教育（高教），2018（Z1）：17-20.

究主要是指当教育学作为学科门类概念时，教育学门类之下的一级学科和二级学科建设的研究情况，如高等教育学学科建设研究情况。刘小强（2011）[①] 从元学科、元科学层次的反思出发来研究高等教育学的学科建设问题，他认为今天的科学已经或正在转型，科学转型带来了学科框架的转变，学科框架的转变为高等教育学学科建设提供了新的方向、目标和策略。项建英（2012）[②] 在《近代中国大学教育学科研究》一书中，以20世纪初近代中国大学教育学科的设置为起点，直至1949年中华人民共和国成立，具体考察了这一时段内各类大学教育学科建立和发展的历程，主要从师资状况、课程设置、教学方法、人才培养、学术研究等方面揭示了近代中国大学教育学科的发展轨迹。方泽强（2014）[③] 在《高等教育学的学科建设研究》一书中，探讨了高等教育学的学科地位和学科建设，涉及该学科的研究框架、学科性质、学科关系、学科文化等问题，还探讨了高等教育学的未来发展，涉及该学科的发展动力、发展模式以及学者使命等问题。斯日古楞（2016）[④] 在《中国近代国立大学学科建制与发展研究（1895—1937）》一书中，阐述了清朝末期、民国初期和国民政府时期国立大学学科建制、学科调整与学科发展演变过程，综合考察了中国近代国立大学教育学科建制的演化进程以及国立东南大学（中央大学）与私立厦门大学学科发展之异同。其对政治学（党史、马克思主义理论）、妇女学（女性学）、社会学、会计学、经济学、语言学、体育学、民族学、地理学、翻译学、目录学、情报学等学科研究比较多，对农学、医学等学科研究比较少。在关于女性学研究的高被引论文中，李小江、王政、杜芳琴、魏国英、陈方等学者发表的关于女性学学科建设议题的论文，被引次数与下载量都比较高。在已有研

---

① 刘小强. 学科建设：元视角的考察：关于高等教育学学科建设的反思［M］. 广州：广东高等教育出版社，2011.

② 项建英. 近代中国大学教育学科研究［M］. 上海：华东师范大学出版社，2012.

③ 方泽强. 高等教育学的学科建设研究［M］. 广州：广东高等教育出版社，2014.

④ 斯日古楞. 中国近代国立大学学科建制与发展研究：1895—1937［M］. 北京：中国社会科学出版社，2016.

究成果中，较多研究涉及中国女性学学科建设的基本理论问题，也有介绍国外女性学学科建设的内容与制度问题的，还有关注区域或地方高校女性学课程建设问题的，等等。总体而论，现有研究成果中，对人文社科类的学科建设研究成果较多，而对理工类的学科建设研究较少。

四、高校学科建设研究的文献评价

学科建设已成为新时代高等教育研究的热点之一，重新梳理与分析国内外关于学科建设的文献，从中找寻已有研究成果的特点，探寻未来学科建设研究的趋势，可以逐步得到如下结论：

第一，从研究对象来看，有对研究型大学学科建设的研究，也有对行业特色型大学学科建设的研究。把中国某一区域内地方高校的学科建设作为比较研究的成果比较少，更多的是对一所大学做案例研究，对单一性学科的研究成果相对比较多，如教育学学科建设、高等教育学学科建设、教师教育学学科建设、马克思主义理论教育学科或思想政治教育学学科建设等。对发达地区或城市某个高校（大学）学科建设的研究成果比较多，如对北京、广东、山西、湖北、广西等地区的研究成果比较多，而对西南欠发达地区、少数民族聚居区的地方高校学科建设的研究成果比较少。

第二，从研究背景分析，已有研究中有对重点大学与学科建设进行深入研究的，但是，高等教育的变革与实践已经进入新时代，地方高校在新时代将面临新的挑战与机遇，也将面临新矛盾和新问题，对地方高校学科建设研究的成果还不是很多，而地方高校在执行国家教育政策的实践中，在结合地方高校转型发展与内涵提升的变革中，如何建设具有地方特色的区域性一流学科成为现实中迫切需要解决的问题。本研究正是基于这样的认识与实践反思，选择以新时代地方高校学科建设问题作为研究对象，以期为“双一流”背景下地方高校的学科建设提供一定的参考与借鉴。

第三，从研究视角来讲，从不同学科背景和政策驱动的视角开展的理论思辨性研究成果较多，有从权力视角研究学科制度的，有从高校定位视角研究广西高校学科建设的，有从元学科视角研究高等教育学学科建设的，还有从学科交叉视角研究大学体育学科建设的，而在“大学变革的实践逻辑—学科发展的学术逻辑—学科知识的生产逻辑”三重逻辑关系下研究西南地区地方高校学科建设问题的成果不多。

第四节　地方高校学科建设的相关概念

康德说过：“一切知识都需要一个概念，哪怕这个概念是很不完备或者很不清楚的。但是，这个概念，从形式上看，永远是个普遍的、起规则作用的东西。”① 为此，我们有必要对“学科”“重点学科”“一流学科”“学科建设”“地方高校学科建设”几个基本概念做学理阐释。

一、学科

“学科”是一个内涵极为丰富的概念，国内外专家学者从不同的视角提出了对学科的认识。国内学界普遍将“discipline”作为与国内的“学科”相对应的用语。进而指出，“学科”一词译自英文 discipline，与其在法文（discipline）、德文（disiziplin）以及拉丁文（discplina）中的含义类似，一方面指知识的分类和学习的科目，另一方面指对人进行的培育。据此，又从词义学的角度得出学科具有纪律、训练、训导、规训的含义。《辞海》中对“学科”的定义为：一是学术分类，如自然科学领域中的化学学科、物理学学科等，是指某个科学领域或一门科学的分支；二是教学的科目，如生物、数学、物理等教学科目。

刘仲林（1990）以经验分析方法分析经验学科，得出确认学科本质特征的七项标准：①学科的材料域，即一组研究对象；②学科的“题材”，即从某一角度来考察材料域所得的范围；③学科的“理论”一体化水平；④学科的独特方法；⑤学科的“分析工具”；⑥学科在实验领

① 北京大学哲学系外国哲学史教研室．西方哲学原著选读：下卷［M］．北京：商务印书馆，1982：296．

域中的应用；⑦学科的“历史偶然性”[①]。费孝通（1993）认为，一门学科机构大体上要包括五个部门：一是学会，这是个群众性的组织，不仅包括专业人员，还包括支持这门学科的人；二是专业研究机关，它应当在这门学科中起带头、协调、交流的作用；三是各大学的学系，这是培养这门学科人才的场所，为了实现教学和研究相结合，在大学里不仅要建立专业和学系，而且要设立与之相联系的研究机构；四是图书资料中心，为教学研究工作服务，搜集、储藏、交流学科的研究成果，以及与之相关的书籍、报刊及其他资料；五是学科的专门出版机构，包括出版专业刊物、丛书、教材和通俗读物[②]。刘献君（2000）认为，学科是相对独立的知识体系，是人类依据认识和研究的对象划分出的知识集合[③]。冯向东（2002）认为，“大学中的学科”这一概念，是学科这个“属概念”下的“种概念”，它既指以知识系统为基础的学科，又指以具体的院系建制为依托的学科。大学中的学科是高等教育系统中最基本的学术组织（而不只是学术上的分类），是大学各种功能的具体承担者[④]。刘鸿武（2002）在谈及创建“中国非洲学”并使其成为一门独立学科时，认为一门学科能否成立，大体要看是否具备如下特征：一是有自己的研究目标与研究对象，二是有独特的研究价值与研究意义，三是有基本的研究方法与技术手段，四是有突出的社会需求与应用空间[⑤]。

万力维（2005）认为，大学学科既指提高大学学科作为知识体系的规范化、专门化程度，不断生产出高深的专门知识，又包括加强博士点、硕士点、重点学科、研究基地、实验室等传播与发展知识的学术组织建设[⑥]。庞青山（2006）认为，大学学科是以知识分类为依据，以高

---

① 刘仲林．跨学科学导论［M］．杭州：浙江教育出版社，1990：34-38.

② 费孝通．略谈中国的社会学［J］．高等教育研究，1993（4）：5.

③ 刘献君．论高校学科建设［J］．高等教育研究，2000（5）：16-20.

④ 冯向东．张力下的动态平衡：大学中的学科发展机制［J］．现代大学教育，2002（2）：67-71.

⑤ 刘鸿武．人文科学引论［M］．北京：中国社会科学出版社，2002：148.

⑥ 万力维．控制与分等：大学学科制度的权力逻辑［M］．南京：南京师范大学出版社，2005：33.

深专门知识为主要内容的承担大学职能的基本单元①。王建华（2009）认为，一般而言，学科包含三层含义：一个是作为一种知识体系，另一个是作为一种组织建制，还有一个就是学科文化②。翟亚军（2011）认为，学科是指对同类问题所进行的专门的科学研究，从而实现知识的新旧更替。学科活动不断导致某学科内现有知识体系的系统化和再系统化③。崔延强、权培培（2019）认为，学科是现代性的产物，是知识不断分化的结果。学科构成知识生产与再生产的中心结构，规训着从业者的学术理念和学术方法，规定着学术生产的目标、流程、模式和标准。学科同时也逐渐积淀为一种具有相对独立性和保守性的体系文化，使得各种学科传承成为可能④。刘鸿武（2019）认为，应考察人类的知识形态演进过程，学科的演进过程本质上就是学科根据人类认识能力的提升和知识运用方式的变化而不断分化又不断融合的过程，是一个分分合合、合合分分的过程⑤。别敦荣（2019）认为，大学学科是围绕办学定位、教师和学生等三大因素以及它们之间的关系所建构起来的知识体系。作为大学实现其功能的核心载体，大学学科的内涵主要表现为三种形态：根据人才培养需要组织起来的专门的知识体系，根据科研发展要求所建构的知识范畴，根据社会服务需要所划分的工作领域。大学学科的外显形式可概括为：组织化、层次化、定向（人）化和项目化⑥。单捷飞等（2020）认为，从知识本源来讲，学科源于拉丁语“学生”和“教学”，学科本义即包含人才培养以及知识传播⑦。胡建华（2020）认

---

① 庞青山. 大学学科论［M］. 广州：广东教育出版社，2006：43-44.

② 王建华. 高等教育学的建构［M］. 广州：广东高等教育出版社，2009：49.

③ 翟亚军. 大学学科建设模式研究［M］. 北京：科学出版社，2011：6.

④ 崔延强，权培培. 大学学科的现代性问题及其超越［J］. 华东师范大学学报（教育科学版），2019，37（2）：73.

⑤ 刘鸿武. 非洲学发凡：实践与思考六十问［M］. 北京：人民出版社，2019：8.

⑥ 别敦荣. 论大学学科概念［J］. 中国高教研究，2019（9）：3-6.

⑦ 单捷飞，何海燕，石秀，等. 我国高校学科组织管理与知识生产耦合机理研究：兼论一流学科发展规律［J］. 学位与研究生教育，2020（3）：22.

为，大学学科发展要处理好知识学科与组织学科的关系。所谓知识学科，主要指学科的知识形态；所谓组织学科，主要指学科的组织形态。知识学科与组织学科在一定意义上是“里”与“表”、“内在”与“外在”的关系[①]。

德国心理学家海因茨·黑克豪森（Heinz Heckhausen）认为，学科是指对同类问题所进行的专门科学研究，从而实现知识的新旧更替。学科是学术范畴的类型，指向专门的知识体系[②]。美国高等教育学专家伯顿·克拉克（Burton R. Clark）在《高等教育新论》[③] 中明确指出学科应该包括两种含义，即作为一门知识的学科和围绕这些学科而建立起来的组织。“学科明显是一种联结化学家与化学家、心理学家与心理学家、历史学家与历史学家的专门化组织形式。”[④] 法国哲学家米歇尔·福柯（Michel Foucault）在《规训与惩罚》[⑤] 一书中认为学科是一种规训制度。英国分析教育学家保罗·海伍德·赫斯特（Paul Heywood Hirst）认为，学科必须满足四个条件：①具有自己专属的概念；②有关概念间相互联系，形成有逻辑结构的关系网；③具有该学科领域的专业术语；④拥有独特的研究方法。法国思想家埃德加·莫兰（Edgar Morin）认为，学科是科学知识领域内的一个组成部分，我们应在科学范围内确定自己的研究领域和特长，迎合科学各方面的需要。尽管科学涵盖百科，但每一个学科都有自己特定的边界，有自建的学术用语、研究方法和理论，因而都是独立的[⑥]。美国社会学家伊曼纽尔·华勒斯坦（Immanuel Wallerstein）等认为，称一个研究范围为一门学科，即是说它并非依赖

① 胡建华. 知识学科与组织学科的关系分析［J］. 高等教育研究，2020，41（5）：25-30.

② 张健. 学科知识的解构与工作知识的重构［J］. 职教通讯，2012（6）：1.

③ 克拉克. 高等教育新论：多学科的研究［M］. 王承绪，徐辉，郑继伟，等译. 杭州：浙江教育出版社，2001.

④ 克拉克. 高等教育系统：学术组织的跨国研究［M］. 王承绪，等译. 杭州：杭州大学出版社，1994：34.

⑤ 福柯. 规训与惩罚［M］. 刘北成，杨远婴，译. 北京：生活·读书·新知三联书店，2003.

⑥ 杨天平. 学科概念的沿演与指谓［J］. 大学教育科学，2004（1）：14.

教条而立，其权威性并非源自一人或一派，而是基于普遍接受的方法或真理。称一门知识为一门学科，即是说它具有严格性和认受性的蕴意。“学科”一词的持久使用，亦标志着知识的组织和生产具有历史特殊性①。韦伯斯特（Webster）在《国际词典》中把学科定义为“知识、实践和规则系统”，“这些知识、实践和规则为该系统内的学者共同体提供该研究领域的唯一方向”②。美国学者保罗·韦斯特梅叶（Paul Westmeyer）在对亚氏理论进行研究的基础上提出一门学科成立的标准：①它是一个研究领域或大学的一个教学科目；②在这个领域从事研究的人感到有互相交流的需要；③形成一个正式的或非正式的组织——学会；④通过出版物使研究人员分享观念和信息③。比利时学者阿波斯特尔（L'Apostel）运用科学社会学的方法来考察学科，认为它是以建立模式为目的（基础学科）和以改变客体为目的（应用学科）的活动④。

二、重点学科

1985年5月27日，《中共中央关于教育体制改革的决定》指出，“根据同行评议、择优扶植的原则，有计划地建设一批重点学科”。1987年8月12日，国家教委发布了《国家教育委员会关于做好评选高等学校重点学科申报工作的通知》，这标志着建设高校重点学科成为国家重要的教育政策。国家重点学科是指我国教育部门在高等院校中，对有博士学位授予权的二级学科进行详细考核后，择优确定并计划安排重点建设的学科，是评定二级学科的最高等级。国家重点学科和“双一流”学科的相同之处在于都是为培养国家急需的人才，都反映出了高校在该领域所具有的实力。国家重点学科和“双一流”学科的不同之处在于高校拥有的重点学科代表高校在国内该领域处于领先地位，而高校拥

---

① 华勒斯坦，等. 学科·知识·权力［M］. 刘健芝，等编译. 北京：生活·读书·新知三联书店，1999：13-14.

② 王建华. 高等教育学的建构［M］. 广州：广东高等教育出版社，2009：252.

③ 丁邦平. 国际科学教育导论［M］. 太原：山西教育出版社，2002：6.

④ 杨天平. 学科概念的沿演与指谓［J］. 大学教育科学，2004（1）：13.

有的一流学科则代表高校在该领域的科研水平将以建成世界领先水平为目标，更多的是代表高校在该领域的发展前景。从学科建设的实践逻辑来讲，学科的重点具有层次性和阶段性，或者说，重点是一个相对概念，一个随时间和政策会改变的概念。在中国学科体系中，除了国家级重点学科外，还有省（区、市）级重点学科和校级重点学科。

三、一流学科

周光礼、武建鑫（2016）认为，世界一流学科应该满足四个条件：一流的学术队伍、一流的科研成果、一流的学生质量和一流的学术声誉①。冯用军、赵雪（2018）认为，世界一流学科是拥有一流学者队伍、一流学生质量、一流科技成果、一流学术声誉、一流社会服务、一流国际影响的学科聚合②。王建华（2019）认为，当前“双一流”建设面临三个关键性的约束：一是人才竞争，二是资源配置，三是理念重审③。刘小强、彭颖晖（2019）认为，一流学科建设涉及政府、高校和学者三个主体，不同主体基于不同的立场有不同的价值取向，从而在实践上形成了一流学科建设三种不同的导向：政府的服务导向、高校的排名导向和学者的成果导向④。范玉鹏、余小波（2019）认为，一流的大学离不开一流的学科，而一流的学科必然具备一流的学科文化。然而，受多重因素的影响，在一流学科建设过程中面临着学科精神的遮蔽化、学科门类的隔阂化、学科组织的科层化、学科评价的表浅化等困境⑤。武建鑫（2019）认为，世界一流学科是一个内涵丰富、层级多样、

① 周光礼，武建鑫．什么是世界一流学科［J］．中国高教研究，2016（1）：65-73.

② 冯用军，赵雪．中国“双一流”战略：概念框架、分类特征和评估标准［J］．现代教育管理，2018（1）：12-18.

③ 王建华．人才竞争、资源配置与理念重审：关于“双一流”建设的若干思考［J］．中国高教研究，2019（1）：16-21.

④ 刘小强，彭颖晖．一流学科建设的三种导向：价值的冲突与统一［J］．研究生教育研究，2019（1）：64-68.

⑤ 范玉鹏，余小波．一流学科建设的文化困境及其突破［J］．研究生教育研究，2019（1）：69-74.

实践性强的政策话语，在学术语境中，世界一流学科具有组织和制度层面的核心特质，主要包括求真创新的学术品格、和谐共生的学科生态、灵活多样的制度结构等①。

四、学科建设

20 世纪 80 年代初期，以南京大学校长曲钦岳和华中工学院院长朱九思等为代表的一批校长，从其自身文理科综合大学、多科性工业大学的实际出发，提出了“学科建设”的概念。陈燮君（1991）② 认为，学科建设是一种创造性活动，是一个集学科精神、学科风格、学科价值、学科内容、学科方法、学科模式、学科素质、学科优势于一身的统一体的活动过程。大学里虽然也一直在进行学科的建设，但“学科建设”这一概念本身却是一个地地道道中国特色的表达，是中国大学里所特有的一种实践活动和话语方式。就像“行政权力”一样，“学科建设”的说法虽然源于工作语言，但随着言语的增多，现在已成为中国高等教育研究和实践中一个特有的学术范畴或表达方式。事实上，即便在我国的大学里，“学科建设”这一概念的提出也是特定历史时期的产物，是经济建设的思维模式在高等教育领域中的具体反映。具体而言，学科建设的提出与 20 世纪 80 年代以来我国大学的重点建设政策，尤其是国家重点学科建设政策密切相关③。王大中（2002）认为，学科建设的内涵包括高质量人才培养、师资队伍建设、科学研究和研究基地建设等。学科是高水平科研的基础，而科学研究则是学科发展的载体和抓手，二者相互促进，互为前提④。

王建华（2004）认为，“学科建设”是一个含义较广的概念，它包

---

① 武建鑫. 世界一流学科的政策指向、核心特质与建设方式［J］. 中国高教研究，2019（2）：27-33.

② 陈燮君. 学科学导论：学科发展理论探索［M］. 上海：生活·读书·新知三联书店上海分店，1991.

③ 王建华. 学科的境况与大学的遭遇［M］. 北京：教育科学出版社，2014：前言 3-4.

④ 王大中. 学科建设是研究型大学的创新关键［J］. 中国高等教育，2002（21）：9.

括了学科、学科制度、学科建制、学科划分、学科设置等各种要素。具体来讲，学科建设可以分为三个层面：对于一个研究领域，学科建设主要是指通过理论体系的构建，使其制度化，然后通过学科设置、学科建制等过程，建立起该学科的训练制度（开设课程、招收学生、颁发学位等）与研究制度（出版期刊、成立学会、收集文献等），最终使其繁盛起来。对于一个具体的学科或学系而言，学科建设主要是指学科群的建设，即通过学科划分、学科设置、学科建制，使一级学科下面的分支学科不断增多，社会建制不断扩大，研究经费更加充足，对问题的认识进一步深入。而对于一个学校而言，学科建设则主要涉及学位点设置、学科门类、学科结构与体系、交叉学科的形成等一些更为宏观的问题，其目的在于形成一些有影响的学科群或一流学科，以此提升学校的学术声誉①。伍百洲、秦大同（2004）认为，学科建设主要是指高等学校围绕学科方向的选择与确立、师资队伍建设、基地建设、科学研究、人才培养、国际合作与交流、人文环境建设等而展开的各项工作②。

洪世梅、方星（2006）认为，学科建设主要包括学术队伍建设、科学研究、人才培养质量以及图书资料、实验设备等物质条件的改善和管理工作的提高等等。学科建设既要注重知识体系的完整性、前沿性和发展趋势，更要注意学校内部不同学科之间在内容和方法上的相互支撑与渗透，形成学校内部整体学科建设的优势，发挥学科群的系统功能。要注意保持学科建设的相对稳定性和连续性，这是高等教育规律对学科建设的制约。高等学校的学科建设是一个积累学科优势的过程，学科方向、师资队伍、基地建设、学科组织建制等必须保持相对的稳定性和连续性。要注意学科建设的层次性，区分重点建设的学科和一般建设的学科③。左兵（2006）认为，学科建设就是按照学科发展的内在逻辑，通

① 王建华. 论学科、课程与专业建设的相关性 [J]. 学位与研究生教育，2004 (1)：22.

② 伍百洲，秦大同. 论学科建设的内涵、策略与措施 [J]. 重庆大学学报（社会科学版），2004 (2)：134.

③ 洪世梅，方星. 关于学科专业建设中几个相关概念的理论澄清 [J]. 高教发展与评估，2006 (2)：57.

过有目的、有计划的制度建设来促使学术组织提升水平的组织行为[①]。

翟亚军（2007）认为，建基于学科主体、学科载体、学科客体之上的学科建设是由一群学者根据一定的学术规则，依赖一定的物质基础，以知识创新为基点，以知识生产和人才培育为终点，以服务社会为目标的一种有目的的活动[②]。刘海燕、曾晓虹（2007）认为，“学科建设”是一个含义比较广泛的概念。对研究领域而言，学科建设主要是指通过理论体系的构建，使其制度化，然后通过学科设置、学科建制等过程建立起该学科的训练制度和研究制度。对一所大学而言，学科建设可分为三个层面：从宏观层面来看，学科建设主要涉及学科定位、学科规划、学科设置、学位点设置、学科门类设置、学科结构与体系设置、交叉学科的形成等一些宏观问题，其目的在于形成一些有影响力的学科群或一流学科，优化学校学科结构和学科布局。从中观层面来看，学科建设主要是针对一级学科，主要是指学科群的建设。学科建设主要是指通过学科群的建设，即通过学科划分、学科设置、学科建制，从而使一级学科下面的分支学科不断增多，社会建制不断扩大，研究经费更加充足，对问题的认识进一步加深。从微观层面来看，就单一的二级学科建设而言，其主要是通过学科方向的凝练、学科带头人的遴选与培养、学科基地建设等措施提高学科建设水平。在高等学校，二级学科是一个基本的学术单元，是最基层的学术组织，学科建设必须扎实地立足该层面，才能提升学科建设的水平[③]。刘小强（2008）认为学科是内在建制和外在建制的统一体，是认识的组织和社会的组织的有机结合。从这个角度来讲，学科的建设包括内在观念建制的建设和外在社会建制的建设[④]。

孙宏利（2013）认为，学科建设的基本内涵主要包括：学术队伍、

① 左兵. 西部地方高校学科建设的制度分析［D］. 武汉：华中科技大学，2006：7.

② 翟亚军. 大学学科建设模式研究［D］. 合肥：中国科学技术大学，2007：37.

③ 刘海燕，曾晓虹. 学科与专业、学科建设与专业建设关系辨析［J］. 高等教育研究学报，2007（4）：31.

④ 刘小强. 学科建设：元视角的考察［D］. 厦门：厦门大学，2008：3.

学科方向、人才培养、物质条件和生长机制[①]。方泽强（2014）认为，学科建设包括学科知识发展和组织机构发展，也包括教学科目发展[②]。宣勇（2016）认为，所谓学科建设就是让围绕某个知识体系建立的学科组织在知识生产上的能力不断增强，能够产出高水平的学术成果，提供高质量的专业课程。他认为，大学的学科建设重点就是学科的组织建设[③]。胡炳仙（2018）认为，学科建设是不同主体（政府、高校或者科研院所）根据学科发展规律，结合社会需要和自身实际，采取一定的手段或措施促进学科发展和学科水平提高的社会实践活动。学科建设包含学科知识形态和学科组织形态两种形态的建设。学科发展是学科自身不断进步变化的过程，既包括量的变化，也包括质的变化；既包括科学知识体系的不断分化整合，也包括学科组织的功能复杂化和机构变形的过程[④]。王洪才（2018）认为，学科建设需具备以下三个方面的基础：第一，学科建设是有目的地发展知识体系的活动；第二，学科建设需要以对知识探究有兴趣的学者为基础，把对知识探究有兴趣的学者组合在一起才可能开展学科建设；第三，学科建设需要大量的物质投入，如资金、设备和场地[⑤]。瞿振元（2019）认为，学科是知识体系，学科建设就是知识生产的过程。“双一流”建设高校的学科建设，要注意人才培养的知识体系、知识创新的知识体系和社会服务的知识体系等三类形态知识体系的区别和联系。在知识生产的视野下，学校是一个知识生产部门，无论是知识的简单再生产，还是知识的扩大再生产和学校知识生产过程的外延，都是知识生产的常态过程，都应得到重视[⑥]。

---

① 孙宏利. 基于学科建设模式的航海类高校核心竞争力研究［D］. 大连：大连海事大学，2013：18.

② 方泽强. 高等教育学的学科建设研究［M］. 广州：广东高等教育出版社，2014：24.

③ 宣勇. 大学学科建设应该建什么［J］. 探索与争鸣，2016（7）：30-31.

④ 胡炳仙. 重点大学建设对一般高校发展的影响：制度规约与组织生存［M］. 北京：科学出版社，2018：82-83.

⑤ 张乐天，陈廷柱，王洪才，等. 地方高校学科建设与文化内涵提升（笔谈）［J］. 重庆高教研究，2018，6（6）：12.

⑥ 瞿振元. 知识生产视角下的学科建设［J］. 中国高教研究，2019（9）：8.

综上所述，学科建设是一个内涵和外延极为丰富，充满争议而未形成统一共识的概念。通过上述学者的理论分析与实践探索，我们发现学科建设具备一些共性的元素。首先是关于人的元素。学科建设需要学科带头人和学科团队的协同创新，学科建设最重要的主体是教师，服务对象是学生，学科建设的最终目的是培养具有学科知识的人才。其次是关于“媒介”的元素。在人和物的元素投入学科建设的同时，还需要制度、组织、平台、基地等元素参与其中，这样才能“人尽其才，物尽其用”。笔者认为，基于知识生产模式转型理论视角下的学科建设可以从学科逻辑、行动逻辑和知识逻辑（见图 1-4）三个层面来理解。

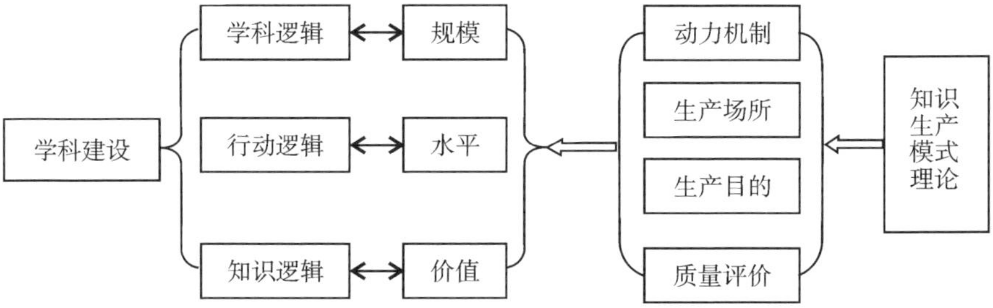

图 1-4　学科建设与知识生产模式理论的逻辑关系

其一是学科建设的学科逻辑，该逻辑侧重学科建设的规模和方向，学科逻辑表征着学科发展的规律。从学科发展史的特有规律来讲，学科建设特指一门学科如何成为独立学科的过程和其独立发展的过程。一门学科要想成为独立学科，需要满足三个基本条件：第一，该门学科拥有独立的研究对象；第二，该门学科拥有独立的研究方法；第三，该门学科拥有独立的知识体系或思维体系。只有满足了这三个基本条件，我们才可以称某某学科为独立学科。从这个意义上讲，学科建设就是谋求学科独立地位与独立发展的过程，从学科目录的排列上讲，就是在纵向上发展新型学科，即遵从“学科门类、一级学科、二级学科”这样的学科建制，在纵向上发展出新的学科。此逻辑下的学科建设的概念等同于“学科发展”，也是指学科从“无”到“有”，从“少”到“多”，从母学科发展为若干子学科的过程，即一所地方高校在发展中产生了新的学科，学科数量不断增加。学科发展的方向和学科数量的增加表征着学科建设的外在形态。

其二是学科建设的行动逻辑，该逻辑注重学科建设的质量和水平。从院校研究的视角谈学科建设。针对某一所地方高校而言，学科建设是指学科知识建设、学科制度建设、学科组织建设、学科经费建设、学科平台建设、学科团队建设、学科文化建设。其建设模式为“学科＋”（如“学科＋知识/制度/组织/经费/团队/平台/文化/……”），其实践逻辑偏重于“建什么”。这种层面的学科建设实际上是对地方高校已有学科进行质量提升和水平提高的过程，其变革行为背后的逻辑是使已有学科经历从“有”到“强”的过程，即把地方高校中已有的“省级重点学科、省级重点支持学科、省级重点培育学科”和“校级重点学科、校级重点支持学科、校级重点培育学科”建成“区域性（地方性）一流学科”的过程。学科质量和水平的提升表征着学科建设的内涵形态。

其三是学科建设的知识逻辑，该逻辑侧重学科建设的目的和价值。从大学、学科和知识的关系来讲，大学是一个教师和学生共生的组织体，这个组织内部由若干学科构成，这些学科是依据知识体系的分类而形成的。学科建设的本质是促进知识的发展和创新，最终服务社会发展。大学教育的目的就是培养具有学科知识的专业型人才。按学科培养的人才具有极强的专业性知识，并且能够成为行家里手。每门学科内的知识在长期的积累和发展中已经极具专业性、高深性、系统性、科学性、实用性。这种具有不同学科知识的专业人才在职业发展中表现出极大的差异，如教师、医生、护士、会计、律师、牧师、设计师、工程师，这些职业背后所具备的教育学、医学、经济学、法学、宗教学、数学、理学、工学知识具有很强的专业性和高深性。

五、地方高校学科建设

刘献君（2000）认为，高校学科建设主要包括学科方向建设、学科梯队建设、基地建设和项目建设四个方面。学科方向建设是学科建设的基础，学科梯队建设是学科建设的关键，基地建设是学科建设的依托，项目建设是学科建设的载体①。刘献君（2010）认为，一所高校的学科建设，从建设主体来看，有学校、学科点（一个一个学科）、学科群三个层面。学校层面应关注学科目标、结构、重点、资源、评估五个方面，学科点层面（院系）应抓住学科方向、队伍、项目、基地四个方面，学科群层面则介于前两者之间②。罗云（2005）认为，从学科建设的内涵出发，大学学科建设的基本内容包括调整学科布局、完善学科组织、确定学科方向、组建学科队伍、建设学科基地、确立学科项目、建立学科制度、营造学科环境等③。孔繁敏等（2006）认为，应用型大学学科建设包括这些基本环节：应用型学科体系和学科建设规划的制定、应用型学科方向的凝练、应用型学术队伍的汇聚、应用型科学研究的开展、应用型学科基地的构筑、应用型人才的培养④。翟亚军（2007）认为大学学科建设是一个复杂系统，既要从学科专业设置、人才培养以及科学研究、知识生产的角度推进学科建设，又要结合学术组织机构的建立与创新，以及学科制度和学科文化的培育来推进学科建设，大学学科建设具有战略性和竞争性⑤。康翠萍（2015）认为，高校学科建设是复杂的系统工程，既涉及科研、教学、管理形态，也涉及人才培养、课程体系的实现。具体来说，学科建设要素包括学科目标确立、学科专业方向规划、学科梯队组建、课程体系建构、支撑学科平台、学科成果、营造学科环境等。学科建设是学科“知识形态”“组织形态”“活动形态”三种形态构成的动态发展统一体，是制定高校学科政策的规范框架，也是高校学科建设的依据与原则⑥。张乐天等（2018）认为，学科建设本身具有多样性和综合性特征。一般而言，高校学科建设涵盖六个方面，

① 刘献君．论高校学科建设［J］．高等教育研究，2000（5）：16-20.

② 刘献君．论高校学科建设中的几个问题［J］．中国地质大学学报（社会科学版），2010，10（4）：6-11.

③ 罗云．论大学学科建设［J］．高等教育研究，2005（7）：46-49.

④ 孔繁敏，等．建设应用型大学之路［M］．北京：北京大学出版社，2006：88-89.

⑤ 翟亚军．大学学科建设模式研究［D］．合肥：中国科学技术大学，2007：37.

⑥ 康翠萍．高校学科建设的三种形态及其政策建构［J］．高等教育研究，2015，36（11）：37-41.

即人才培养、科学研究、社会服务、文化传承与创新、师资队伍建设和国际交流与合作①。

综上所述，笔者认为，从高等教育管理的体制机制的视角来看，在我国，非教育部等中央直属机构管理的大学均可称为地方高校。地方高校主要由新建本科院校和老牌本科院校组成。新建本科院校主要是1999年以来通过升格、合并或重组更名等形式转变而来的普通本科高校，如铜仁学院、六盘水师范学院、内江师范学院等。老牌本科院校主要是一些本科办学历史比较悠久的普通本科高校，如成都理工大学、重庆师范大学等。西南地区地方高校主要是指西南地区的新建本科院校和老牌本科院校，这些高校主要由地方政府管理，由地方政府财政提供办学经费，这些高校大多数把办学定位为建设应用技术大学，把培养服务地方经济社会发展的应用型人才作为教育的根本。西南地区地方高校学科建设可以从知识建设和组织建设两个层面加以认识。

首先，学科是知识的体系化、系统化的过程，那么，学科建设“建什么”的问题就有了答案，高校开展学科建设就是为了促进知识的发展和更新。高校教师是学科建设最重要的主体，教学、科学研究和为社会服务是高校教师义不容辞的责任和使命。教学促进学科知识的代际传播，把已经被证实的科学知识从教师手里传到学生手中，并且让更多学生成为拥有丰富专业知识的人才。科学研究是为了探索新知识和新规律，更将未知的不确定性知识逐步确定化的过程。社会服务是运用知识、发挥知识的价值，即把知识作为提高生产力的工具在实践中加以检验。因此，从学科、知识、教师三者的关系中，我们可以发现：高校学科建设就是高校教师推动知识发展和发挥知识价值的过程，并且学科建设的根本目的是培养具有专业知识、专业技术、专业思维、专业情感的应用型人才。此角度回答了学科建设建设内容和建设目标分别是什么的问题。

---

① 张乐天，陈廷柱，王洪才，等．地方高校学科建设与文化内涵提升（笔谈）[J]．重庆高教研究，2018，6（6）：7.

其次，大学是由多学科所组成的巨型组织，大学内部机构繁多，职能多样化，大学外部又与其他社会组织发生着千丝万缕的联系。学科是由以高校—学院（学系）所形成的学术权力体系和以教务处、人事处、财务处、科研处、发展规划处等行政职能部门所构成的行政权力体系组成的矩阵组织机构。地方高校学科建设是指地方高校如何处理大学内部各部门、各单位、各成员之间的权利、责任和义务关系，以及地方高校如何处理好与地方政府和地方企业的关系，学科建设的过程就是大学这个组织变得高效化、合理化、有序化的过程。因此，学科建设就需要学科制度建设来明确建设主体的权利和责任，学科建设经费需要“好钢用在刀刃上”，实现有限资源最优化使用。学科平台建设就是为了使得大学组织运行高效化，学科团队建设的目的是提升教师和学生的专业素养，地方高校、地方政府和地方企业参与学科建设是为了更好地培养为地方经济社会发展服务的应用型人才。此角度回答了学科建设的建设主体、建设环境、建设方式分别是什么的问题。

第五节　地方高校学科建设的研究方法

每一种研究方法都有自己的特点和局限，没有一种研究方法能适切一切研究。高等教育研究方法的选用主要取决于研究问题的需要，卡尔·波普尔曾说：“任何方法只要导致能够合理论证的结果，就是正当的方法。”① 区分方法和方法论是非常重要的。“方法”一词可以理解为那些主要与资料收集有关的工具，诸如问卷调查和访谈之类的技术。而“方法论”一词则更具哲学意味，它常指那些在研究中被采用的路径或研究者所秉承的信条。现象学方法、批判和女权主义的视角都可以被称为“方法论”；而其他的大部分术语，像查阅文献、访谈、调查等都

① 卡尔·波普尔．猜想与反驳：科学知识的增长［M］．傅季重，纪树立，周昌忠，等译．上海：上海译文出版社，1986：100.

是“方法”[①]。基于此，本书在研究地方高校学科建设的问题时，既遵循了高等教育研究的基本范式和研究方法论的指导，又进行了大量的资料收集与资料分析，使用的研究方法主要有如下几种：

一、资料收集方法

（一）文献研究法

文献研究法是科学研究中最重要和最常用的研究方法，文献全面、客观、系统地记录了科学成果的发展脉络，也传播着最新的科研成果，实现了知识、技术与文化的交流与贡献。笔者通过广泛研读关于“双一流”、学科、学科建设、学科发展、地方高校、知识生产（模式）的各种文献，包括相关论著、期刊论文、硕博论文、报纸以及官网上的信息等，在归纳概括和分类比较的逻辑推理下，梳理已有研究成果的研究视角、研究方法、研究创新点与不足之处、研究重难点、研究结论，再在仔细研读与思索中把学科建设问题置于新的研究背景——“双一流”背景下和新的制度环境与大学变革的背景下，基于知识生产模式转型理论的分析视角，寻找本研究的问题之源与创新之处，避免重复性研究，从而为本研究找寻理论创新与问题破解之道的事实依据。

（二）访谈调查法

高等教育研究与现实高教改革有极为紧密的联系，研究者只有亲身走进高等教育研究的场域，才能更深刻地感知与认识高等教育变革中所存在的问题与迷茫。因此，除了逻辑的推理和理论分析外，我们还需要走进地方高校的学科建设改革。本研究选取贵州省两所地方高校（G大学和T大学），以其教职工为主要访谈对象，运用质性研究方法，拟定访谈提纲，通过深度访谈不同主体对学科建设的认识，如大学的校级领导、二级学院院长和其他行政管理者、大学教师及学生，以交流、录

① 陈洪捷，施晓光，蒋凯．国外高等教育学基本文献讲读［M］．北京：北京大学出版社，2014：44．

音、笔录和编码等方式，获得大量丰富的一手资料，在此基础上，整理得到我国西南地区地方高校学科建设在现实变革中存在的问题以及学科建设的特点，逐步推导出我国西南地区地方高校学科建设的发展策略。

（三）问卷调查法

问卷调查法是一种常见的资料收集方法。研究者针对研究问题的类型，通过编制问卷、修改问卷、发放问卷、回收问卷、整理和分析问卷，可以在较短时间内收集到比较丰富的原始材料、数据和资料。问卷调查可以通过去研究现场直接向被调查者发放问卷，请被调查者填写问卷，最后回收整理问卷来完成，也可以借助问卷星等软件工具开展网上调查，网上问卷调查收集数据和资料的效率比较高，也比较省时，并且随时可以通过网络系统查阅问卷填写的进展情况。

本研究在对贵州两所地方高校深度访谈的基础上编制了“双一流”背景下西南地区地方高校学科建设情况调查问卷，对西南地区地方高校随机抽取适当样本进行问卷调查。在正式开展比较大规模问卷调查前，我们先对西南地区部分地方高校的教师和学生、政府工作人员、校友等群体中的20多名被调查者进行了预调查，经过首轮问卷调查，并且与被调查者进行了关于学科建设若干问题的沟通、请教和讨论，对问卷进行了修改与完善，从问卷题目的数量、题干和题项的文字表达、题目的先后顺序等进行了修改，最后再进行正式的问卷调查。通过问卷星转发给西南地区部分地方高校的师生、朋友们填写，最后获取了比较全面、可靠的第一手材料，并据此分析了西南地区地方高校学科建设的现状、存在的问题及影响因素、发展路径，从而为更加理性地分析与研究西南地区地方高校学科建设找寻到了现实依据。

（四）观察法

观察是一种独特的数据收集方法。观察法通过眼睛等感觉器官和辅助仪器，对处于自然状态下的客观事物进行系统的考察、记录，从而获取作为直接证据的第一手资料。本研究通过实地调研贵州两所地方高校（G大学与T大学），走访了两所地方高校的博物馆、图书馆、校史馆、实验室中心，走访了G大学特殊儿童教育中心、大数据中心、机械工程学院实训中心等知识生产与创造的场所，参观了T大学民族文化馆、教育学院、研究生院等机构和部门，还与学校相关工作人员进行了沟通和交流，收集了与学科建设相关的一手资料。

二、资料分析方法

（一）政策文本分析法

政策文本是指因政策活动而产生的记录文献，既包括国家或地区的各级权力或行政机关以文件形式颁布的法律、法规、部门规章等官方文献，也包括政策制定者或政治领导人在政策制定过程中形成的研究、咨询、听证或决议等公文档案，甚至包括政策活动过程中因辩论、演说、报道、评论等形成的政策舆情文本，是政策研究的重要工具和载体①。本研究分别从国家和地方政府出台的相关学科建设的政策、文件、制度、会议、通知等文本信息做了分析、解读与预测，特别是对西南地区地方政府出台的省域内“双一流”建设政策与地方高校推进一流学科建设的实践进行了反思，并与区域内同类型政策文本做了比较，旨在更好地服务于地方高校学科建设的变革诉求。

（二）文献计量法

文献计量法主要是借助知识图谱，以数学和信息科学等学科为基础，借助可视化技术和计量学方法对文献进行引文分析和共现分析，以图形和网络谱系揭示文献的科学知识结构、规律和分布情况的研究方法。本研究使用陈超美教授开发的可视化软件 Citespace 等工具进行了文献计量分析，通过绘制关于学科建设的系列知识图谱，可以更加直观清晰地揭示该研究领域发展的知识脉络，推知该领域的研究热点、研究前沿和未来研究的趋势，也为未来新的研究方向的选择找到了学理上的可靠依据。

---

① 裴雷，孙建军，周兆韬．政策文本计算：一种新的政策文本解读方式［J］．图书与情报，2016（6）：47-55.

（三）历史研究法

历史是一面镜子，回顾与总结历史经验可以指导未来的变革与行动。历史研究法作为人文社科研究的重要方法之一，通过观照国家教育政策与制度的变迁，梳理与整理中国第一所近代大学建立以来学科建设发展的制度变迁，从中探寻我国近代以来西南地区地方高校学科建设的特点与规律。在新的时代背景下，在高等教育国际化、信息化和普及化时代，需重新思考我国地方高校学科建设的发展策略。因为学科建设的未来必定受到学科建设的过去的影响，也即未来的学科建设是对过去学科建设积累的成果的继承与创新。

（四）统计分析法

统计分析法主要通过数据的比较，对数据的变化特点进行分析，解释研究对象或事物发展的规律、特点，并对研究事物的发展进行描述、解释、说明和预测的一种研究方法。本研究对西南地区地方高校学科建设进行了问卷调查，并对调查结果做了统计分析，分析了学科建设影响因素的影响程度，分析了地方高校中不同群体对学科建设的态度、认识，以及地方高校存在的问题，这些分析结果也为推导出地方高校学科建设的路径选择提供了实践依据。

总之，在我国面向 2030 年教育发展战略中，在全国高等教育资源分布不均衡的现实境遇中，西南地区地方高校的变革与发展，影响着整个国家从高等教育大国向高等教育强国的转变。与东部、中部地区的高校相比，西南地区地方高校学科建设的水平和质量还存在比较大的差距。某种程度上，西南地区地方高校的教育质量是我国高等教育发展中的短板，补齐这块短板，整个国家的高等教育质量才会有巨大的飞跃和提升。

正因如此，本研究在遵循学术逻辑和实践逻辑的基础上展开。本研究以探寻“西南地区地方高校学科建设之路在何方?”这个核心问题为导向，对“为何建?”“谁来建?”“建什么?”“怎样建?”四个具体问题分别展开论述。“为何建?”主要探讨学科建设的意义和价值，该部分主要采用了文献研究法和政策文本分析法；“谁来建?”主要讨论学科建设的主体和对象，该部分主要采用了问卷调查法和访谈法；“建什么?”主要讨论学科建设的内容和目标，该部分主要采用了问卷调查法和访谈法；“怎样建?”主要讨论学科建设的路径和方略，该部分主要采用了文献研究法和政策文本分析法。研究思路、研究方法、研究过程和研究问题之间的逻辑关系如图 1-5 所示。本研究通过对西南地区地方高校学科建设的文献综述、理论基础、历史流变、实证调查、案例研究进行分析，针对我国西南地区地方高校学科建设存在的特殊矛盾，借助地方高校与知识生产的内在逻辑和“双一流”建设政策的驱动，在调查分析与深度访谈的基础上，在历史经验总结与现实关照的基础上，提出我国未来西南地区地方高校学科建设的新思路与新方略。

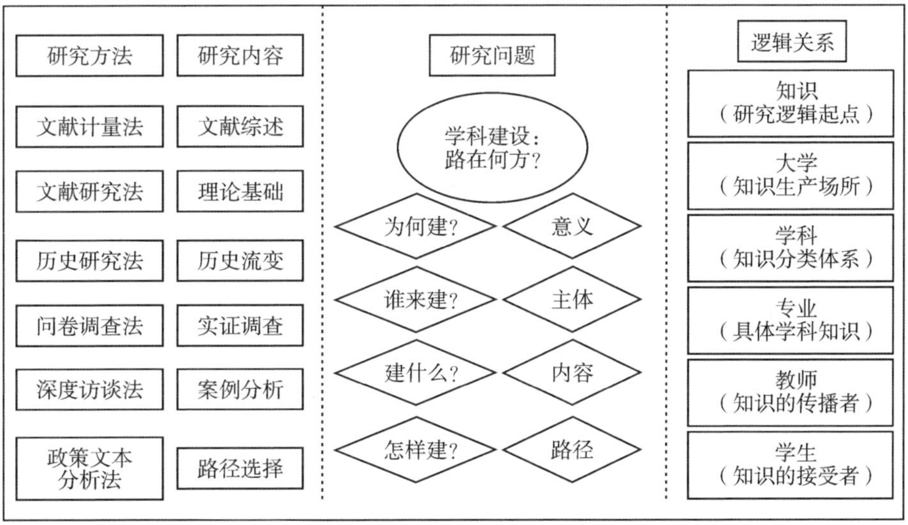

图 1-5　西南地区地方高校学科建设的研究思路

第二章　知识生产模式转型与高校学科建设

随着知识经济社会的发展，知识生产模式在高校学科建设中的作用变得更加凸显。社会经济发展需求和国家教育政策的驱动作用，又推动着高校学科建设成果更好地服务社会。知识生产模式理论的转型发展，改变了高校学科建设的生产主体、成果评价、科研合作模式和人才培养模式。随着我国“新四科”（新工科、新医科、新农科、新文科）政策的相继出台，地方高校一方面需要以学科建设为抓手，推动学校办学实力的提升，另一方面需要通过学科建设水平的提升，增强服务经济社会发展的能力。

第一节　知识生产模式转型理论

20 世纪中后期，西方学者将研究视角分散化的科学知识生产融合到科学技术社会学的范畴，集中关注到知识生产模式的转型研究，以普赖斯（Derek John de Solla Price）、约翰·齐曼（John Ziman）和迈克尔·吉本斯（Michael Gibbons）等人为代表。从“小科学”到“大科学”，从“学院科学”到“后学院科学”，从“知识生产模式 1”到“知识生产模式 2”再到“知识生产模式 3”的转型发展，新的知识生产观念、标准、规范以及价值等开始形成，并适应整个社会发展的要求，一场剧烈的知识生产模式变革或转型运动应运而生。

一、知识生产模式 1

20 世纪下半叶，特别是 90 年代以来，随着信息技术、计算机科学和高等教育大众化的发展，有关“科学转型”（the transformation of science）、“研究转型”或“知识生产方式转型”的研究已成为科学社会学与科技政策研究领域的核心问题之一。为了更好地解释这些研究现象，学术界不同的研究者提出了各自的理念。如约翰·齐曼在《真科学：它是什么，它指什么》一书中提出了“后学院科学”（post-academic science）的核心概念，还有诸如“后规范科学”（post-normal science）、“创新科学”（entrepreneurial science）、“学术资本主义”（academic capitalism）、“三螺旋”（triple helix）、“四螺旋”（quadruple helix）、“超学科”（transdisciplinarity）、“学科会聚”（the convergence of disciplines）等科学理念。此外，有人认为，知识生产可以分为原创性知识生产、复制性知识生产和定制性知识生产[①]。其中，原创性知识生产主要指新知识的创造，如新的真理、原理、思想、技术、发现等。而复制性知识生产则指在现有知识基础上进行的复制、传播和转移等活动，以物化的知识产品和人的社会化为其主要生产产品。知识生产模式指知识产生和被创造出来的方式，是解释知识形成和发展的框架[②]。有人认为，存在着一种知识生产的模式，即 Nonaka & Takeuchi 模式。由该模式可知，知识生产即知识转化的过程，而知识转化有四种类型：社会化（socialization）、内化（internalization）、外化（externalization）与合并（combination）[③]。知识生产模式是在知识探索中逐渐形成的知识生产规律，包括理念、方法、价值及规范体等[④]。大学是高深知识生

---

① 傅翠晓，钱省三，陈劲杰，等. 知识生产研究综述［J］. 科技进步与对策，2009，26（2）：155-160.

② 黄瑶，马永红，王铭. 知识生产模式Ⅲ促进超学科快速发展的特征研究［J］. 清华大学教育研究，2016，37（6）：37.

③ 陈振华. 论新的教育知识生产观［J］. 华东师范大学学报（教育科学版），2001（3）：93.

④ 刘湉祎. 新工科建设的“应为”与“可为”：基于知识生产模式的视角［J］. 高等工程教育研究，2018（6）：11.

产的最主要场所。

知识生产模式的演变过程基本为：从以牛顿物理学为代表的知识生产模式 1，到 20 世纪 90 年代英国科学家迈克尔·吉本斯提出的知识生产模式 2，再到 2003 年产生的知识生产模式 3。知识生产模式转型理论对西南地区地方高校学科建设产生了深刻影响。知识生产方式要回答的根本问题是，知识是如何被生产出来的，又是如何得到更新、发展的。我们可以把知识生产方式的系统结构分成：包括知识生产者自身的认知方法和技术手段，以及他们处理知识生产资料的方式，其中特别重要的是他们的思维方式、研究方法论；包括不同知识生产者之间的关系，以及知识生产的社会组织和制度安排，如学术评价与管理制度、职称晋升制度、课题评审和经费分配制度、论文发表制度、学位授予程序和制度等①。地方高校是进行知识生产、传播、继承和创造的工作场所和社会组织，大学与知识、知识与学科之间存在内在的必然联系。基于近现代大学职能的变迁和世界科技中心转移的发展规律，从以大学为知识生产的加工车间，到以学科为知识分类体系和制度规训的学术逻辑，现代大学的知识生产经历了从“小科学”到“大科学”，从“学院科学”到“后学院科学”，从“知识生产模式 1”到“知识生产模式 2”再到“知识生产模式 3”（以下分别简称“模式 1”“模式 2”“模式 3”），从“三螺旋”到“四螺旋”的转变，这种知识生产模式转型的理论深刻地影响着大学学科的建设与发展。知识不再仅仅是纯粹的经验和精神信息，还附加着各种利益主体、各种实践形态、各种文化和权力等。换言之，当前的知识生产模式已不再是理想型的纯学术生产，实际应用和问题解决模式已经占据了主导地位。正如德克鲁所言，在今天的大学里，传统的“受过教育的人”根本不被认为是“有知识的人”，他们被视作“半吊子”②。

---

① 阎亚军. 独立自主的中国教育学何以可能：知识生产方式的视角 [J]. 高校教育管理，2012，6 (6)：43.

② 彼得·F. 德鲁克. 后资本主义社会 [M]. 傅振焜，译. 北京：东方出版社，2009：49.

中世纪的大学主要采用分科教学的形式，培养了大批服务宗教事务的神职人员。当时大学分为哲学、神学、医学和法学四科。到了19世纪，1810年柏林大学成立。模式1主要是德国柏林大学等学校遵循的学科知识生产与科研评价模式，也被称为“洪堡模式”。学科知识生产主要是分科进行，在单一学科内进行科学研究，学科研究也以个体为主，学科之间缺乏协同创新，学科科研成果的评价以同行评议为主。美国科学家普赖斯认为小科学是在单学科内部，是个人或科研小组为增长人类普遍知识而进行的自主研究，而大科学则代表大规模和多学科研究（如国家投资的大型研究）。在知识生产模式1背景下，地方高校学科建设缺乏必要的合作，学科之间的交流互动很少。显然，在高等教育国际化和即将进入普及化的阶段，在信息技术高度发达的时代背景下和大数据的影响下，这种单打独斗式的科学知识生产、传播与继承的方式不能适应知识经济社会的发展要求，时代发展与进步极力呼吁新型的知识生产模式的出现。

二、知识生产模式2

20世纪90年代，随着知识生产的发展，知识生产模式2的观点开始被一些科学家提出来，也可以称模式2为“后洪堡模式”。1994年，英国学者迈克尔·吉本斯（Michael Gibbons）、卡米耶·利摩日（Camille Limoges）、赫尔嘉·诺沃特尼（Helga Nowotny）、彼得·斯科特（Peter Scott）、马丁·特罗（Martin Trow）等人详细地论述与阐明了模式1和模式2的主要内容、特征及其关联。该项研究主要是1990—1993年进行的，在前两年，迈克尔·吉本斯等确定了研究项目的任务和内容，由研究团队的成员提交论文的初稿。研究的第三年，团队成员把论文整合成一个前后连贯的文本，这本论著采用了散文式的写作方式，试图提出一些根本性的问题，这些问题有时具有争议。该论著研究的范围不仅包括科学和技术，也囊括了社会科学和人文科学。

传统的知识生产模式1是指基于牛顿模式的科学研究，以单学科研究为主，而知识生产模式2是在应用环境中，利用交叉学科研究的方法，强调研究结果的绩效和社会作用的知识生产模式。模式 2 有五个特征：①应用的情境性。在模式 2 中，知识生产是更大范围的多种因素作用的结果。②跨学科性或超学科性。跨学科性建立起一个独特但又不断发展的框架来引导问题的解决，跨学科性的知识发展出自己独特的理论结构、研究方法和实践模式，成果传播给那些参与到生产过程中的人。跨学科性是动态的。③异质性与组织多样性。第一，知识创造的场所不再仅仅只有大学和学院，还有研究中心、政府部门、企业的实验室等。第二，不同的场所之间的联系方式是多样的，有电子的、组织的、社会的和非正式的。第三，研究领域向越来越细分的专业变异，知识生产由传统的学科活动转移到新的社会情境之中。④社会问责反思性。社会问责已经渗透到知识生产的整个进程之中。⑤质量控制。模式 2 中的质量控制是一种更加综合的、多维度的评价活动。尽管模式 2 中的质量控制过程有着更扎实的基础，但是却并不会因为更广范围的专门技术参与到一个问题的解决中就必然出现较低的质量。

知识生产模式 2 理论所具备的特点，要求地方高校在学科建设时大力开展跨学科和交叉学科的研究，注重学科研究成员的多元化，尤其是形成多学科的研究背景。在研究成果的评价上，更注重评价主体的多元化，如政府部门、企事业单位、社区人员、社会公众等群体或组织开始参与其中。模式 1 是在一种学科的、认知的语境中进行的，而模式 2 则是在一个更广阔的、跨学科的社会和经济情境中被创造出来的。模式 2 是对模式 1 的补充，二者无优劣之分。这种新的知识生产模式影响非常广泛，不仅影响知识生产的类型，而且影响知识生产的方式、知识生产的情境、知识组织的方式、知识的奖励体制、知识的质量监控机制等等。这些知识生产的社会特征在科学领域如物理学、化学和生物学（在自然科学领域，这些学科是良好知识生产的典范）中表现得非常明显。由于社会科学和人文科学在努力地模仿自然科学，类似的社会系统也正在统治这些领域的知识生产。

2003 年，瑞士的赫尔嘉·诺沃特尼、英国的彼得·斯科特和迈克尔·吉本斯主编了《反思科学——不确定时代的知识与公众》

(Rethinking Science：Knowledge and the Public in an Age of Uncertainty) 一书。在该书中，作者分析了科学与社会之间的协同演化过程，并提出了一个开放的、动态的分析框架。科学与社会之间更紧密的互动，标志着一种情境化的新科学的出现，研发活动及其相应研发组织的转型也在所难免。该书在最后提出了 17 个反思科学的论点。在该书中作者进一步强调了模式 2 的根本特点：与纯科学产生于理论和经验环境不同，科学和知识产生于一定的应用情境之中。知识更多是跨学科的，它在个别研究者或团队的手里，而不是在那些传统的研究论文或专利中[①]。诚如有学者提出，如今，“跨学科”这个词在每一场学术会议上都有人谈论，每一个院长的报告都会赞扬它，但实际上，我们的学术机构，较之以前，大部分跨学科研究要比它们前辈同院系的少得多[②]。

三、知识生产模式 3

国外不同的研究者对知识生产模式 3 也进行了思考与探究。如富勒(Fuller) 提出了模式 3 或模式 0 的知识生产观。他认为，这种知识生产模式是基于动态大学和公众利益的，是在大学把科研纳入体系内并使学科组织制度化之前，科学家作为个体，为个人利益或仅为自身兴趣而进行的一些探索或实验，其特点是无组织的、自发的。模式 3 或模式 0 也被称为“前洪堡模式”。2000 年，美国学者亨利 · 艾茨科维兹 (Henry Etzkowitz) 等人发表了《创新动力学：从国家创新系统和模式到大学—产业—政府三重螺旋关系》一文，阐述了“三重螺旋”创新模式，即通过大学、产业和政府的三螺旋相互交织生成“大学—产业—政府关系网络”，阐述了大学、政府、产业之间的协同互动关系[③]。2003 年，

① NOWOTNY H，SCOTT P，GIBBON M. Re-thinking Science：Knowledge and the Public in an Age of Uncertainty [M]. Cambridge：Reino Unido Polity Press，2001：186.

② 安德鲁 · 德尔班科. 大学：过去，现在与未来 [M]. 范伟，译. 北京：中信出版社，2014：43.

③ ETZKOWITZ H，LEYDESDORFF L. The Dynamics of Innovation：From National Systems and “mode 2” to a Triple Helix of University-industry-government Relations [J]. Research Policy，2000，29 (2)：109-123.

华盛顿大学埃利亚斯·G. 卡拉雅尼斯（Elias G. Car-ayannis）教授首次提出了模式 3 知识创新思想，随后以埃利亚斯·G. 卡拉雅尼斯（Elias G. Garayannis）和戴维·F. J. 坎贝尔（David F. J. Campbell）为代表的西方学者共同阐述了“模式 3 知识生产”这一概念和思想。2006 年，坎贝尔和卡拉雅尼斯才开始真正使用知识生产模式 3 这个定义，他们在其著作中对这种新的知识生产方式进行了详尽的解析，分析了新知识生产模式产生的影响要素。2009 年提姆·雷提出，知识生产在认识论的走向上逐渐由非个体走向个体，这一点在教育教学中表现得极为明显。他还发现这种转型的过程与知识生产模式 3 理论相得益彰①。2009 年在《走向 21 世纪分形创新生态系统》这一文章中，坎贝尔和卡拉雅尼斯又创造了“四螺旋”和“分形创新生态系统”的概念，进一步完善和阐释了知识生产模式 3 的内涵和表征。之后他们于 2011 年首次提出关于五重螺旋结构的思想观点②。

知识生产模式 3 主要以知识集群、创新网络、分形创新生态系统为核心组织模式，并以“四重螺旋创新生态系统”为其存在的适应性情境。模式 3 实质上是指在四重螺旋的语境中，在叠合和辐合的组织机构下，利用共同专属化、共同演进和竞合的逻辑机理运行的知识生产模式。它的核心内涵是无形知识集群、协同网络创新和无限球状网络联结的创新生态系统，其主要特征是“四重螺旋”、组织的叠合性以及多维立体创新路径③。模式 3 的知识生产强调组织结构的多维聚合性（“多层次”“多节点”“多形态”“多主体”）以及运行机理的共同演进、共同专属化、竞合的非线性协同性。在模式 3 的知识生产方式下，学术型

---

① TIM R. Rethinking Polanyi's concept of tacit knowledge: from personal knowing to imagined institutions [J]. Minerva, 2009, 47 (1): 75-92.

② CARAYANNIS E G, CAMPBELL D F. Open innovation diplomacy and a 21st century fractal research, education and innovation (freie) ecosystem: building on the quadruple and quintuple helix innovation concepts and the "mode 3" knowledge production system [J]. Journal of the Knowledge Economy, 2011, 2 (3): 327-372.

③ 刘梦. 知识生产模式 3 理论及其对中国自主创新的意义研究 [D]. 哈尔滨：哈尔滨工业大学，2018：17-24.

企业将成为大学未来发展的逻辑向度。模式 3 理论在政府—大学—企业的基础上提出了四螺旋模型，即在原来的基础上加上社会公众。知识生产的最终目的是平衡各个参与知识生产过程的群体的利益，实现公共利益的最大化。模式 3 理论给地方高校学科建设带来的启示就是，实行人才培养模式的转型，地方高校应主动与政府、企事业单位和社会公众加强联系和合作，在办学模式上，应该实行产教融合，培养应用技术型人才。地方高校在学科建设中要以共治作为价值追求，吸引更多企业、政府、校友、社会机构等加入学科规划的制定、人才培养方案的制定和学科评估建设、制度建设等环节之中，这样才能保证地方高校所培养的应用型人才更符合社会发展的需求。

综上所述，三种知识生产模式转型理论深刻影响了地方高校学科建设的内容、评价和理论（见表 2-1），进而对地方高校人才培养、课程教学、科学研究、社会服务产生了根本性的作用。学科发展的规律也表明，学科遵循着从单学科、多学科到跨学科、超学科的发展轨迹。我们可以进一步地分析知识生产模式转型理论的主要特征及其贡献，以便更好地运用该理论成果服务地方高校一流学科建设。

表 2-1　三种知识生产模式理论的主要特征

	知识生产模式 1	知识生产模式 2	知识生产模式 3
产生时间	大约 17—18 世纪	20 世纪 90 年代	21 世纪初
代表人物	无	迈克尔·吉布斯、马丁·特罗、彼得·斯科特等	卡拉雅尼斯与坎贝尔
学术成果	无	知识生产的新模式——当代社会科学与研究的动力学反思科学：不确定性时代的知识与公众（Knowledge and the Public in an Age of Uncertainty）	四螺旋和知识生产模式 3：从战略多层化到战略整合
主要观点	以单一学科为基础的知识生产	跨学科、交叉学科、多学科、超学科的研究模式，社会弥散性，质量控制，反思性，等等	“四螺旋”“五螺旋”生产模式等

续表

	知识生产模式 1	知识生产模式 2	知识生产模式 3
知识类型	编码知识	默会知识，编码后形成的新知识	编码知识与编码后的默会知识相结合形成的新知识
动力机制	单螺旋和双螺旋	三螺旋	四螺旋
生产场所	大学和科研机构	大学、政府、企业	大学、政府、企业和社会
生产目的	学科兴趣	实践与应用	社会公共利益

四、知识生产模式转型视角下的高校学科建设

现有的知识生产体系中有如下几种主要的知识生产模式：①1963 年普赖斯提出的“小科学”和“大科学”的知识生产模式；②1994 年的吉布斯等人提出的知识生产模式 2；③1997 年的国家创新系统；④2000 年齐曼提出的“学院科学”与“后学院科学”的知识生产模式；⑤2003 年卡拉雅尼斯等人提出的知识生产模式 3。知识生产理论本身就是大学知识体系中的重要内容，这些理论也在影响着地方高校知识的生产、发展、传播和应用。地方高校是高深专业知识、技术、文化和思想的汇聚地，大学传统三大职能——教学、科学研究和社会服务的充分发挥是以知识为载体的，地方高校高等教育的根本目的就是培养具有专业知识、技术和职业道德的应用型技术人才。知识生产模式转型背景下高校学科建设的发展表现在如下两个层面：第一，大学和知识、知识分类和学科分类的逻辑联系决定了地方高校学科建设需要知识生产模式转型理论的关照；第二，西南地区地方高校学科建设的特点决定了学科建设的实践变革需要适应知识生产模式转型发展的要求。

（一）大学和知识的关系

人类社会发展经历了从农业社会到工业社会，再到信息社会、知识

经济社会的过程。知识经济即“以知识为基础的经济”，强调经济的发展由传统的以有形资源（物质与资本）为基础转型为以无形的知识为基础[①]。每一个较大规模的现代社会，无论它的政治、经济或宗教制度是什么类型，都需要建立一个机构来传递深奥的知识，分析、批判现存的知识，并探索新的研究领域。换言之，凡是需要人们进行理智分析、鉴别、阐释或关注的地方，那里就会有大学[②]。20 世纪 80 年代中期，随着工业社会的发展，知识经济的蓝图逐渐展现，美国社会学家丹尼尔·贝尔（Daniel Bell）首先预言了这一即将到来的社会，并创造了一个新的词汇来描述它——“知识社会”（knowledge society）。他在《后工业社会的到来》[③] 中描述了经济社会的转型：社会从大多数人从事物质生产的工业经济转型到劳动力高度集中于服务、思想和通信的后工业经济。后现代社会是一个不断生产和传播知识的“知识社会”，知识不再局限于智力活动，而是进入了生产过程，并且在应用的过程中不断再创造[④]。知识正在以超乎人类想象的速度呈几何级数地增长，知识已成为当代社会极为宝贵的资源，也成为无形财富的象征。这种跨越式的知识增长表现在知识类型的多样化和知识总量的增长，尤其是科学技术知识对社会生产力和劳动者思维的影响上更为深刻而剧烈。“美国现代管理学之父”彼得·F. 德鲁克（Peter F. Drucker）提出，发达国家已经进入后资本主义时期，后资本主义社会的主要阶段是知识工作者和服务工作者，而不是资本家和无产者；后资本主义社会的“生产要素”既不是资本，也不是土地或劳动力，而是知识[⑤]。德鲁克曾言：“我一直在谈

① 操太圣. 知识、生活与教育的辩证：关于新文科建设之内在逻辑的思考 [J]. 南京社会科学，2020 (2)：132.

② 约翰·S. 布鲁贝克. 高等教育哲学 [M]. 王承绪，郑继伟，张维平，等译. 杭州：浙江教育出版社，1988：3.

③ BELL D. *The Coming of Post-Industrial Society* [M]. New York：Basic Book，1976.

④ 杰勒德·德兰迪. 知识社会中的大学 [M]. 黄建如，译. 北京：北京大学出版社，2019：146.

⑤ 张宏岩. 知识生产模式 2 与高校人才培养模式创新：以北京大学软件与微电子学院为例 [M]. 上海：上海交通大学出版社，2014：62.

论知识。但是，准确反映我意思的词应该是复数的知识。因为知识社会中的知识与以前社会中所认为的知识（与事实上目前仍然广泛认为的知识）具有根本的区别。……在知识社会，知识只有在应用中才能生存。”① 在知识经济时代，“在各种可能出现，而不少正在日益恶化的问题未至不可收拾之前，摆在人类面前的挑战，便是如何令知识的增长能真正为人类的长远利益和福祉服务，如何令追求和发展知识的活动，可以同时发展出足够的自我反省能力。……现今的学术知识生产，已深深地和各种社会权力、利益体制相互交缠”②。大学作为学科知识生产的主要场所，如何面对知识经济时代的挑战，如何适应知识生产模式转型的变革要求，如何在学科建设与知识生产模式转型中寻求一种平衡，成为现代地方高校学科建设中需要探讨的问题。

大学是追求知识和发展知识的地方，而高深的知识是不受时间和地域的限制的，它属于整个人类社会命运共同体所共享的精神财富。简要回顾一下大学发展的演变史，我们不难发现：从 11 世纪诞生的中世纪大学，12 世纪英国以牛津大学、剑桥大学为代表的古典大学，19 世纪德国以柏林大学为代表的现代大学到 20 世纪美国以哈佛大学为代表的研究型大学、以斯坦福大学为代表的创业型大学、以加州大学为代表的多元巨型大学，大学在人才培养中，始终以知识生产、储备、传承和创新为使命和责任，大学也成为人类社会组织中最富有生命力、创造力和想象力的发明创造机构，毫不夸张地讲，大学不仅为国家培养了卓越人才，也改变了世界的格局，推动了人类文明的进步。更为重要的是，“知识就是力量”成为极具实践价值的思想武器。诚如英国都柏林大学校长约翰·亨利·纽曼（John Henry Newman）所言：“大学是一个推动探索，使各种发现得到不断完善和证实的地方，是使轻率鲁莽也变得无伤大雅，使错误通过思想与思想之间、知识与知识之间的碰撞暴露于

① 转引自潘懋元. 大学教育质量的理论与实践研究［M］. 广州：广东高等教育出版社，2009：74.

② 华勒斯坦. 学科·知识·权力［M］. 刘健芝，等译. 北京：生活·读书·新知三联书店，1999：1-2.

众的地方。”① “大学（university）是一个传授普遍知识（universal knowledge）的地方。”② 知识是学科的本质，是一流学科的生成元。一流学科诞生于知识的生产、发展和创新之中，一流学科以一流的知识生产、知识发展和知识创新为标志③。无论何种层次与类型的大学，人才培养都是其学科建设的根本目的。人才培养质量的重要考核标准就是培养的人才是否具备了生产与发展所需的知识、技术和经验，是否熟练地掌握了学科专业知识、技术。在“双一流”建设背景下，西南地区地方高校进行区域内一流学科建设，就是促进学科专业知识的发展，并且通过课堂教学、实践教学、实习、调研等形式促进高深专业知识在不同群体之间的代际流传。大学教师一方面是学科建设的主力军，另一方面也是知识创新的重要力量。

（二）知识分类和学科分类的关系

在传统的知识观中，知识大致可以分为理论性知识和实践性知识。不过，这种基于教育经验基础的认识显得有些肤浅，不利于知识的发展、创新和运用。关于大学知识，不同学者给出了不同的定义。英国哲学家、科学家迈克尔·波兰尼（Michael Polanyi）认为：“人类的知识有两种。通常被描述为知识的，即以书面文字、图表和数学公式加以表述的，只是一种类型的知识。而未被表述的知识，像我们在做某事的行动中所拥有的知识，是另一种知识。”④ 他把前者称为显性知识，而将后者称为隐性知识。除了显性知识和隐性知识之外，知识还可以分为陈述性知识和程序性知识。陈述性知识主要是描述“是什么”的知识，而程序性知识主要是指“怎么

---

① 转引自约翰·亨利·纽曼．大学的理想：节本［M］．徐辉，顾建新，何曙荣，译．杭州：浙江教育出版社，2001：序 12.

② 转引自约翰·亨利·纽曼．大学的理想：节本［M］．徐辉，顾建新，何曙荣，译．杭州：浙江教育出版社，2001：序 13.

③ 李枭鹰，齐小鹍．生成整体论视域中的一流学科建设［J］．学位与研究生教育，2019（12）：25-29.

④ POLANYI M. The Study of Man［M］. London：Routledge and Kegan Paul，1959：12.

做”的知识。法国著名哲学家、社会学和实证主义的创始人奥古斯特·孔德（Auguste Comte）认为可以把知识划分为宗教知识、形而上学知识和实证知识。德国著名现象学哲学家马克斯·舍勒（Max Scheler）根据人类知识的组织形式和社会性质，把知识划分为拯救的知识、文化的知识和实践的知识。在多样性的知识类型划分中，有一种分类法是当今学界比较广泛认同并体现在大学系科设置、图书馆资料分析等知识制度中的，这种分类法把人类知识划分为自然知识、社会知识和人文知识。根据这种分类，大学设置了自然科学、社会科学和人文科学专业。科研经费的管理也分别按照自然科学基金、社会科学基金来分类[①]。弗兰克·帕森斯（Frank Parsons）和卜拉特（Blat）在分析美国大学时，对现代社会所生产、传播和获取的知识类型做了区分。他们一方面区分了“纯粹的知识”和“应用性的知识”，另一方面区分了“专门性的知识”和“一般化的知识”。前者以知识的目的/用途划分，后者以知识的形式/性质划分[②]。英国知名学者托尼·比彻（Tony Becher）把学科分为纯硬科学、纯软科学、应用硬科学与应用软科学四个类别，并且总结了每个学科类别的现实特征。总之，大学里的知识发展需要学科制度的约束，从而使知识变得更加合理有序，并且成为具有智慧和灵性的人才的精神食粮与生命元素。

西南地区地方高校学科建设的特点决定了学科建设的实践变革需要适应知识生产模式转型发展的要求。在知识经济社会背景下，在知识作为生产力的影响下，探寻知识生产模式转型与西南地区地方高校学科建设的逻辑关系，对于西南地区地方高校“双一流”建设具有十分重要的现实意义。在学科竞争力的比较中，与进入“国家队”的“双一流”高校相比，西南地区地方高校学科建设的现实基础比较薄弱，主要体现在以下几个方面：学科建设经费匮乏，学科建设人员的综合素养和专业能

① 石中英．教育哲学导论［M］．2 版．北京：北京师范大学出版社，2004：163-164.

② 孙进．德国的学科文化研究：概念分析与现象学描述［J］．比较教育研究，2007（12）：9.

力欠缺，学科建设需要的平台、基础性设施设备等资源有限；区位优势不明显，地处非省城的地级市，交通不便利，人员交流成本高；学科团队的科研能力不强，发表的高水平高质量论文较少，如人文社科发表在CSSCI来源期刊上的论文不多等。诸如此类的现状，严重制约和限制了地方高校一流学科建设目标的实现。地方高校固有的内部冲突与外部矛盾并没有得到充分有效的解决，这些矛盾也成为西南地区地方高校在学科建设中所面临的棘手问题。

1. 学科建设的地方性

西南地区地方高校的地方性不是针对大学的区位而言的，而是从大学办学定位、大学类型和行政管理体制机制方面而言的。西南地区的地方高校有省部共建，以省为主的省属重点大学，也有省市共建，以市为主的新建本科院校。这些大学都是由地方政府来管理，如省级人民政府和地级市人民政府。西南地区地方高校主要由老牌本科院校和新建本科院校构成，老牌本科院校主要由一些行业特色型高校组成，如成都理工大学、贵州医科大学、西南林业大学、云南农业大学等。新建本科院校主要是指1999年以后组建、合并或升格的大学，如铜仁学院、贵阳学院、内江师范学院、重庆科技学院等。这些地方高校主要把服务地方经济社会发展作为办学目标，为地方经济社会发展培养应用型人才成为这些大学的教育追求。同理，西南地区地方高校的学科建设也需要根据地方经济社会发展的特点和基础，构建系列服务地方的学科专业集群，这样培养的人才才具备服务地方的实际能力。地方高校学科建设的地方性，主要是指学科定位要以服务地方为主，学科建设需要地方高校、地方政府、地方企业等多元利益主体参与。这种学科建设服务地方的特性主要是由地方高校本身的办学实力和国家关于推动地方高校转型发展的政策驱动的。从地方高校的办学实力来讲，老牌本科院校主要面向一些行业，如矿业、医学、地质等行业需求而组建；新建本科院校主要由师范类院校升格或组建而成，主要还是服务基础教育。从总体实力而言，这些地方高校与“双一流”高校相比，其社会服务能力、教学水平和教学质量还存在一定差距。

2. 学科建设的应用性

服务地方经济社会发展是西南地区地方高校发展的根脉所在。西南地区地方高校学科建设的应用性是由它们的办学基础、历史和转型发展、内涵建设的现实要求所决定的。具体表现在学科研究的导向上应逐渐从理论性基础研究向理论性和应用性研究并重的范式转型发展，人才培养上也应以培养服务工业化、城镇化建设等需要的卓越工程师和服务乡村基础教育需要的卓越教师为目标。从学科的内涵与本质可知，学科建设一方面需要不断地促进知识的传承与创新，另一方面需要不断地进行组织体系的建设与完善。经过国家对新建本科院校转型发展实施的政策导向与制度引领，该类型的大学大多把建设应用型技术大学作为大学变革的目标追求，大学也经过内部机构重组、人员调整、资源分配、人才引进等积极的改革措施，推动其向应用技术大学转型。这些改革举措起到了一定的推动作用，但是部分地方高校内部仍存在根深蒂固的人事关系、行政文化、不良工作作风等沉疴旧病，也严重影响了地方高校的内涵建设。作为新一轮的学科建设改革，必须剔除痼疾，改变过去那种求稳的发展态势，才能提升地方高校的综合办学实力。可以说，“双一流”背景下的地方高校学科建设成为又一次地方高校除旧革新的重要契机。从地方高校人才培养目标的定位来看，西南地区地方高校都把培养服务地方经济社会发展的应用型人才作为目标定位。应用性既是地方高校发展的标识符码，也是人才培养的价值追求。这种应用性的特征反映在学科建设上就是学科建设的知识不单要具有理论性，还需要把实践性知识和操作性知识融入教学实践过程中。开展实践性教学的学科教师不仅需要具备丰富、精深的专业知识，还需要具备一线的企事业实践经验。故而，地方高校在进行学科建设人才培养时，应该主动把应用性的价值追求融入学科建设的各个环节之中。

3. 学科建设的民族性

西南地区地方高校主要集中在云贵川渝地区，有一些地方高校位于省城或直辖市之中，如位于昆明的云南大学，位于贵阳的贵州大学，位于重庆的重庆科技学院，等等。更多的地方高校位于地级市，如位于四川省康定市姑咱镇的四川民族学院，位于四川省西昌市的西昌学院，位于云南省大理市的大理大学，位于贵州省兴义市的兴义民族师范学院，等等。云贵川渝地区是中国少数民族比较集中的地区，在这个区域里，生活和居住着彝族、土家族、苗族、侗族、白族、羌族、藏族等少数民族。有些少数民族人口众多，拥有自己的文字和独特的民族文化。如云南省是中国民族种类最多的省份。截至 2019 年底，云南省常住人口 4858.3 万，除汉族以外，少数民族人口较多的有彝族（502.8 万）、白族（156.1 万）、哈尼族（163 万）、傣族（122.2 万）等。截至 2019 年底，贵州省常住人口 3622.95 万，全省人口超过 10 万人的有汉族（2191.17 万，占 60.48%）、苗族（429.99 万，占 11.87%）、布依族（279.82 万，占 7.72%）、侗族（162.86 万，占 4.5%）、土家族（143.03 万，占 3.95%）、彝族（84.36 万，占 2.33%）等。截至 2019 年底，四川省常住人口 8375 万，四川是全国唯一的羌族聚居区、最大的彝族聚居区和全国第二大藏族聚居区。2019 年，重庆常住人口 3124.32 万，少数民族人口总数为 193 万。重庆市土家族人口最多，有 139.8 万，其次是苗族，约有 48 万。少数民族占重庆市人口的 5.8%。少数民族成为该地区总人口的重要组成部分。少数民族积累了丰富的民族文化，少数民族学生也成为该地区地方高校重要的生源和未来的生产力。因此，该地区地方高校学科建设应该重视将民族文化和少数民族人才的培养自觉纳入学科建设的规划过程之中。

大学是人才培养与知识生产的主要场所，传承民族文化与历史，培养热爱民族文化的新时代人才是地方高校义不容辞的责任和使命。在西南地区地方高校中，有不少具有少数民族教育特色和办学历史的大学，如西南民族大学、四川民族学院等，有些地方高校还设有相关的民族文化专业、课程和研究机构，建有相关的民族文化博物馆等等，如贵州工程应用技术学院建有彝族研究院，阿坝师范学院建有藏汉双语学科群、羌学研究会、民族文化研究所、藏纸研究中心，以及四川省高水平科学研究团队（藏羌彝走廊民族文化创意研究团队）、藏汉双语研究中心等。贵州民族大学设有民族学与历史学学院，该学院目前有民族学、历史学、文化产业管理、文物与博物馆学四个本科专业，有民族学一级学科硕士点、文物与博物馆学专业硕士点，有服务国家特殊需求博士人才培养项目——西南民族地区社会管理博士人才培养项目。民族学为省级特色重点学科、区域一流建设学科、贵州省一流专业。历史学为贵州省一流专业、校级重点学科，田野史学特色课程群为省级一流课程建设项目。故而，西南地区地方高校在进行学科建设时，应该重视区域内少数民族的学科专业的建设，自觉把民族性作为地方高校学科建设的基本原则之一，这种民族性的学科建设特点主要是基于该区域内民族人口较多的实情。

4. 学科建设的师范性

从西南地区地方高校的类型来看，该地区的大学中有些是行业特色型大学，如成都理工大学、昆明理工大学、西南林业大学等，有些还是通过师范类院校转型、升格或合并组建而成的新建本科院校，如红河学院、黔南民族师范学院、内江师范学院、重庆第二师范学院、长江师范学院等。西南地区的地方高校在追求创建区域性一流学科的目标中，不能忽视现有地方高校的学科基础，那就是师范性的特点。师范性不仅是这类型大学长期办学形成的特色，也是建设区域性一流学科的努力方向。从地方高校正在建设的区域性一流学科来看，这些被列入区域性一流建设的学科大多数是原来所在高校的省级重点学科或省级重点支持（培育）学科、校级重点学科，也即是说，这些学科已经具备了一定的人员、科研和资源的积累，而这些学科很多都和师范教育具有一定的联系。加之，西南地区教育发展还相对缓慢，城乡教育发展之间的差距还比较大，乡村振兴需要教育扶贫与支持，乡村教育更需要留住扎根基层教育的中小学教师。不容置疑，西南地区地方高校承担着为地方基础教育培养卓越乡村教师的历史使命。故而，师范性成为该区域内地方高校学科建设的特点之一。从某种程度上说，师范教育或教师教育是这些新建本科院校的学科建设的传统与特色，也是学科建设中需要重点关注的领域，这些学科有望在建设后成为具有区域影响力、竞争力、创造力和地方特色的优势学科。

第二节　知识生产模式转型理论分析框架建构缘由

20 世纪中后期，西方学者将科学知识生产融合到科学技术社会学的范畴，重点转向知识生产模式的转型研究，以普赖斯、约翰·齐曼和吉本斯等人为代表。知识生产模式转型理论主要由知识生产模式 1、知识生产模式 2 和知识生产模式 3 构成，三种知识生产模式理论并存于知识经济社会时代。现代大学置身于知识经济社会之中，大学内部和外部的变革都会受到这种时代背景的影响。知识生产模式转型理论对于推动地方高校学科建设具有深刻的实践意义。本书基于大学、学科、知识三者的内在逻辑关系，提出了知识生产模式转型理论的分析框架。正如前文对三种知识生产模式的特点分析的那样，这里结合西南地区地方高校学科建设所具有的地方性、应用性、民族性和师范性特点，在适应知识经济社会发展的要求下，重点分析了西南地区地方高校学科建设中的知识生产主体、知识生产场所等内容。知识生产模式转型理论分析框架建构的逻辑主要有两个：

第一，大学、学科、知识三者之间具有内在的逻辑联系。学科建设是新时代、新政策、新环境下大学变革的重要抓手，是新一轮人才竞争、资源配置和理念重申的行动。现代大学几乎都是多学科构成的组织体，每门学科都具有专业性很强的知识体系，每门学科也都形成了自身学科部落和知识边界。大学按学科分类进行知识的生产、传播、运用和创造，大学教学、科学研究和社会服务职能的发挥也是以知识为中介的，通过发挥大学职能和知识的价值，从而为社会培养具有专业知识、技术、思维和服务意识的应用型人才。大学、学科、知识之间存在的这种内在联系，要求大学在进行学科建设时需要与之相关的理论来关照学科建设的实践。恰巧，20 世纪 90 年代以来，知识生产模式理论经历了多重变化，形成了各具特色的理论，这些理论对大学的学科建设具有很强的指导意义。

第二，大学自身变革和发展需要相应的理论关照。地方高校学科建设受国家政策、地方政府和地方高校三者的联合影响，学科建设成为新时代提升地方高校办学实力的重要抓手。变革是中国高等教育领域中永恒不变的真理，地方高校为了获得更多资源和机会，无论是主动寻求还是被动适应，都必须在学科建设的政策驱动下思考如何建设学科的问题。知识生产模式理论在人才培养、学校变革、科学研究、社会服务等领域都具有极强的解释力和分析力，因此，运用知识生产模式转型理论分析地方高校学科建设的实践具有较强的适切性和可操作性。

第三节 理论的适切性与局限性

一、理论的适切性

学科建设理论的适切性问题是基于学科建设的学术逻辑和实践逻辑两个层面而论的。学科建设的学术逻辑是基于学科与知识、大学、科学的关系问题，学科建设的实践逻辑是源于国家政策导向的应然行为和地方高校质量提升与内涵建设的实然行为。与学科建设有关的理论，一方面来源于高等教育理论的实践反思，另一方面基于高等教育研究方法的使然，多学科的高等教育研究方法可以帮助解决高等教育发展与变革中存在的现实问题，科学的理论能够指导学科建设的变革，促进学科建设朝着科学化的路径演进。我国高等教育深化改革的实践需要相关高等教育理论的关照，这样才能保证高等教育变革的质量与效率。就我国西南地区地方高校学科建设的变革实践而言，基于学科发展的学术逻辑和基于学科建设的实践逻辑的双重标准，选择适切的高等教育理论来分析这一社会现象，对建设区域性一流学科具有十分重要的意义。学科是对知识的分类，大学是知识生产、传播与创造的组织，也是知识分子集中的场所。由于学科、大学和知识三者之间的内在联系，加之地方高校发展正处于知识经济时代，地方高校需要以更好的姿态迎接这样的时代挑战。知识生产模式转型理论可以帮助我们更好地审思西南地区地方高校学科建设，进而更好地彰显地方高校的职能，更好地服务地方经济社会的发展。

二、理论的局限性

任何理论的发展与成熟都是在学理和实践两个层面的相互作用中完善起来的。同理，知识生产模式转型理论也是在继承与批判的基础上逐步完善的，它也成为指导我国西南地区地方高校学科建设的重要理论之一。根据知识生产模式转型理论，人类知识生产经历了由知识生产模式 1 向知识生产模式 2 和知识生产模式 3 转型发展的历程。知识生产模式 1 主张在单一学科领域中生产学科知识、理论知识，其组织载体是基于学科逻辑的传统学院。知识生产模式 2 具有两个特点：一是知识与社会生产具有直接关系，知识生产的应用性凸显；二是多学科的交叉融合成为趋势，知识生产具有跨学科的特点。知识生产模式 2 的组织载体是基于社会需求而创办的特色学院[①]。知识生产模式转型的相关理论对学科建设的组织形式、科研合作、人才培养等产生了巨大影响。知识生产模式理论也是在不断完善中发展的，有自己的优点和缺陷，其正面的积极作用在大学学科建设的变革研究中备受瞩目。2020 年 11 月 27 日，在全国研究生教育学学科建设理论与实践高端论坛上，北京航空航天大学马永红教授提出了“知识生产模式 4”的观点。不过，也有一些学者对此提出了异议与思考。尽管对知识生产模式 2 的研究在不同高校和学科之间有增强的趋势，但其仍然不是主流，在学术共同体内部，按照知识生产模式 2 进行研究的学者仍然有被主流排斥的风险[②]。质疑者提出了这样的疑问：知识生产新模式是一个科学理论吗？并基于这个核心问题又提出了若干具体疑问：知识生产新模式是否具备应有的精确性？知识生产模式是否具有内部与外部的一致性？知识生产模式是否具有广泛

---

① 周光礼. 大学校院两级运行的制度逻辑：国际经验与中国探索 [J]. 高等教育研究，2019，40 (8)：27-35.

② 文东茅，沈文钦. 知识生产的模式Ⅱ与教育研究：北京大学教育学院的案例分析 [J]. 北京大学教育评论，2010，8 (4)：73.

性？知识生产模式是否足够简单、清晰？知识生产模式是否具备有效性？[①] 学术界的这种持续不断的争论与思考也促使该理论的研究不断精进、深入，对知识生产模式理论的创新发展具有推动作用。综上所述，尽管知识生产模式理论还存在瑕疵，但是该理论对地方高校学科建设仍产生了广泛而深远的影响，因而也成为影响地方高校学科建设的重要理论。

① 郝丹，郭文革．知识生产新模式的基本特征与反思：基于库恩科学理论评价标准的考察［J］．教育学术月刊，2019（3）：3-12.

第三章　近现代以来西南地区地方高校学科建设的历史流变

中国近现代大学在继承传统思想文化的基础上，不断学习西方大学的办学经验，也逐渐走出了具有中国特色的大学发展之路。新中国成立前，全国高校数量总体上并不多，而且集中在北京、上海等大城市，而西南地区地方高校数量较少，主要集中于成都、重庆、贵阳等城市。本研究在简要概述全国高校学科建设情况的背景下，对每个历史分期的四川、重庆、云南、贵州地区的地方高校学科建设做了分析论证，以求在历史流变的纵向视野中总结西南地区地方高校学科发展的规律和经验。基于如上的分析思路，本研究将近现代以来西南地区地方高校学科建设历史主要分为四个阶段：清末时期（1895—1911）、民国时期（1912—1949）、新中国成立后至改革开放前（1949—1978）、改革开放后（1978—2018）。

第一节　萌芽与草创：清末时期（1895—1911）西南地区地方高校学科建设

清朝末年，政治腐败，国家深受外国帝国主义的侵害，清政府中一些开明人士开始向国外学习先进科学与技术。自清政府实行“洋务运动”之后，中国逐渐开始学习西方的知识、技术、语言、文化等。但是在教育领域，当时的主流思想仍然是“中学为体、西学为用”的理念。西方的“university”一词早期被翻译为“书院”等，后又译为“公学”“学堂”“大学堂”“大学校”等，民国以后“大学”成为正式的称呼。1897年盛宣怀继天津中西学堂之后又在上海设立了上海南洋公学，它是上海交通大学、西安交通大学的前身。它将大学院改为通儒院，规定年限为五年；大学堂本科分为八科，在原有七科的基础上增加了经学科；大学预备科与高等学堂学科改分为三类。至1911年，中国创办的大学堂主要有京师大学堂、北洋大学堂和山西大学堂。其中京师大学堂的地位最高，北洋大学堂的建立最早，这三所大学堂一道为中国高等教育的发展开启了新纪元。

1901年，书院制度被废除，传统的书院纷纷改为新式学堂。1902年8月15日，清政府颁布了《钦定大学堂章程》，对大学分科门目表做了规定，分列如下：政治科第一，文学科第二，格致科第三，农学科第四，工艺科第五，商务科第六，医术科第七。将大学学科划分为7科35门，其中政治科包括法律学、政治学，文学科包括经学、诸子学、史学、理学、词章学、掌故学、外国语言文字学，格致科包括高等算学、天文学、物理学、地质学、化学、动植物学，农业科包括农艺学、兽医学、林学、农业化学，工艺科包括造船学、土木工学、造兵器学、电气工学、机器工学、应用化学、建筑学、采矿冶金学，商务科包括产业制造学、簿计学、商法学、商业语言学、商业地理学、商业史学，医术科包括药学、医学。1904年颁布的《奏定学堂章程》，规定学堂设有8个学科门类，共46种专业，分别为经学科11种专业、政法科2种专业、文学科9种专业、农科4种专业、工科9种专业、商科3种专业、医科2种专业、格致科6种专业。1907年，全国已有四川、云南等省设立优级师范学堂22所（完全科2所、选科12所、专修科8所），共有学生4024人。其中，西南地区的四川有优级师范学堂1所，完全科学生有273人。贵州有优级师范学堂1所，选科学生有226人。

1905年11月17日，清政府设立法政学堂。法政学堂分为预科、本科及别科3种。预科2年毕业升入本科；本科分法律、政治

2门，各3年毕业；别科为各部院候补候选人员及举贡生监年岁较长者而设，性质近似专修科，亦3年毕业。1906年各省添设法政学堂。至1911年，法政学堂发展到22所，分别是直隶法律学堂、直隶法政学堂、广东法政学堂、江西法政学堂、山东法政学堂、浙江法政学堂、贵州法政学堂、湖南法政学堂、奉天法政学堂、四川法政学堂、江宁法政学堂、安徽法政学堂、山西法政学堂、陕西法政学堂、新疆法政学堂、湖北法政学堂、两江法政学堂、吉林法政学堂、热河速成法政学堂、广西法政学堂、河南法政学堂、甘肃法政学堂。其中，西南地区贵州法政学堂创建于1906年，提调是刘大琼，学监是李培元，教员是蔡岳尊等。该学堂每年招生100名，分官、绅两班，各50名。课程查取直隶法政学堂章程，并参酌本省情形。四川法政学堂创建于1906年，监督是周善德、张孝移、邵崇恩，教习是徐焕等人。招生为官班生60名，绅班生240名。课程仿直隶法政学堂章程设置。

至1909年，全国有高等学堂24所（见表3-1），分别是顺天高等学堂、八旗高等学堂、满蒙文高等学堂、直隶高等学堂、奉天高等学堂、江南高等学堂、江苏高等学堂、安徽高等学堂、江西高等学堂、浙江高等学堂、福建高等学堂、湖南高等学堂、四川高等学堂、河南高等学堂、河南客籍高等学堂、山东高等学堂、山东客籍高等学堂、甘肃高等学堂、新疆高等学堂、广东高等学堂、陕西高等学堂、陕西宏道高等学堂、广西高等学堂、云南高等学堂。其中，西南地区的四川有1所学堂，学生人数有246人，云南有1所学堂，学生人数有107人。

表3-1　1909年全国高等学堂统计表

省市	京师	直隶	山东	陕西	河南	江宁	江苏	安徽	浙江	江西	湖南	新疆	广东	福建	甘肃	奉天	云南	四川	广西
学堂数	3	1	2	2	2	1	1	1	1	1	1	1	1	1	1	1	1	1	1
学生数	740	无数据	435	359	298	98	146	226	174	94	184	无数据	258	401	107	149	107	246	无数据

由于清末时期和民国时期大学本身数量极少，近代大学也属于多学科的院校，故而清末时期西南地区地方高校学科建设具有如下四个特点。

第一，近现代大学的萌芽开始在中国大地上生长起来，当时大学的学科分类、专业设置和课程改革，构成了中国现代大学的基本骨架与基础。当时兴办大学的根本目的就是服务于国家经济建设和社会变革的需要。也可以说，当时培养的人才具有极强的应用性特点。当时大学的专业直接对接职业，专业的职业化特征十分明显。

第二，当时的大学学科建设主要是学习日本、美国、德国等国的模式。这些学科建设最初是由一大批留美、留德、留日等的留学生回国后进行探索的。可以说，当时我国的高等教育也开始了国际化进程，那时就已经有了国际合作与交流的实际行动了。

第三，清末新政时期的大学改革，主要是服务于当时自强救国的社会需求。当时大学培养的人才主要是两种类型：其一，培养语言翻译、航海造船、化学技术、数学等实用性很强的学科方面的人才，即为清政府的洋务运动培养办理洋务的人才。其二，为清政府政治改革培养国家公职人员，服务于国家的需要。当时的几所大学，如天津中西学堂、京师大学堂、山西大学堂等，采用的是美国、德国的大学模式，进行了分科教学。

第四，清末新政时期的大学学科建设，主要是以政府颁布的各种法律法令条款文件为行动指南。近现代大学学科建设已有了“依法治校”的雏形，某种意义上说，学制改革的法令法规是大学学科建设的政策依据。在清末新政大学初创时期，大学在进行学科设置时就非常重视教育法令法规的制定，可以说当时的大学学科建设就开始遵从依法治学、依法治校的原则。但是，由于战争频繁和局势动荡，教育经费往往成为制约近现代大学学科建设的主要因素。

第二节 移植与创造：民国时期（1912—1949）西南地区地方高校学科建设

一、移植期（1912—1927）西南地区地方高校学科建设

大学是民国以后对之前的大学堂、大学校、公学等的称呼，这一时期的大学主要包括公立大学、私立大学和一些专门学校。1912 年，中华民国临时政府在南京成立，蔡元培被任命为教育总长，他主持制定的《大学令》标志着中国近代大学从传统向现代的转型。在《大学令》里，首先确立了大学的宗旨，“以教授高深学术、养成硕学闳材、应国家需要为宗旨”①。之后国民政府先后颁布了《大学令》《大学章程》《专门学校令》《专门学校章程》《师范教育令》《师范教育章程》等系列高等教育法规，使近代大学制度逐步确立并趋于完善。1913 年，民国教育部颁布《大学规程》，对大学设置的学科及其门类做了原则性规定。《大学规程》将大学分为文科、理科、法科、商科、农科、工科、医科 7 大学科门类，共 69 种专业。其中文科类分哲学（中国哲学、西洋哲学）、文学（国文、梵文、英文、法文、德文、俄文、意大利文、言语学）、历史学（中国史、东洋史）、地理学等 13 种专业，理科类分数学、星学、理论物理、实验物理、化学、动物、植物、地质、矿物等 9 种专业，法科类分法律、政治、经济等 3 种专业，商科类分银行、保险、外国贸易、领事、税关仓库、交通等 6 种专业，医科类分医学、药学 2 种专业，农科类分农学、农艺化学、林学、兽医等 4 种专业，工科类分土木工学、机构工学、船用机关、造船、造兵、电气工学、建筑、应用化学、火药、采矿、冶金等 11 种专业。与以前相比，取消了经学的 11 种

① 高平叔. 蔡元培教育论著选［M］. 北京：人民教育出版社，2017：25.

专业和文学类的 1 种专业，新增了 13 种专业。除法科及医科修业年限为 4 年外，其余学科均为 3 年。招生以预科毕业或经试验有同等学力者为合格。同时，《大学规程》也规定预科招收中学毕业生及经试验有同等学力者。预科分三部：第一部为愿入文、法、商科者而设，科目为外国文、国文、历史、伦理、论理及心理、法学通论等；第二部为愿入理、工、农科及医科之药学门者而设，科目为外国文、国文、数学、物理、化学、地质学及矿物学、图画等；第三部为愿入医科之医学门者而设，科目为外国文、国文、拉丁文、数学、物理、化学、动物学及植物学等。此外，《大学规程》还规定大学院为“大学教授与学生极深研究之所”，下设史学院、哲学院等，以所研究的学科名命名。以本学科主任教授为院长，由院长请其他教授或绩学之士任导师。不设讲座，由导师提出条目，学生分条研究，定期讲演讨论。大学院生经院长许可，可在大学内授课或做研究，待其研究完毕，如有新发明的学理或重要著作，则分别由教授会和大学评议会议决，授以学位。至 1926 年 7 月，我国公立大学已达到 30 所，其中四川建有成都高等师范学校。

二、创造期（1927—1949）西南地区地方高校学科建设

1927 年 4 月 18 日，南京国民政府成立。在南京国民政府统治时期，中国大学改革与学科建设经历了三个阶段：第一阶段是 1927—1937 年的繁荣发展期，这一时期中国大学数量激增，学校规模有了一定的发展。第二阶段是 1937—1945 年的全面抗日战争时期。此前西南地区政治、经济、文化等方面还处于相当落后的局面，由于战时特殊时代背景和历史使命的需要，西南地区承担了重大的历史责任，也获得了前所未有的发展契机。当时很多高校内迁至四川、陕西、云南、重庆、贵州等地，给西南地区注入了新鲜血液，为西南地区近代化发展提供了历史机遇。第三阶段是 1945—1949 年解放战争时期。由于当时关于高

校建设与变革的教育制度与法律法规并没有得到很好的落实与贯彻，这个阶段高校学科建设的成绩不够明显。

在三个阶段中，全面抗日战争时期东部地区高校西迁对西南地区的地方高校学科建设产生了积极的影响，促进了四川、重庆、贵州、云南地区地方高校学科的建设和发展。全面抗战阶段西南地区高校建设和学科发展大致可分为如下三个时期：

第一时期是 1937 年至 1940 年。燕京大学、辅仁大学在教会的保护下保持中立；上海交通大学、庐江大学迁入上海英、美租界；北京大学、清华大学、南开大学先在长沙组成临时大学，后迁昆明组成西南联大；中央大学、复旦大学、山东大学、武汉大学、东北大学、金陵大学等 31 所高校分别迁往四川各地；浙江大学经过 5 次迁移，最后在贵州遵义驻足。总计这一时期内迁高校约有 56 所。

第二时期是 1940 年至 1943 年春。因日本与同盟国开战，原迁入上海英、美租界的上海交通大学、庐江大学被迫迁往重庆，滞留北京的燕京大学迁往成都，原迁广西的江苏省教育学院和原迁昆明的上海医学院、北平艺术专科学校、同济大学等高校因西南边境战事紧张又迁往四川。总计这一时期迁校约 21 所。

第三时期为 1943 年春至 1945 年战争结束。日军发动豫湘桂战役，战火燃向西南内地，在贵州的北平铁道学院、唐山土木工程学院、之江文理学院、湘雅医学院和散居广西的香港华侨工商学院、云南大理的国立东方语言专科学校等，陆续迁往重庆。总计这一时期迁校约 21 所。

这三个时期内迁高校多集中在四川成都、重庆和云南昆明等地。据统计，全面抗战时期内迁四川的高校有 48 所之多，其中重庆就集中了内迁的 25 所高校。内迁云南、贵州的前后约 10 所。如北京大学、清华大学、南开大学三所高校联合组成的西南联大就内迁昆明，浙江大学迁往贵州省遵义市湄潭县，复旦大学迁往重庆，等等。

总体而言，民国时期的西南地区地方高校学科建设呈现如下特点：

第一，国家政策的影响巨大。从清末新政到民国成立，从北洋政府到南京国民政府，不同政权在不同时期制定了不同的高等教育法律法规法令，从国家层面为近现代大学学科发展提供了制度保障。从中国近代第一所大学建立至新中国成立前，我国先后制定和颁布了系列重要的高等教育法律法规，可以说从第一所近代大学建立起，大学学科建设已经有了依法治校的雏形。

第二，教育经费落实不到位，社会不稳定因素突出。首先，大学教师的薪酬没有保证。当时大学教师兼职成为普遍现象，新旧军阀为争夺中央政权连年发动战争，计划中的教育经费很难落实到大学学科建设的实践改革之中。其次，国家教育经费的投入与落实存在问题。教育经费能否落实到大学学科建设之中，成为制约当时大学学科发展的关键因素。纵观民国时期大学学科发展的历史，由于社会处于一种不稳定状态之中，民国时期的大学是在各种战争的硝烟中艰难曲折发展的，由此再次反映出教育的外部环境对大学学科建设的影响：教育必须与社会发展相适应，并受生产力与科技发展水平、社会制度和传统文化与外来文化的影响。从清末新政、民国到新中国成立前，社会动荡与战争频仍的时候，往往是大学受到迫害最大的时期。如 1937—1945 年，抗日战争的全面爆发，导致大批高等院校从东南沿海地区不停向内地迁移，致使大量图书文献、设备设施等遭到破坏，影响了当时大学的学科研究与团队建设。而 1927—1937 年，南京国民政府重新颁发了新的教育政策，并且大力推进社会生产的发展，社会经济得到了一定恢复，当时社会的稳定与经济的发展，也促进了教育的发展，成为高等教育迅速发展的繁荣时期。

第三，学科文化的推动作用明显。学科文化是促进大学学科建设的隐形力量。在民国时期，全国不同地区的大学在一些具有留学背景的大学校长的努力下，其学科文化得到了良好的发展，特别是吸收了德国大学模式中的教学与科研相结合，美国大学模式中的为社会服务的治校理念，等等。西方大学模式中的学术自由、学术自治、教授治校等理念深深地影响了当时民国大学的学科建设发展。如北京大学蔡元培校长提出“学”与“术”有别的治校理念。他认为，“学”与“术”应为两个名词，“学”为学理，“术”为应用。各国大学中所有科目，如工商、法律、医学，非但研究学理，并且讲求适用，都是“术”；纯粹的科学与哲学，就是学。学必借术以应用，“术”必以“学”为基本，两者并进始可①。

第三节　探索与发展：新中国成立后（1949—1978）西南地区地方高校学科建设

一、探索期（1949—1956）西南地区地方高校学科建设

新中国成立初期，百废待兴，高等教育领域也是刚刚从国民党政府手中接管过来，百业待兴的社会急需大批专业技术人才，高等教育在规模上需要有一个大的发展。党和国家开始调整教育方针，向苏联学习大学办学模式，在1952年到1956年间，对当时国内的高校进行了大规模的院系调整。1949年10月，新中国成立后，文化教育委员会、教育部建立，并设立普通教育、专门教育和社会教育三司。1949年12月23日—31日，我国召开了第一次全国教育工作会议，会上明确提出了“以老解放区新教育经验为基础，吸收旧教育有用的经验，借助苏联经验，建设新民主主义教育”的教育方针。

1950年6月1日—9日，教育部召开第一次全国高等教育工作会议，讨论新中国高等教育的建设方向。会议提出，用理论联系实际的方法，初步调整全国公私立高等学校或某些院系，为国家培养经济社会建设所需人才。政务院于1949年和1951年分别发布了《关于成立中国人民大学的决定》和《哈尔滨工业大学改进计划》。首先在中国人民大学与哈尔滨工业大学进行系科设置，之后逐步在华北地区、东北地区大规模开展高等教育改革。1951年11月3日至9日，教育部召开了全国工学院院长会议。会后，我国高等教育领域开始向苏联学习，减少综合性

---

① 蔡元培．在爱丁堡中国学生会及学术研究会欢迎会演说词［M］//蔡元培全集：第四卷．北京：中华书局，1984：42．

大学的数量，以建设单科性专门学院为主，增加工科和教育类学科的比重，取消大学里的学院建制，改为校院两级管理。

《一九五二年全国高等学校院系调整计划》出台，提出“以培养工业建设人才和师资为重点，发展专门学院，整顿和加强综合性大学”。中共中央于1952年下半年对高等学校进行首次大规模院系调整，即以华北、东北和华东三区院校为重点，取消旧大学的院，抽调部分科系合并集中，抑或独立建院，且系中设置专业。经过调整，高等学校总数有所减少，降至201所。综合大学由1951年的47所，降至1952年的22所，减少了25所，而专门院校则有所增加，其中以工、农院校增加得最多，分别增加了7所和10所。如位于西南地区的重庆大学，其各院系学科都有重大调整：①文学院、理学院并入四川大学；②工学院无线电系电报电话专业与天津大学两个专业组成北京邮电学院（即现在的北京邮电大学）；③工学院地质系迁至成都，参与组建成都地质学院（即今天的成都理工大学）……

再如1950年10月，国立女子师范学院、四川省立教育学院合并为西南师范学院。12月，四川省教育学院、华西大学、湘辉学院三校农学院合并成西南农学院。1951年6月，教育部部长马叙伦在政务院第85次政务会议上作关于1950年全国教育工作总结和1951年全国教育工作的方针和任务的报告，该报告谈到1951年高等教育的一项任务是配合国家建设的需要，适当地、有步骤地充实和调整原有高等学校的院系。首先调整工学院各系，或增设新系。此项工作先从华北和华东做起，调整航空系，与政法委员会配合，举办政法干部训练班，整顿与加强各高等学校的政治、法律等系。以各大学现有的师范学院、教育学院、教育系和个别的文理学院为基础，加以调整，向着每一大行政区办一所师范学院，每一省或两三个省办一所师范专科学校的方向发展，分别培养初高级中等学校师资。1951年8月，云南大学、西南工业专科学校的航空系并入四川大学。

1952年7月，西南文教部向教育部报送西南区高等学校调整方案及1952年院系调整经费预算。此报告反映西南地区高等学校存在如下问题：①尚没有工科大学或独立的工学院；②大学中设立的工学院得不到适当发展；③机械系、土木系重复设置于各个高校；④国家所需要的专业化的工业建设人才无处培养；⑤现有 6 所普通大学系科庞杂；⑥工科、农科等专业人才的培育受到抑制；⑦农学院 30 个系科分散在 7 个学校里；⑧专业教师不到 149 人；⑨每系科平均分配不到 5 个教师。报告还提出 1952 年首先在工学院做局部调整，1953 年再做全面调整。8 月 9 日，西南文教部向教育部补送 1952 年暑期西南区高等学校工学院调整方案及西南区高等工科学校院系调整参考资料，决定从当年暑假开始以重庆大学、西南工业专科学校、川南工业专科学校、乐山技校为重点进行调整。从 11 月 10 日到 20 日，各高校先后开学上课，到 1953 年西南地区高校的院系调整工作基本结束。

1953 年 1 月 26 日，教育部讨论了西南地区高校的院系调整问题，决定四川大学增加 100 名理科学生；贵州大学与云南大学的工学院合并，在云南成立云南工学院；贵州大学校名取消，文理科合并到贵阳师范学院，经济系合并到四川大学，农学院独立。9 月，西南高等教育管理局向教育部报告《本年首期我区高等学校院系调整工作情况》，附《一九五二年暑期西南区高等学校院系调整方案》。在调整方案中，决定于当年内成立四川工学院筹备委员会，撤销四川大学的文科研究所，将云南大学政治、法律两系调入西南政法学院等。

到 1953 年底，我国院系调整后全国高校的数量分布如表 3-2 所示。据统计，彼时有 14 所综合大学，38 所高等工业院校，31 所高等师范院校，29 所高等农林院校，29 所高等医药院校，4 所高等政法院校，6 所高等财经院校，15 所高等艺术院校，8 所高等语言院校，4 所高等体育院校，3 所少数民族高等院校，1 所其他高等院校[①]。到 1957 年底，全国的院系调整工作基本结束。至此，全国共有高校 229 所，设置专业 323 种。

---

① 郭德宏，王海光，韩刚. 中华人民共和国专题史稿：卷一：开国创业（1949—1956）[M]. 成都：四川人民出版社，2004：489.

表 3-2　1953 年院系调整后全国高等学校数统计表（截至 1953 年底）

地区	学校类型							总计
	华北地区	东北地区	华东地区	中南地区	西北地区	内蒙古地区	西南地区	
综合类院校	3	1	4	2	2	—	2	14
工业类院校	11	5	13	5	1	1	3	39
师范类院校	6	4	8	6	2	1	4	31
农林类院校	5	4	8	6	3	—	2	28
医药类院校	4	4	9	9	1	—	2	29
财经类院校	1	2	1	1	—	—	1	6
政法类院校	1	—	1	1	—	—	1	4
语言类院校	2	2	1		2	—	1	8
艺术类院校	4	2	4	2	1	—	2	15
体育类院校	1	—	1	1	—	—	1	4
民族类院校	1	1	—	—	1	—	—	3
其他类院校	1	—	—	—	—	—	—	1
合计	40	25	50	33	13	2	19	182

注：表格中符号“—”表示没有。

二、曲折中发展期（1956—1966）西南地区地方高校学科建设

1956 年 9 月，党的八大宣告社会主义制度在我国已经基本上建立起来，明确地将工作重点转移到发展国民经济和文化教育上来，我国进入全面的大规模社会主义建设时期。为了响应党中央提出的“向科学进军”的号召，我国开始设置一些新兴科学技术专业。这一时期高等院校数量迅速增长，学科类别和专业结构也随之发生了很大的变化，专业数

量猛增。

1959年，中共中央颁布了《关于在高等学校中指定一批重点学校的决定》，指定北京大学、清华大学、中国人民大学、复旦大学等16所高校为全国重点学校。1960年，中央又决定增加中国医科大学、中国人民解放军军事工程学院、第四军医大学、军事电信工程学院为重点高校。同年10月，又增加吉林大学等44所学校为重点高校。同时在此期间，还增设了包括国防和尖端科学技术方面的专业。如复旦大学新增了核物理、放射化学等9个学科。这些都切实推动了教育事业的大发展，为我国教育事业做出了重要贡献。

1961年9月15日，教育部颁发了《教育部直属高等学校暂行工作条例（草案）》（又称“高教六十条”）。其中关于学科建设的内容有：在文科方面，要创造条件，在高年级开设介绍资产阶级哲学、经济学等课程。第十六条规定，工科的大部分专业，生产实习中的体力劳动较多，一般生产劳动可以少参加一些。从中可以看到关于学科的内容主要是以专业和课程的形式展现的，或者说，专业设置和课程设置是学科建设的具体内容和主要体现。

1962年，根据“调整、巩固、充实、提高”的八字方针，教育部重新调整了专业设置，通过撤销、合并一些划分过细的专业，高校数量下降至610所，专业数量调整为627种。1962年6月20日到7月8日，高校理科教学工作会议召开，依据“专业范围应当宽一些，一般应当按基础学科设置专业；对于某些新发展的学科，如计算数学、原子核物理等，只宜在少数学校设专业，在多数学校设专门组”的原则，制定了理科专业、专门组目录表，专业数由原有的40个调整为33个，专门组由原来的149个调整为76个[①]。

1963年高等学校调整重点是修改通用专业目录。首先，统一了专

---

① 刘志鹏，别敦荣，张笛梅．20世纪的中国高等教育：教学卷下册［M］．北京：高等教育出版社，2006：368．

业名称。大部分专业保持了原有名称，对少数不妥当专业名称进行了订正[①]。其次，整顿了专业数量。保留了1957年的绝大部分专业，一般不再增设新专业，但应现代化要求增列了一些新专业。再次，规划了专业分工。国家、大区以及省、区、市，分别安排管理不同专业，文、理、工科主要由全国负责，林科、财经、政法、体育、艺术主要由大区安排，农、医、师范专业则由省、区、市管理。1963年制定的高等学校通用专业目录，是以1957年专业目录为基础修订的。1963年修改后的高等学校通用专业目录共列有专业432种（包括试办专业），其中工科164种，农科26种，林科12种，卫生10种，师范17种，文科53种，理科36种，财经10种，政法2种，体育7种，艺术36种，另列试办专业59种。1963年颁布了《高等学校通用专业目录》，设置了工科、农科、林科、卫生、师范、文科、理科、政法、体育、艺术等11个一级类和432个专业。如将原属于“教育部门”一级类中的“社会科学类”“语言科学类”“自然科学类”等3个二级类提升为一级类，分设为“文科”和“理科”，而原来的“师范院校类”二级类提升至新的“师范”一级类[②]。

三、“文革”和拨乱反正期（1966—1978）西南地区地方高校学科建设

1966年5月至1976年10月，是我国“文化大革命”时期，“文化大革命”无限夸大教育中存在的问题，否定教育事业所取得的成果，给我国教育事业带来巨大的损失和破坏。拨乱反正两年（1977—1978），我国的高等教育处于相对停滞期，1977年开始恢复高考制度，高校学科建设也开始慢慢恢复。

---

① 何东昌. 中华人民共和国重要教育文献：1949—1975［M］. 海口：海南出版社，1998：1216.

② 刘小强. 高等教育专业目录修订的回顾与思考［J］. 中国高教研究，2011（3）：22-23.

第四节　恢复与深化：改革开放后（1978 年至今）西南地区地方高校学科建设

一、改革开放后恢复发展期（1978—2015）西南地区地方高校学科建设

1978 年 10 月，教育部修订了《全国重点高等学校暂行工作条例（试行草案）》，规定高等学校的专业设置、变更以及专业的取消都必须经过教育部的批准。20 世纪 80 年代后期我国高等教育领域重点发展文科类学科专业。随着我国改革开放政策的实施，国家对经济类、法律类、政治类等学科专业人才需求更多，经济领域出现了新的问题，因此，当时人文社科类学科发展迅速。

1982 年至 1987 年，我国先后对文、理、工、林、医等各科类专业目录进行全面修订，并先后颁布了《普通高等学校农科、林科本科专业目录》等，专业数量从 1982 年的 1343 种减少到 671 种。1985 年 5 月 27 日，我国出台了《中共中央关于教育体制改革的决定》，指出：根据同行评议、择优扶植的原则，有计划地建设一批重点学科。重点学科比较集中的学校，将自然形成既是教育中心，又是科学研究中心的态势。

1987 年 8 月我国颁布了《关于评选高等学校重点学科的暂行规定》，明确指出："对已确定的重点学科点要定期评估，根据评估结果进行适当调整。"同时指出："重点学科点应承担教学、科研双重任务，要逐步做到能够自主地、持续地培养和国际水平大体相当的博士、硕士、学士；能够接受国内外学术骨干人员进修深造，进行高水平的科学研究……能为国家重大决策提供科学根据，为开拓新的学术领域、促进学科发展作出较大贡献。"

根据《中共中央关于教育体制改革的决定》，1986—1987 年，我国开展了第一次重点学科评选工作，评选出 416 个重点学科，其中文

科78个，理科86个，工科163个，农科36个，医科53个，涉及108所高等学校。从1989年开始到1992年底，我国高等学校专业做了大幅度调整，设置了经济学等10个学科门类，下设71个二级学科，专业数量由671种减到504种。

1993年2月13日，中共中央、国务院颁布《中国教育改革和发展纲要》，指出高等教育的发展“要区别不同的地区、科类和学校，确定发展目标和重点。制订高等学校分类标准和相应的政策措施，使各种类型的学校合理分工，在各自的层次上办出特色”，提出“要集中中央和地方等方面的力量办好100所左右重点大学和一批重点学科、专业，力争在下世纪初有一批高等学校和学科、专业，在教育质量、科学研究和管理方面，达到世界较高水平”。1993年教育部颁布了《高等学校本科专业设置目录》，规定高校学科分为哲学、经济学、法学、教育学、文学、历史学、理学、工学、农学、医学共10大门类，下设71个二级类，共有504种专业。具体学科门类和专业数为：哲学门类下设二级类2个，9种专业；经济学门类下设二级类2个，31种专业；法学门类下设二级类4个，19种专业；教育学门类下设二级类3个，13种专业；文学门类下设二级类4个，106种专业；历史学门类下设二级类2个，13种专业；理学门类下设二级类16个，55种专业；工学门类下设二级类22个，181种专业；农学门类下设二级类7个，40种专业；医学门类下设二级类9个，37种专业。

1998年我国颁布的本科专业目录中有11个学科门类，下设71个二级学科，共有专业249个。其中哲学门类1个二级学科，3种专业；经济学门类下设二级类1个，4种专业；法学门类下设二级类5个，12种专业；教育学门类下设二级类2个，9种专业；文学门类下设二级类4个，66种专业；历史学门类下设二级类1个，5种专业；理学门类下设二级类16个，30种专业；工学门类下设二级类21个，70种专业；农学门类下设二级类7个，16种专业；医学门类下设二级类8个，16种专业；管理学门类下设二级类5个，18种专业。

1998年8月29日，第九届全国人大常委会第四次会议通过《高等教育法》，其中第二十八条规定高等学校的章程应当包含学科门类的设置，第三十三条规定高等学校依法自主设置和调整学科专业。1998 年 12 月 24 日，教育部颁布了《面向 21 世纪教育振兴行动计划》，其中规定：从 1998 年起，在全国高等学校的重点学科中，设立一批特聘教授岗位……设立专项奖金并鼓励地方政府和学校相应设岗奖励。继续并加快进行“211 工程”建设，大力提高高等学校的知识创新能力。创建若干所具有世界先进水平的一流大学和一批一流学科。

2001—2002 年，我国对高校进行了第二次重点学科评估工作，评选出 964 个重点学科。通过学科评估，引导高校学科建设方向，优化高等教育资源配置，我国学科建设很快适应国家经济社会发展的需要。

2006 年，我国进行了第三次重点学科评选工作。根据《教育部关于加强国家重点学科建设的意见》精神，以“服务国家目标，提高建设效益，完善制度机制，建设一流学科”为指导思想，在按二级学科设置的基础上，增设一级学科国家重点学科。一级学科国家重点学科的建设要突出综合优势和整体水平，促进学科交叉、融合和新兴学科的生长；二级学科国家重点学科的建设要突出特色和优势，在重点方向上取得突破。到 2007 年底，共组织了三次评选工作，评选出 286 个一级学科国家重点学科、677 个二级学科国家重点学科、217 个国家重点（培育）学科，其中一级学科国家重点学科所覆盖的二级学科均为国家重点学科（见表 3-3）。

表 3-3　改革开放以来国家重点学科入选学科数量统计表

学科门类	1988 年	2002 年	2007 年		
	重点学科数量	重点学科数量	一级学科重点学科数量	二级学科重点学科数量	国家重点（培育）学科
哲学	8	16	3	13	4
经济学	20	44	10	35	8
法学	13	35	7	36	8
教育学	7	19	4	15	6

续表

学科门类	1988 年	2002 年	2007 年		
	重点学科数量	重点学科数量	一级学科重点学科数量	二级学科重点学科数量	国家重点（培育）学科
文学	16	41	7	44	13
历史学	14	18	2	25	4
理学	86	177	44	109	27
工学	163	374	158	182	73
医学	36	62	17	43	19
农学	353	138	17	150	45
管理学	0	30	17	25	10
军事学	0	10	—	—	—
总计	716	964	286	677	217

数据来源：中国学位与研究生教育信息网，http://www.cdgdc.edu.cn/。

2011—2012 年，教育部还陆续评选了一些国家重点学科和国家重点（培育）学科。如 2012 年，根据《教育部关于同意贵阳中医学院、遵义医学院有关学科为国家重点（培育）学科的批复》（教研函〔2012〕7 号），批准贵阳中医学院中药学（民族药学）、遵义医学院药理学为国家重点（培育）学科。2014 年 2 月 15 日，国家发布了《关于取消和下放一批行政审批项目的决定》（国发〔2014〕5 号），国务院取消教育部的国家重点学科审批工作。

二、“双一流”政策下全面深化改革期（2015—2018）西南地区地方高校学科建设

2015 年 11 月 5 日，国务院正式发布了《统筹推进世界一流大学和一流学科建设总体方案》[1]，指出：“坚持以学科为基础。引导和支持高

---

① 国务院关于印发统筹推进世界一流大学和一流学科建设总体方案的通知[EB/OL].(2015-11-05)[2019-03-24].http://www.gov.cn/zhengce/content/2015-11/05/content_10269.htm.

等学校优化学科结构，凝练学科发展方向，突出学科建设重点，创新学科组织模式，打造更多学科高峰，带动学校发挥优势、办出特色。”2017 年 9 月 21 日，教育部、财政部、国家发展改革委印发《关于公布世界一流大学和一流学科建设高校及建设学科名单的通知》[①]，公布 42 所世界一流大学建设高校和 95 所一流学科建设高校及建设学科名单。“双一流”建设高校名单中，一流大学建设高校 42 所，一流学科建设高校 95 所。而进入一流大学建设名单的 42 所高校又分为 A 类和 B 类。其中，A 类 36 所，B 类 6 所。

2018 年 8 月 8 日，教育部、财政部、国家发展改革委印发了《关于高等学校加快“双一流”建设的指导意见》的通知[②]，指出要优化学科布局，构建协调可持续发展的学科体系。立足学校办学定位和学科发展规律，打破传统学科之间的壁垒，以“双一流”建设学科为核心，以优势特色学科为主体，以相关学科为支撑，整合相关传统学科资源，促进基础学科、应用学科交叉融合，在前沿和交叉学科领域培植新的学科生长点。同时强调，要强化内涵建设，打造一流学科高峰，突出学科优势与特色，拓展学科育人功能，打造高水平学科团队和梯队，增强学科创新能力，创新学科组织模式。

2018 年 9 月 17 日，教育部发布《关于加快建设高水平本科教育全面提高人才培养能力的意见》[③]，提出要大力推进一流专业建设，应用型本科高校要结合办学特色努力建设一流专业。主动布局集成电路、人工智能、云计算、大数据、网络空间安全、养老护理、儿科等战略性新兴产业发展和民生急需相关学科专业。结合区域内高校学科专业特色和

---

① 教育部　财政部　国家发展改革委关于公布世界一流大学和一流学科建设高校及建设学科名单的通知[EB/OL].(2017-09-21)[2019-03-24]. http://www.moe.gov.cn/srcsite/A22/moe_843/201709/t20170921_314942.html.

② 教育部　财政部　国家发展改革委印发《关于高等学校加快“双一流”建设的指导意见》的通知[EB/OL].(2018-08-20)[2019-03-24]. http://www.moe.gov.cn/srcsite/A22/moe_843/201808/t20180823_345987.html? from=timeline&isappinstalled=0.

③ 教育部关于加快建设高水平本科教育全面提高人才培养能力的意见[EB/OL].(2018-10-08)[2019-03-24]. http://www.moe.gov.cn/srcsite/A08/s7056/201810/t20181017_351887.html.

优势，加强专业布局顶层设计，因地制宜，分类施策，加强指导，及时调整与发展需求不相适应的专业，培育特色优势专业集群，打造专业建设新高地，提升服务区域经济社会发展能力。2020 年 5 月，为推进新工科建设再深化、再拓展、再突破、再出发，推动高校加快体制机制创新，做好未来科技创新领军人才的前瞻性和战略性培养，抢占未来科技发展先机，教育部决定在高等学校培育建设一批未来技术学院。

近年来，除了国家出台相关“双一流”建设的政策、法规和文件外，我国各省区市也陆续出台了地方性“双一流”建设实施方案（见表 3-4）。2016 年 4 月 29 日，贵州省教育厅颁布了《贵州省教育厅关于大力推进区域内一流大学和一流学科建设的实施意见》，提出要推进高水平大学、学科和专业建设，要立足贵州省高等教育发展现状，紧紧围绕“地方性、特色化、高水平”三个核心，鼓励和支持不同类型的大学和学科专业差别化发展，加快进入区域内一流行列或前列的步伐。全省高校要根据自身实际，合理选择区域内一流大学、一流学科和一流专业的建设路径，科学规划、积极推进。拥有多个省内领先、国内具有一定影响力的优势特色学科、专业的大学，要在多领域建设一流学科、专业，形成一批相互支撑、协同发展的区域内一流学科专业群，全面提升综合实力和区域竞争力，进入区域内一流大学行列或前列。拥有某一优势特色学科专业的大学，要突出学科专业优势，提升学科专业水平，进入区域内该学科专业领域一流行列或前列。

表 3-4 我国 28 个省、自治区、直辖市“双一流”建设实施方案的颁布情况统计表①

序号	省区市	颁布机构	颁布时间	文件名称
1	上海	市教育委员会	2014-11	上海高等学校学科发展与优化布局规划（2014—2020 年）
		市教委、发改委、财政局等	2015-12-28	上海高等教育布局结构与发展规划（2015—2030 年）

① 根据教育部官网和我国部分省区市正式公布的“双一流”建设实施方案等资料整理而来，数据统计截止日期为 2020 年 8 月 20 日。

续表

序号	省区市	颁布机构	颁布时间	文件名称
2	广东	省委办公厅	2015-04-10	关于建设高水平大学的意见
3	浙江	省人民政府	2015-05-20	关于推动我省高等教育新一轮提升发展的若干意见
4	河南	省教育厅、财政厅	2015-12-08	河南省优势特色学科建设工程实施方案的通知
5	贵州	省教育厅	2016-04-29	贵州省教育厅关于大力推进区域内一流大学和一流学科建设的实施意见
6	内蒙古	区人民政府办公厅	2016-05-16	内蒙古自治区统筹推进国内和世界一流大学一流学科建设的总体方案
7	河北	省人民政府	2016-05-17	关于统筹推进一流大学和一流学科建设的意见
8	江苏	省人民政府	2016-06-15	江苏高水平大学建设方案
9	甘肃	省人民政府	2016-07-28	统筹推进高水平大学和一流学科建设实施方案
10	陕西	省委办公厅、省人民政府办公厅	2016-08-15	关于建设“一流大学、一流学科，一流学院、一流专业”的实施意见
11	云南	省学位委员会	2016-09-05	云南省一流学科建设实施方案
12	山东	省人民政府	2016-12-26	推进一流大学和一流学科建设方案
13	宁夏	区人民政府办公厅	2016-12-27	宁夏回族自治区西部一流大学和一流学科建设方案的通知
14	安徽	省人民政府	2016-12-28	一流学科专业与高水平大学建设五年行动计划
15	湖北	省人民政府办公厅	2016-12-28	关于推进一流大学和一流学科建设的实施意见
16	辽宁	省人民政府	2017-01-03	辽宁省统筹推进世界一流大学和一流学科建设实施方案
17	海南	省人民政府	2017-01-23	海南省统筹推进高水平大学和一流学科建设实施方案

续表

序号	省区市	颁布机构	颁布时间	文件名称
18	湖南	省人民政府	2017-02-10	湖南省全面推进一流大学与一流学科建设实施方案
19	青海	省人民政府办公厅	2017-03-02	关于加快推进一流学科建设的指导意见
20	山西	省人民政府	2017-03-02	关于实施“1331 工程”统筹推进“双一流”建设的意见
21	福建	省人民政府	2017-03-05	关于建设一流大学和一流学科的实施意见
22	重庆	市人民政府	2017-05-24	关于加快高校特色发展推进一流大学和一流学科建设的实施意见
23	江西	省人民政府	2017-05-27	江西省有特色高水平大学和一流学科专业建设实施方案
24	广西	区人民政府	2017-06-26	统筹推进一流大学和一流学科建设实施方案
25	吉林	省人民政府	2017-08-04	吉林省统筹推进高水平大学和高水平学科专业建设实施方案
26	天津	市人民政府	2017-09-28	天津市推进一流大学和一流学科建设实施方案
27	黑龙江	省人民政府	2017-10-25	黑龙江省统筹推进高水平大学和优势特色学科建设实施方案
28	四川	省人民政府	2017-11-07	四川省人民政府关于统筹推进一流大学和一流学科建设的实施意见
29	云南	省人民政府办公厅	2018-01-29	云南省统筹推进一流大学和一流学科建设行动计划

2017 年 5 月 24 日，重庆市人民政府出台了《关于加快高校特色发展推进一流大学和一流学科建设的实施意见》，提出以市级重点学科为基础，分级分类推进一流学科建设，加快形成布局合理、各具特色和优势的学科体系，提升重庆市学科发展整体水平。打破身份固化，开放竞

争，实行动态管理，成熟一个建设一个。引导高校围绕重庆市产业发展重点领域，科学合理撤销、增列学位授权点，对与重庆市重点产业发展相关的新增学科予以招生指标、职称评审等方面的政策倾斜。支持科研院所参与一流学科和市级重点学科建设。到2020年，建成200个市级重点学科。

2017年11月7日，四川省人民政府出台《四川省人民政府关于统筹推进一流大学和一流学科建设的实施意见》，提出从四方面推动"双一流"建设：一是打造一流创新团队；二是培养一流创新人才，建立完善师生参与科研创新的激励机制，建设若干博士硕士授权点；三是增强创新服务能力，打造若干国家（省部）级重大科技创新平台（基地）；四是提升开放合作水平，鼓励高校加强与世界一流大学和学术机构的实质性合作，鼓励有条件的高校与国外高校共建科研协作平台，鼓励支持高校设立留学生奖学金。

2018年1月29日，云南省人民政府办公厅出台了《云南省统筹推进一流大学和一流学科建设行动计划》，强调要坚持扶特、扶优、扶强，结合高校办学定位、办学基础和办学特色，加强一流学科建设，更好服务云南经济发展方式转变、产业转型升级。到2020年，以服务云南生物医药和大健康、旅游文化、信息、现代物流、高原特色现代农业、新材料、先进装备制造、食品与消费品制造8大重点产业等为重点，遴选建设50个左右省级一流学科；力争20个一级学科在国内权威第三方评价排名中进入同类学科前30%，8个学科进入ESI全球排名前1%，2个以上学科进入世界一流学科建设计划；新增一批博士、硕士学术和专业学位授权点。

综上所述，学科建设的每一次调整与发展都与大学变革息息相关。可以说，大学是学科生长的土壤。20世纪50年代的院校调整主要是建立专业性很强的单科性大学。20世纪末，国家开始实施"985工程"和"211工程"，重点建设一批大学。与此同时，也开始建设重点学科。2014年国家取消重点学科评选，教育部不再审批重点学科。2015年国家出台了"双一流"建设的新政策，全国各省区市落实国家新政策，陆续出台了符合经济社会发展需要的省一级“双一流”建设政策。于是，一流大学建设和一流学科建设又成为我国建设高等教育强国路上的新战略和新目标。

第五节 总结与反思

纵观百余年中国大学和大学学科的变化史，我们发现：大学和学科都经历了由少到多、由弱到强的发展过程。如果从清末时期北洋大学堂的建立算起，中国近现代意义上的大学和学科已有一百多年的历史。不同历史时期的大学和学科建设呈现出不同的阶段性特点，也在漫长历史发展中积累了宝贵的实践经验，这些学科建设经验可以为我们地方高校学科建设提供一定的参考与实践依据。

一、社会稳定是学科建设的外部条件

清朝末年，清政府腐败无能、闭关锁国等影响了国家的建设和发展，国家发展积贫积弱。但是随着“西学东渐”和“中学为体、西学为用”理念的广泛传播，在一大批留学生的积极推动和清政府的支持下，中华大地上诞生了一批现代意义上的大学。后来，中国社会又经历了北洋政府、南京国民政府的治理，大学和学科在数量上有了增加，特别是1927—1937年间，当时中国的大学和学科发展出现了短暂的繁荣。之后，国家经历了全面抗日战争和解放战争，我国的教育事业受到了极大的冲击。1949年，新中国的建立为大学和学科发展提供了相对稳定的社会环境。不过，1966—1976年国家又经历了“文革”动荡，大学和学科的发展又出现停滞的态势。改革开放之后，我国的教育发展事业迎来了发展的春天。我国政府实施了国家重点学科建设、“双一流”建设等政策，推动了我国大学学科建设水平和质量的提升，一些学科已经进入世界一流学科的行列或前列。可见，如果社会发展处于稳定状态，就可以为大学学科发展提供良好的外部环境。如果社会处于战乱阶段，那么政府是没有更多精力和时间去关注大学的发展和学科建设的。大学和学科发展的

水平和质量深受时代背景下社会经济政治发展水平的限制。

二、知识生产是学科建设的内部动力

简要回顾百余年的中国大学学科发展演变历史，大学由当初的3所国立大学发展到2688所大学。2019年全国教育事业发展统计公报显示，全国各类高等教育在学总规模4002万人，高等教育毛入学率51.6%。全国共有普通高校2688所（含独立学院257所），比上年增加25所，增长0.94%。其中，本科院校1265所，比上年增加20所。中国高等教育经历了从高等教育精英化、高等教育大众化到高等教育普及化的发展阶段。近现代大学学科也由当初的文理科发展到现在的13个大学科门类，学科也进一步分化。随着信息技术和大数据的发展，还出现了很多交叉学科，学科建设在数量和规模上有了快速增长，学科建设的水平和质量也得到了提升。其背后是知识生产发展在起推动作用，特别是每个时段科学知识的进步和发展。清末时期的大学堂中学科知识既有中国传统的儒家思想文化知识，也有西方的科学技术知识，那时的大学堂既重视道德思想教育，也重视技术等实用性知识的传播，为国家培养了大量的外语人才、船舶技术人才、军事人才等。到了20世纪90年代，随着西方高等教育理论界知识生产模式理论的发展和传播，我国高等教育的学科发展在理念和模式上也发生了转型，大学在学科内容设置、思想意识形态、招生资格、任教条件、学制设置等方面进行了调整和改变，但是学科建设的内部发展动力还是源于知识的发展，源于知识本身的价值和作用。而且，知识生产已经突破了单学科的发展模式，逐渐向跨学科、多学科和交叉学科领域发展转型，以更好地适应知识经济社会时代的发展需求。

三、政策驱动是学科建设的外在动力

不同政府执掌国家政权，对教育的发展采取了不同的举措。随着国家经济社会发展的变革和国家综合实力的增强，这些教育政策不断得到修订和完善。基于国家层面的教育政策，国家以法律法规等形式构建了国家教育行政管理制度体系，为大学学科建设和发展提供了外在动力。清末时期，清政府通过学习西方的教育制度，建立了新的全国性的学制，并在全国大学颁布实施。北洋政府时期延续了清末时期的学制制度，主要是学习美国的学制。南京国民政府时期，由于抗日战争的影响，东南地区的高校西迁，促进了我国西部地区高等教育的发展。新中国成立之后，国家颁布了《教育法》《高等教育法》，并对全国高校实行调整。改革开放后又推行“985 工程”、“211 工程”、“2011 计划”、“双一流”建设、“新四科”建设等，这些国家制度和政策有力地推动了全国高校和学科建设的发展。在国家政策的驱动下，大学和学科的发展获得了更多的经费支持、政策支持和制度保障，因此可以说国家政策是推动大学学科发展的外在动力。

四、服务国家是学科建设的最终目的

高等教育是推动国家富强、民族振兴、科技发展和文化繁荣的重要力量，大学教学、科学研究和社会服务职能的发挥，最终目的是为社会经济发展培养人才。随着我国高等教育普及化时代的到来以及世界信息技术的发展，国家之间的竞争日趋激烈，国家之间综合实力的竞争归根结底还是人才和科技的竞争。由于教育内外部规律的作用和影响，现代大学学科建设和知识发展与国家政治、经济、科技、文化发展紧密相连，大学应该为国家繁荣富强服务。基于知识生产模式理论的分析视角，现代大学学科的发展本质上是传承知识、发展知识和运用知识，通过建设学科促进科学研究的发展，把高深知识作为培养人才的载体，为社会各行各业培养专业型的人才。因此，大学变革、学科建设、知识发展、人才培养和国家利益构成了命运共同体，大学为国家经济社会建设和发展培养高技术型人才，通过提高人才的素质和能力，推动社会生产力的发展和进步。因此，服务国家是学科建设的最终目的。

第四章　西南地区地方高校学科建设的实证调查与分析

我国高等教育专家刘献君教授指出，概念是对事物本质属性的概况，是思维的工具，是判断推理和进行论证的基石，也是学术探索的结果。对一个概念的理解是无限的，一个概念在多种解释中，应该根据自己研究的需要选取最适合自己的解释①。对于西南地区这个概念的界定，我们可以从政治学、地理学和高等教育学三个视角加以认识。从我国行政管理的角度来说，我国西南地区包括四川省、重庆市、云南省、贵州省和西藏自治区五个省（区、市）。从地理学的视角来讲，西南地区一般具体指云贵川渝四省市，而西藏自治区一般被纳入青藏地区的话语体系中。新中国成立以来，西藏自治区由于独特的历史与政治因素，其高等教育发展相对比较落后，与云贵川渝四省市相比较，异质性比较明显。地区研究的基本含义非常简单，地区是指一个大的地理区域，它被假定在文化、历史和语言诸方面具有某种一致性②。从高等教育学的视角出发，结合已有研究成果对我国区域性大学的分类研究，如王玉丰在细分我国新建本科院校科类结构时，

---

① 朱家德．权力的规制：大学章程的历史流变与当代形态［M］．北京：中国社会科学出版社，2013：7．

② 华勒斯坦，儒玛，凯勒，等．开放社会科学：重建社会科学报告书［M］．刘锋，译．北京：生活·读书·新知三联书店，1997：40．

对西南地区云贵川渝的学校类型进行的统计分析[①]，笔者认为，我国西南地区地方高校主要是指云贵川渝四省市的地方高校。该区域内的地方高校学科建设，无论是在院系调整中的学科合并与重建，还是在学科团队成员的学术背景与合作，抑或是在国家高等教育政策的支持与帮扶等方面，都具有很强的同质性。当然，每所地方高校学科建设的学科基础、学科团队、学科经费、学科方向、学科定位、学科文化等又各具特色。对西南地区部分地方高校学科建设的抽样调查与统计分析，可以为地方高校学科建设提供一定的实践依据和理论参考。

第一节　调查情况

研究资料的获取、收集和整理是正式开展研究的前提，也是做好研究的保障。问卷调查是指通过制定详细周密的问卷，要求被调查者据此进行回答以收集资料的方法。刘献君[②]指出，教育研究中，要抓住问题、理论、资料、方法四个基本要素，“有多少资料做多少东西”。为了获取更多原始的、第一手资料，考虑到本研究的问题需要和可行性，笔者采用问卷调查法，随机抽取西南地区部分地方高校的教师作为调查对象，从地方高校学科建设实践者的视角来探讨学科建设中遇到的主要问题，如影响学科建设因素有哪些，地方高校未来学科建设的发展路径是什么，等等。

一、样本选择

本研究于2019年9月到11月对贵州省两所地方高校进行深度访谈，通过阅读大量相关学科建设的文献资料，在征求同行专家、学者意

① 王玉丰. 中国新建本科院校转型发展研究：基于自组织理论的分析范式［M］. 北京：教育科学出版社，2011：37-38.

② 刘献君. 教育研究中的四个基本要素［J］. 高等工程教育研究，2011（5）：54-58.

见的基础上，编制和发放了“双一流”背景下西南地区地方高校学科建设情况调查问卷。调查问卷的样本信息见表 4-1。

表 4-1　调查问卷的样本信息

样本类型	分类标准	人数	比例
性别	男	88	50.29%
	女	87	49.71%
年龄	20～30 岁	51	29.14%
	31～40 岁	73	41.71%
	41～50 岁	33	18.86%
	51 岁以上	18	10.29%
学历	本科以下	2	1.14%
	本科	41	23.43%
	硕士	82	46.86%
	博士	50	28.57%
主要身份	大学教师	125	71.43%
	在读学生	35	20%
	政府工作人员	6	3.43%
	企业工作人员	4	2.28%
	其他社会职业	5	2.86%
所在省市	云南省	19	10.86%
	贵州省	87	49.71%
	四川省	40	22.86%
	重庆市	29	16.57%

续表

样本类型	分类标准	人数	比例
学科门类	哲学	6	3.43%
	经济学	7	4%
	法学	8	4.57%
	教育学	87	49.71%
	文学	16	9.14%
	理学	11	6.29%
	工学	17	9.71%
	医学	1	0.57%
	管理学	15	8.57%
	艺术学	7	4%

二、调查方法

2019 年 9 月到 11 月，在对贵州两所地方高校进行深度访谈的基础上，为了更全面、更深刻地认识西南地区地方高校学科建设的情况，笔者编制了“双一流”背景下西南地区地方高校学科建设情况调查问卷，该调查问卷经过多次修改、预调查与导入问卷星测试之后，广泛吸取其他被调查者的修改意见，最后形成了比较具有代表性和科学性的问卷，问卷具有较好的内容效度。在具体实施调查中，笔者主要通过微信和 QQ 将问卷发送给西南地区地方高校的领导、教师、学生以及笔者的同学、校友和其他朋友，并且逐一对每一位受调查者讲述了填写的要求和细节，最大限度保证每一位问卷的有效性，提高问卷发放与回收的效率，降低无效问卷出现的概率。与此同时，再通过这些熟人的朋友进行二次转发与填写，通过问卷星导入每个题目的调查结果的相关数据，并运用 Excel 等工具进行统计分析。

从 2020 年 7 月到 8 月，先后发送和回收问卷 187 份，剔除不符合研究要求的问卷 12 份，如高职高专、中小学等教师填写的问卷。共收集到符合研究条件的有效问卷 175 份，回收问卷有效率为 93.58%。集中参与调研的西南地区地方高校如下：四川省有 8 所，即成都大学、成都工业学院、成都师范学院、四川师范大学、宜宾学院、乐山师范学院、内江师范学院、西华师范大学；重庆市有 8 所，即重庆第二师范学院、长江师范学院、西南政法大学、重庆交通大学、重庆工商大学、重庆科技学院、重庆邮电大学、重庆理工大学；云南省有 4 所，即大理大学、红河学院、云南大学、云南师范大学；贵州省有 11 所，即贵州工程应用技术学院、铜仁学院、贵州师范大学、贵州财经大学、贵阳学院、贵州师范学院、凯里学院、黔南民族师范学院、贵州大学、六盘水师范学院、贵州医科大学。

三、问卷的信度与效度分析

（一）信度检验

本研究采用问卷的内部一致性系数——Cronbach's Alpha 系数来进行信度检验，检验的对象为西南地区地方大学学科建设的问题和影响因素。Cronbach's Alpha 系数可用于任何测验或测量尺度上，由于 Cronbach's Alpha 系数是估计内部一致性信度的下限，很可能低估信度，所以，以 Cronbach's Alpha 系数做信度判断比其他信度判断更加稳健。因此，本研究采用 Cronbach's Alpha 系数。目前较为一致的看法是，测量工具的 Cronbach's Alpha 系数最好高于 0.7。但是，如果测量工具中的项目个数少于 6 个，Cronbach's Alpha 系数值大于 0.6，也表明数据质量可靠。本问卷对第 7、8、9、11、12、13、14、15 题八个题目进行了信度检验，检测值是 0.835（见表 4-2）。可见，总的来说本问卷这一部分内容的内部一致性较高。

表 4-2　可靠性统计量

Cronbach's Alpha	项数
0.835	8

（二）效度检验

由于本问卷的形式较为多样，因此主要以定性分析的方式对其内容效度进行分析。内容效度是项目对所有测查内容或行为范围取样的适当程度。在问卷编制以前，笔者就对西部地区地方大学的教师和学生进行了开放式访谈，同时广泛阅读与“学科”“学科建设”“一流学科”“地方高校”相关的文献资料，结合文献资料确定了该问卷的体系。在对贵州省两所地方高校深度访谈的基础上，经过相关高等教育学专家的修改和审查，以及与地方高校学科建设相关利益主体的预调查，该问卷调查中 sig 的值小于 0.05（见表 4-3）。因此，该问卷效度有效性显著，问卷具有较好的内容效度。

表 4-3　KMO（Kaiser-Meyer-Olkin）度量和 Bartlett 的球形度检验

取样足够的 Kaiser-Meyer-Olkin 度量		0.843
Bartlett 的球形度检验	近似卡方	489.439
	df	28
	Sig.	0.000

第二节　调查结果分析

一、被调查高校学科建设的现状分析

本研究随机抽样了西南地区 31 所地方高校进行问卷调查，其中，四川省 8 所，重庆市 8 所，云南省 4 所，贵州省 11 所。

（一）四川省地方高校学科建设的现状分析

第一，从学科带头人和学科团队来看，学科带头人一般由科学家、院士、大学校长等行业类权威人物领衔，团队成员中中青年学者居多，教授和青年博士居多，形成了具有一定规模与研究能力的学科研究团队。但在新建本科院校内部，教授和博士人才缺乏，难以吸引和留住优秀的中青年学者。

第二，从学科经费投入来看，除了国家层面出台的政策外，四川省人民政府也出台了相应的政策，如 2017 年 8 月 2 日，四川省教育厅和财政厅联合出台了《四川省高校“双一流”建设资金管理暂行办法》。2017 年 9 月，四川省财政下达高校“双一流”建设资金 2 亿元，比 2016 年增加 1 亿元，增幅达 50%。资金按“扶优扶新扶需扶特”的原则，根据国际国内权威第三方评价结果并综合考虑与四川省重点产业发展的关联度等因素，对四川大学等 4 所在川部属高校、四川农业大学等 11 所省属高校的 32 个一流学科给予支持，主要用于学科平台建设、学科基础前沿研究、学科人才队伍建设、重要学术交流、人才培养等方面。2017 年 11 月 9 日，四川省人民政府正式出台《四川省人民政府关于统筹推进一流大学和一流学科建设的实施意见》，明确“双一流”高校建设要实行开放竞争、重点支持、动态调整，首期建设从 2016 年开始，每 5 年一个建设周期。2018 年 2 月 14 日，成都市人民政府支持成都大学高水平建设发展的意见正式下发，具体支持措施包括：成立支持高水平办学的成都学院领导小组，由市长担任组长，市政府分管副市长担任副组长，市级有关部门为成员单位。未来 3 年，市政府多渠道统筹资金 40 亿元，大力支持学校重点学科建设，加强内涵建设，保障条件建设。

第三，从人才培养体系来看，可以分为三种类型。第一类是高校，主要是在办学层次上建有完备的人才培养体系的“本—硕—博”院校或“本—硕”院校，具体治理学科建设的二级行政机构或部门是研究院或研究生处，研究院或研究生处之下又设置有学科建设办公室。第二类是治理学科建设工作的机构，即科研处或科技处。第三类是治理学科建设工作的发展规划处。可以说，学科建设工作，特别是 2015 年“双一流”建设出台之后，每个高校都极为重视，正如火如荼地开展。但是，从具体管理学科建设工作的机构来看，每个高校又有所不同，这些不同是基于大学职能的不同而出现的。偏重研究型人才培养的高校就把学科建设与人才培养结合起来，划归研究生院或研究生处来管理，而偏重应用型人才培养的高校就把学科建设与科学研究、发展规划的工作结合起来，把学科建设的工作划归科研处或发展规划处来管理。

总体而言，拥有“本—硕—博”完备人才培养体系的地方高校在“双一流”背景下得到了国家政府相关部门和地方政府的高度重视，与新建本科院校相比，它们在获得政策支持、高等教育资源和人力资源等方面具有非常强的优势和吸引力，在这样的学科竞争环境下，学科建设中的“马太效应”也是非常明显的。当前“双一流”建设的关键在于三个方面：一是人才竞争，二是资源配置，三是理念重审。在教育理念逐渐“全球本土化”的背景下，人才和资源成为“双一流”建设的“硬约束”①。四川省内一些新建本科院校，如四川民族学院、阿坝师范学院等高校现在没有省级重点或重点支持（培育）学科，在这样的态势下，这些高校与省部共建、省属重点大学学科建设水平与质量之间的差距将越来越大。

（二）重庆市地方高校学科建设的现状分析

按照我国高等教育体制机制的特点和大学属性划分，从办学层次来看，重庆市地方高校可以分为市部共建高校、市属重点本科院校和市属普通本科院校三类。

第一，从人才培养层次上讲，重庆市 15 所地方高校，可以分为“学士—硕士—博士”“学士—硕士”和以本科教育为主的高校。其中，具有“学士—硕士—博士”完备办学层次的高校有重庆交通大学、重庆邮电大学、重庆医科大学、西南政法大学、重庆师范大学和四川外国语大学 6 所高校。具有学士和硕士培养授权单位的高校有重庆工商大学、重庆科技学院、重庆理工大学、重庆三峡学院、重庆文理学院和四川美术学

① 王建华. 人才竞争、资源配置与理念重审：关于“双一流”建设的若干思考［J］. 中国高教研究，2019（1）：16-21.

院 6 所高校。以本科教育为主的高校有长江师范学院、重庆警察学院和重庆第二师范学院 3 所高校。

第二，从一流学科分布来看，2017 年 8 月 17 日，市教委召开了重庆市“十三五”市级重点学科和一流学科遴选认定会，经专家投票，市教委、市委组织部、市发展改革委、市财政局、市科委、市人力资源和社会保障局审议，确定了市属高校的 20 个优势学科为重庆立项建设的一流学科（见表 4-4）。在正式公布的一流学科建设名单中，医学学科有 4 个二级学科榜上有名，位居榜首，占重庆市一流学科建设的 20%。可见，医学学科是重庆市区域性地方性学科建设中的重中之重。

表 4-4　重庆市属高校一流学科建设名单

序号	学校	一流学科建设数量	学科名称
1	重庆医科大学	4	临床医学
2			药学
3			基础医学
4			生物医学工程
5	重庆邮电大学	3	通信与信息工程
6			计算机科学与技术
7			控制科学与工程
8	重庆交通大学	3	土木工程
9			水利工程
10			交通运输工程
11	重庆工商大学	2	应用经济学
12			工商管理
13	四川美术学院	2	美术学
14			设计学

续表

序号	学校	一流学科建设数量	学科名称
15	重庆理工大学	2	机械工程
16			材料科学与工程
17	重庆师范大学	2	数学
18			生物学
19	西南政法大学	1	法学
20	四川外国语大学	1	外国语言文学

第三，从学科建设的管理来看，学科建设作为“十三五”期间高校工作中的重要内容，由于学校的办学基础、办学定位与发展方向不一样，就学科建设的实际改革而言，主要有三种类型的二级行政部门或机构在进行管理。一般而言，拥有“学士—硕士—博士”完备人才培养体系的高校，或拥有研究生招生培养单位的高校，无论是独立招生培养还是联合培养，学科建设的工作都归研究生院或研究生处管理。其他一些市属普通本科高校一般由科研处或发展规划处专门管理。

（三）云南省地方高校学科建设的现状分析

第一，从人才培养层次上讲，具备“学士—硕士—博士”完备人才培养的高校一般均是省部共建大学和省属重点大学，云南共有 8 所：云南大学、昆明理工大学、云南师范大学、西南林业大学、云南民族大学、云南财经大学、昆明医科大学、云南农业大学。其余 15 所地方高校主要以本科教育为主。随着这些地方高校成功转型和把应用技术型大学作为中长期办学定位，这种类型的地方高校主要是培养服务地方的应用型人才。

第二，从一流学科建设来看，2016 年 11 月 9 日，云南省学位委员会公布了云南省高校一流学科（B 类高原学科）名单。云南省共有 10 所高校的 10 个学科被列为一流学科，分别是：昆明学院的物理学，学科带头人杨海；曲靖师范学院的化学，学科带头人孙成科；楚雄师范学院的教育学，学科带头人罗明东；红河学院的民族学，学科带头人杨六金；玉溪师范学院的美术学，学科带头人郭巍；云南师范大学商学院的工商管理，学科带头人张学高；云南警官学院的禁毒学，学科带头人骆寒青；保山学院的生物学，学科带头人汪建云；文山学院的生物工程，学科带头人郝南明；云南大学滇池学院的法学，学科带头人方慧。

第三，从学科经费投入来看，云南省 2018—2020 年投入了大量专项资金，以支持云南大学建设世界一流大学。云南大学积极拓宽筹资渠道，整合各类资金，制订了完善的资金规划和年度使用计划。2017 年底，教育部公布了全国第四轮学科评估结果，云南大学的民族学以 A+的成绩位居全国第一，生态学等学科也进入全国前十名。2017 年 12 月 28 日，云南大学公布了《云南大学一流大学建设方案》，该方案分为“建设目标”“建设基础”“建设内容”“建设预期”四个部分。云南大学在方案中设定了“三步走”的方针：到 2020 年，学校综合实力明显增强，若干学科跻身世界一流学科行列，建成全国一流综合性研究型大学。到 2030 年，学校综合实力和办学水平显著提升，初步建成立足祖国西南边疆，面向南亚东南亚的综合性、国际性、研究型世界一流大学。到 21 世纪中叶，学校在人才培养、科学研究和国际影响力等领域享有卓越的声誉，建成世界一流大学。

2018 年 6 月 20 日，云南省人民政府公布了《云南省人民政府关于支持云南大学加快世界一流大学建设的意见》（云政发〔2018〕31 号），提出要加大经费投入、加强资源整合和加快平台建设，完善政府、学校、社会相结合的多元投入机制，统筹考虑云南大学世界一流大学建设与区域高等教育发展的关系，推进云南大学与省内有关高校的整合，支持云南大学与行业、企业、科研院所的合作，深化产教融合发展，提高学校吸纳社会资源能力，优化资源配置，共建一流大学。云南省教育厅 2018 年度部门决算显示，高等教育支出占普通教育支出的 87.59%，主要用于省教育厅直属 23 所普通本专科高校各类支出、省属高校奖助学金（含民办院校）、高校助学贷款贴息和风险补偿金、民办高等教育发展专项、中央支持地方高校改革发展专项、昆明医科大学基础设施建设及云南大学“双一流”建设等。

（四）贵州省地方高校学科建设的现状分析

第一，从贵州省一流学科建设情况来看，2017 年 4 月 24 日，贵州省教育厅对 2017 年一流学科拟立项建设名单①进行公示，拟在全省 11 个高校中立项建设 8 个国内一流建设学科、15 个区域内一流建设学科、4 个区域内一流建设培育学科，涵盖了贵州理工农医等多个学科门类。在贵州拟立项的 8 个国内一流建设学科中，贵州大学有 4 个，分别为植物保护、农林经济管理、大数据科学与技术学科群、生态学；贵州师范大学有 1 个，为地理学；遵义医学院有 1 个，为药学；贵阳中医学院有 1 个，为中药学。2018 年 9 月 17 日，根据《省学位办关于开展 2018 年度贵州省一流学科遴选与研究生教育创新计划项目评审工作的通知》（黔学位办〔2018〕34 号）的要求，贵州省学位办聘请专家组，按照公平、公正、择优、分层指导、分类评价的原则进行了分组现场评审。经学校评选推荐、专家评审、省学位办研究，拟立项建设第二批贵州省一流建设学科 25 个（见表 4-5）、专业学位研究生课程案例库 23 个、研究生教育教学改革重点课题 23 项（其中两项系省学位办委托项目）、研究生科研基金 60 项。

表 4-5　第二批贵州省一流建设学科拟立项名单

序号	申报单位	学科数量	学科名称	申报人	申报类别
1	贵州大学	4	法学	冷传莉	国内一流建设学科
2			化学	陶　朱	国内一流建设学科
3			材料科学与工程	刘其斌	国内一流建设学科
4			林学	韦小丽	国内一流建设学科

① 贵州公示 2017 年一流学科拟立项名单[EB/OL]. (2017-04-26)[2019-07-01]. http://qiye.gog.cn/system/2017/04/26/015640276.shtml.

续表

序号	申报单位	学科数量	学科名称	申报人	申报类别
5	贵州师范大学	3	政治学	陈华森	国内一流建设学科
6			心理学	赵守盈	国内一流建设学科
7			马克思主义理论	唐昆雄	国内一流建设学科
8	贵州大学	6	应用经济学	王秀峰	区域内一流建设学科
9			物理学	江　阳	区域内一流建设学科
10			冶金工程	李长荣	区域内一流建设学科
11			计算机科学与技术	秦永彬	区域内一流建设学科
12			化学工程与技术	林　倩	区域内一流建设学科
13			公共管理	黄其松	区域内一流建设学科
14	贵州师范大学	2	教育学	熊　梅	区域内一流建设学科
15			生态学	乙　引	区域内一流建设学科
16	贵州民族大学	1	中国语言文学	龙耀宏	区域内一流建设学科
17	贵州财经大学	3	应用经济学	邹晓峰	区域内一流建设学科
18			马克思主义理论	何伟福	区域内一流建设学科
19			统计学	焦建军	区域内一流建设学科
20	贵阳学院	1	哲学	陆永胜	区域内一流建设培育学科
21	遵义师范学院	1	物理学	杨友昌	区域内一流建设培育学科
22	黔南民族师范学院	1	数学	韦　煜	区域内一流建设培育学科
23	凯里学院	1	民族学	李　斌	区域内一流建设培育学科
24	六盘水师范学院	1	矿业工程	艾德春	区域内一流建设培育学科
25	贵州工程应用技术学院	1	生态学	陈永祥	区域内一流建设培育学科

第二，从学科经费投入来看，2017 年 12 月 25 日，贵州省教育厅、财政厅联合召开全省财政教育投入新闻通气会，通报了贵州省 2012—2016 年财政教育经费投入使用情况。在高等教育领域，围绕建设花溪大学城等重点项目，通过建立生均财政拨款制度，不断加大高等教育的财政投入，2012—2016 年全省共投入高等教育专项资金 335.61 亿元，平均每年增加 4.43 亿元，增长率为 14.98%，积极拓展了高等教育资源，由此学校办学环境和办学条件得到极大改善，高等教育毛入学率从 2012 年的 25.5%提高到 2016 年的 33%。

（五）西南地区地方高校学科排名的分布情况

前文分别对四川、重庆、云南和贵州省抽样调查的 31 所地方高校学科建设现状做了比较详尽的分析，下面将根据上海软科教育信息咨询有限公司公布的 2018 年中国最好学科排名对西南地区的学科排名进行统计分析。2018 年中国最好学科排名中，西南地区上榜数量最多的是云南省，共有 7 所大学 50 个学科。其中云南大学 26 个，昆明理工大学 12 个，云南师范大学 6 个，云南财经大学 3 个，云南农业大学 3 个，云南艺术学院 3 个，西南林业大学 2 个。其次是四川省，有 10 所大学 48 个学科入围。其中西南财经大学 11 个，四川师范大学 10 个，成都理工大学 5 个，西南石油大学 5 个，西南科技大学 5 个，四川美术学院 4 个，西华师范大学 3 个，成都信息工程大学 2 个，西华大学 2 个，四川音乐学院 1 个。重庆市有 7 所大学 42 个学科入围，贵州省有 4 所大学 21 个学科入围。以上详见表 4-6。

表 4-6　2018 年中国最好学科排名西南地区地方高校上榜情况①

序号	学校名称	所在城市	学校类型	上榜学科数
1	云南大学	昆明市	综合类	26
2	昆明理工大学	昆明市	理工类	12

① 根据上海软科教育信息咨询有限公司出版的《2018 中国最好学科排名》中 2018 中国最好学科排名各高校上榜学科数数量统计（第 178 至第 181 页）信息整理而来。

续表

序号	学校名称	所在城市	学校类型	上榜学科数
3	西南财经大学	成都市	财经类	11
4	贵州大学	贵阳市	综合类	10
5	四川师范大学	成都市	师范类	10
6	重庆医科大学	重庆市	医学类	9
7	重庆工商大学	重庆市	财经类	8
8	重庆邮电大学	重庆市	财经类	8
9	贵州师范大学	贵阳市	师范类	7
10	西南政法大学	重庆市	政法类	6
11	云南师范大学	昆明市	师范类	6
12	成都理工大学	成都市	理工类	5
13	西南科技大学	绵阳市	理工类	5
14	西南石油大学	成都市	农林类	5
15	重庆交通大学	重庆市	理工类	5
16	重庆师范大学	重庆市	师范类	5
17	四川美术学院	成都市	美术类	4
18	贵州财经大学	贵阳市	财经类	3
19	西华师范大学	南充市	师范类	3
20	云南财经大学	昆明市	财经类	3
21	云南农业大学	昆明市	农林类	3
22	云南艺术学院	昆明市	艺术类	3
23	成都信息工程大学	成都市	理工类	2
24	西华大学	成都市	理工类	2
25	西南林业大学	昆明市	农林类	2
26	贵州民族大学	贵阳市	民族类	1
27	四川外国语大学	重庆市	语言类	1
28	四川音乐学院	成都市	艺术类	1

二、西南地区地方高校学科建设存在的主要问题

2016年5月17日，中共中央总书记、国家主席、中央军委主席习近平在北京主持召开哲学社会科学工作座谈会并发表重要讲话。习近平指出：现在，我国哲学社会科学学科体系已基本确立，但还存在一些亟待解决的问题，主要是一些学科设置同社会发展联系不够紧密，学科体系不够健全，新兴学科、交叉学科建设比较薄弱。下一步，要突出优势、拓展领域、补齐短板、完善体系。一是要加强马克思主义学科建设。二是要加快完善对哲学社会科学具有支撑作用的学科，如哲学、历史学、经济学、政治学、法学、社会学、民族学、新闻学、人口学、宗教学、心理学等，打造具有中国特色和普遍意义的学科体系。三是要注重发展优势重点学科。四是要加快发展具有重要现实意义的新兴学科和交叉学科，使这些学科研究成为我国哲学社会科学的重要突破点。五是要重视发展具有重要文化价值和传承意义的“绝学”、冷门学科。这些学科看上去同现实距离较远，但养兵千日、用兵一时，需要时也要拿得出来、用得上。还有一些学科事关文化传承的问题，如甲骨文等古文字研究等，要重视这些学科，确保有人做、有传承①。

从我国高等教育发展程度与高等教育资源分布来看，西南地区地方高校仍相对落后。这些高校由于本科办学历史不长，区位优势不够明显，优秀人才缺乏，并受各种主客观条件的限制，其学科建设面临着各种复杂多样的矛盾和冲突。这些矛盾冲突具有累积性、长期性、复杂性，甚至成为影响地方本科学科健康发展的痼疾。如地方高校中的人事改革与教师队伍建设问题，学科科研项目申报与奖励制度问题，学科人才工作绩效评定与薪酬问题，等等。根据本章前文对西南地区地方高校学科建设的现状分析，除了省城的地方

① 习近平在哲学社会科学工作座谈会上的讲话[EB/OL].（2016-05-19）[2019-03-30]. http://cpc.people.com.cn/n1/2016/0519/c64094-28361550.html.

高校外，大部分院校还是分布在地级市，甚至少量高校在一些非常偏远的山区乡镇上，交通极为不便，信息也比较闭塞，自然，这些高校与外界联系就不那么方便，如位于四川省康定市姑咱镇的四川民族学院。

（一）学科知识生产人员极其匮乏

本次问卷调查的问题之一是被调查者目前所在学校学科队伍建设中存在的突出问题是什么，调查结果显示，73.14%的被调查者认为地方高校师资队伍中顶尖级学科领军人物几乎没有，77.14%的被调查者认为地方高校师资队伍中高层次人才队伍总量不足（见图4-1）。

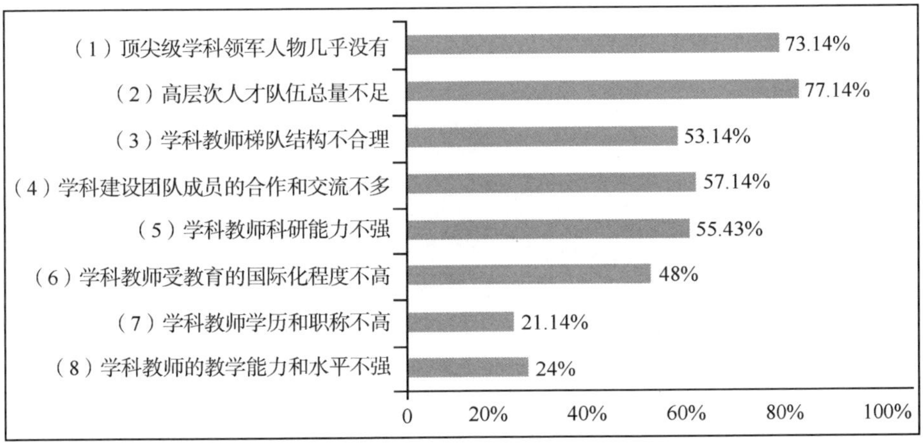

图4-1　地方高校学科建设存在的突出问题的统计结果

各学校调查对象中认为高层次人才队伍总量不足的比例与各学校博士学位教师人数的关系如图4-2所示。选取部分调查对象学校的博士学位教师人数与调查对象认为存在此问题的比例进行线性回归分析，最后所得结果为 $R^2=0.66$，说明两者显著相关，调查对象所在学校博士学位的教师数量越多，对于高层次人才不足问题的反映越少。

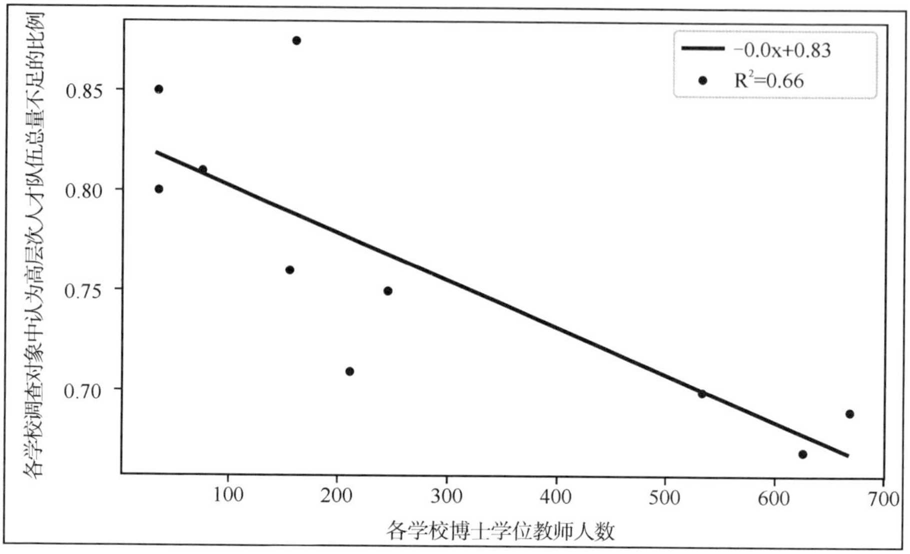

图 4-2　各学校调查对象中认为高层次人才队伍总量不足的比例与各学校博士学位教师人数的关系

在地方高校中，卓越的教师队伍是助推地方高校学科建设的核心动力。学科是教师学术生命的归属，教师可以变换工作单位，但是一般不太愿意转变自己所研究的学科领域。在地方高校推进学科建设的工作中，由于西南地区区位优势不明显，学科建设底蕴不够丰厚，学科建设经费捉襟见肘，该区域内地方高校在引进优秀人才工作中面临诸多困难。同时，某些地方高校经历了重大人事变革与调整，内部制度体系建设不够完善等因素也加剧了现有人才队伍的流失。合理范围内的人才流失是正常的现象，但是在某个时间段内，大量的优秀人才流失，就不得不引起地方高校的高度重视。

随着中国高等教育普及化时代的到来，西南地区地方高校在教师数量、学生规模、高级职称和高学历教师总量上较之过去有了比较显著的扩大。一般而言，在一所地方高校中，学生数量在 1 万～2 万人，教职工在 1000 人～2000 人，具有高职称、高学历的教师是学科建设的主力军和骨干力量，但是不同学校间具有正高职称和博士学位的教师人数差距却是非常大的（见表 4-7）。

表 4-7　西南地区部分地方高校教师队伍建设的基本情况①

地方高校	所在区域	专任教师	正高职称	副高职称	博士学位	学生规模
长江师范学院	重庆市涪陵区	1316	167	354	461	≥20000
重庆文理学院	重庆市永川区		≥180	≥400	≥380	≤20000
重庆科技学院	重庆市主城区	≥1200	610		≥400	≥20000
重庆三峡学院	重庆市万州区	≥960	≥370		≥820（博士、硕士学位）	≥20000
内江师范学院	四川省内江市	1166	534		955（博士、硕士学位）	≥19000
乐山师范学院	四川省乐山市	≥1380（教职工）	≤500		940（博士、硕士学位）	≥18000
西昌学院	四川省西昌市	≥840	111	234	≥630（博士、硕士学位）	≥19100
宜宾学院	四川省宜宾市	1174（教职工）	107	261	156	≥20000
阿坝师范学院	四川省汶川县	438				9675
四川民族学院	四川省康定市	≥800（教职工）	≥160		≥300（博士、硕士学位）	≥10000
四川文理学院	四川省达州市	765	235		641（博士、硕士学位）	14031
绵阳师范学院	四川省绵阳市		529		293	≥19000
成都师范学院	四川省成都市	954（教职工）	97		127	≥15000
成都大学	四川省成都市	1400	≥190	≥450	≥500	≥24000

① 根据各地方高校官网公布的最新数据整理而来，数据收集整理截止时间为 2020 年 9 月。

续表

地方高校	所在区域	专任教师	正高职称	副高职称	博士学位	学生规模
攀枝花学院	四川省攀枝花市	936	420			≥16000
四川旅游学院	四川省成都市	766	88	206	54	≥9400
贵州师范学院	贵州省贵阳市	803	≥480		212	13559
遵义师范学院	贵州省遵义市	834	155	384	221	15507
六盘水师范学院	贵州省六盘水市	870（教职工）	65	249	69	≥11000
兴义民族师范学院	贵州省兴义市	700（教职工）	51	207	93	11142
黔南民族师范学院	贵州省都匀市	720	414			13000
安顺学院	贵州省安顺市	560	66	238	416（博士、硕士学位）	≥10600
铜仁学院	贵州省铜仁市	530	149		161	8131
凯里学院	贵州省凯里市	661	133	342	117	11444
贵州理工学院	贵州省贵阳市	885（教职工）	90	287	232	≥11500
红河学院	云南省蒙自市	693	91	208	139	14750
楚雄师范学院	云南省楚雄市	576	284		≥400（博士、硕士学位）	12606
曲靖师范学院	云南省曲靖市	765	70	231	163	≥15000
昆明学院	云南省昆明市	950	108	371	208	22128
普洱学院	云南省普洱市	564	181			11874
滇西科技师范学院	云南省临沧市	500	200		342（博士、硕士学位）	≥12000
保山学院	云南省保山市	435	174			10039
昭通学院	云南省昭通市	710（教职工）	291		373（博士、硕士学位）	

注：表中空白表示笔者没有查到相应数据。

虽然地方高校也重视人才引进与培养工作，但是其教师队伍建设仍存在痼疾。有的学校在转型更名升格的重大变革中，存在部分教职工因为人情关系等因素而留校任教的情况，这些教职工普遍学历偏低，科研能力较弱。这些教师的存留问题需要引起学校的高度重视，既要让他们积极提升自我，适应“双一流”建设的变革挑战，又要让他们能够静心工作，继续发挥他们的聪明才智。从近几年的招聘信息上分析，西南地区地方高校在人才引进上，与中部等地区的地方高校相比，引进支持力度还是比较大的，但是，真正去的博士和优秀人才并不多，留下来的也不多，这恐怕还与每一所地方高校内部的办学条件有关。

2019 年 1 月 9 日，成都中医药大学公布了《“双一流”建设 2018 年度进展报告》，并提出“双一流”建设支持力度有待加强，学校在人才培育、科研平台升级等方面急需更多的支持。2019 年 2 月 20 日，云南大学公布了《云南大学“双一流”建设 2018 年度进展报告》[①]。报告指出，学校在全力推进“双一流”建设中取得了阶段性成效，但是也存在一些问题。如人才队伍还不能有效适应一流大学建设的要求，高层次人才和优秀后备人才总量不足，一些学科领域人才队伍断层情况还比较突出，现有人才引领作用还未能得到充分发挥。加州大学伯克利分校前校长田长霖院士在总结加州理工学院成为世界一流大学经验时曾说到，加州理工学院为什么会变成这么著名的大学？它的腾飞就是靠两个教授，一个是密立根，诺贝尔物理学奖获得者，他使这个学校的实验物理迈进了世界一流行列；另一个是冯·卡门，钱学森先生的老师，他把美国的航空技术带了起来。可见，一流学

① 云南大学“双一流”建设 2018 年度进展报告[EB/OL].(2019-02-20)[2019-03-24]. http://www.ynu.edu.cn/info/1005/30176.htm.

者、专家、教授可以带动一个学科的发展，一流人才的集聚与学术智慧的发挥可以推动一所大学的发展。

（二）学科建设经费严重不足

在问卷调查中，关于被调查者所在学校学科建设整体上存在的问题，81.71%的被调查者认为地方高校建设经费投入不足是重要原因（见图 4-3）。学科建设经费的投入是学科建设的关键，如果没有比较充足的经费投入，那么在人才引进、科研平台建设、科研团队的组建等方面，都将受到重大的阻碍。

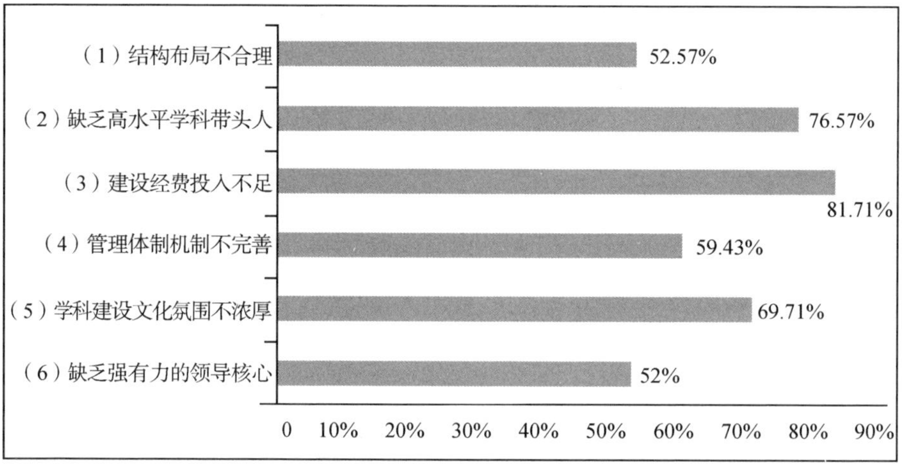

图 4-3　地方高校学科建设整体上存在的问题统计结果

将学科建设投入经费不足问题与学科建设整体上存在的其他突出问题进行线性回归分析，可以发现认为存在学科建设投入经费不足问题的人数与认为缺乏高水平带头人、学科建设文化氛围不浓厚问题的人数的 R^2 分别达到了 0.92 与 0.99（见图 4-4），说明二者之间关系显著，学科建设投入的经费对于培养高水平人才以及学科建设文化氛围有重要影响。

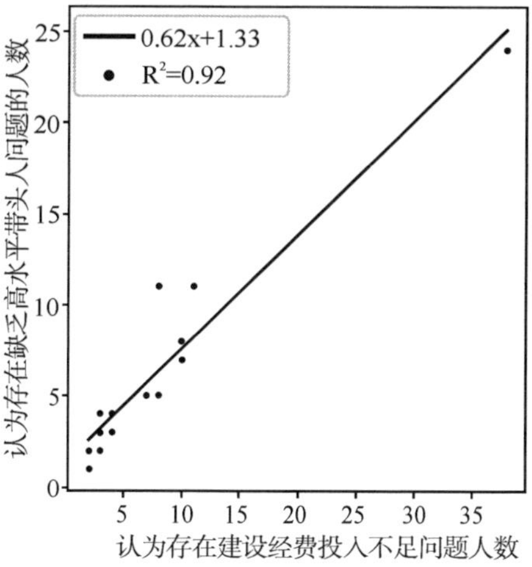

（a）

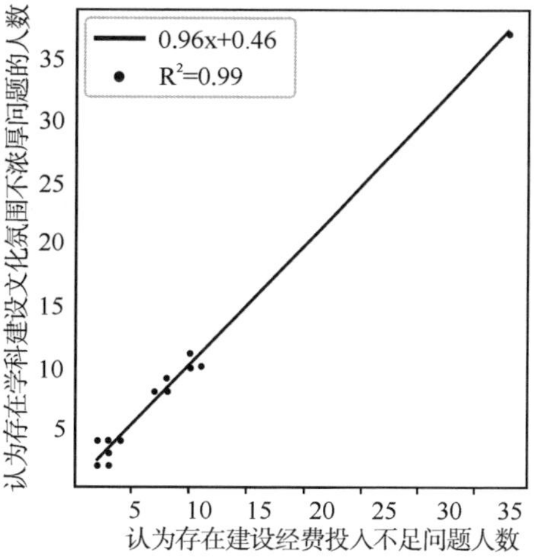

（b）

图 4-4　地方高校建设经费不足与缺乏高水平带头人、学科建设文化氛围不浓厚的相关性

在我国教育经费是指中央和地方财政部门的财政预算中实际用于教育的费用，教育经费包括教育事业费（各级各类学校的人员经费和公用经费）和教育基本建设投资（建筑校舍和购置大型教学设备的费用）等。教育经费是以货币的形式支付的教育费用，是办学必不可少的财力条件。地方高校的办学经费一般来源于地方性财政拨款、事业收入、社会捐赠、专项拨款、学校自筹经费等。对于大多数公办院校而言，财政拨款是收入的最主要来源。2019 年 5 月，教育部发布的 2018 年全国教育经费统计快报显示，2018 年全国教育经费总投入为 46135 亿元，比上年增长 8.39%。可见，国家也是在不断地加大教育经费投入。在实际建设地方性、区域性一流学科中，学科建设经费的预算与实际支出之间往往存在巨大的差异，也就是说，在实际推进一流学科建设中，经费的需求量是非常大的。2019 年 2 月 26 日，成都理工大学正式公布了《成都理工大学“双一流”建设 2018 年度进展报告》[①]。报告介绍了“双

① 成都理工大学“双一流”建设 2018 年度进展报告[EB/OL].（2019-02-26）[2019-03-24]. http://gaokao.eol.cn/si_chuan/dongtai/201902/t20190226_1646351.shtml.

一流”建设资金投入及使用情况。2018 年，学校原计划投入经费 6170 万元，实际“双一流”建设预算安排一流学科建设资金总计 12829 万元，资金总支出 8115.08 万元。该报告还提出未来需要进一步加大经费筹措力度。在财力有限的情况下，学校将进一步对照方案，增强经费自筹能力，以满足世界一流学科建设需要。在“十三五”期间，东部地区福建省 2016—2020 年五年投入资金 80 亿元，平均每年 16 亿元。而同一时段内，西南地区贵州省 2016—2020 年五年投入资金 5 亿元，平均每年 1 亿元。无论是总投入还是年均投入，西部地区与东部地区的经费投入差距都很大（见表 4-8）。

表 4-8　我国东部、中部、西部地区部分省、直辖市和自治区“双一流”建设经费投入情况

区域	省份	支持周期（年）	时间跨度（年）	平均每年（亿元）	投入资金（亿元）
东部	广东	2015—2017	3	16.7	50
	福建	2016—2020	5	16	80
	山东	2016—2020	5	10	50
	上海	2014—2017	4	9	36
中部	江西	2016—2020	5	8	40
	湖南	2017	1	14.8	14.8
	河南	2015—2024	10	3.1	31
	河北	2016—2020	5	5	25
西部	贵州	2016—2020	5	1	5
	宁夏	2017—2020	4	0.5	2
	陕西	2016—2020	5	2.4	12

（三）知识生产环境设施比较落后

在地方高校学科建设中，除了必要的人力资源和经费投入外，还需要一定的基础性设施设备作为人才培养、实训教学和科学研究的重要支撑。在地方高校深入开展学科建设中，有的地方高校由于财力和学科建设经费的限制，在实验室、实习实训平台、仪器设施设备、教学设备等方面还存在缺失，还不能满足正常教学、实习、科研的需求。有些与科学技术、现代生存发展紧密相关的仪器、设施设备需要不断地更新和维护，才能与现代企事业单位所需的应用型人才培养要求相符合。从学科发展所需的科研环境来说，人文社科类学科研究所需更多体现在丰富的文献资料上，有些学科需要实验室或录音室等，如特殊教育学专业需要儿童康复训练中心，心理学需要沙盘实验室，外语类学科需要语言训练中心，等等。地方高校传统性师范学科，如中文专业、英语专业、中小学课程教学专业（数学、物理、化学、生物、地理、历史、政治、体育、美术、音乐等）的学科教学，需要地方高校与地方中小学加强合作和联系，选派师范生到中小学去实习，以提高师范生的教学能力。

人文社科类学科的研究所需的设施设备经济成本相对比较低，也容易在短时间内解决，而地方高校新工科建设，如理工科学科专业的省部级实验室、协同创新中心、工程训练中心和平台建设需要巨大的人力资本和物质资本的投入。如石油与天然气专业、材料科学与工程、机械设计制造及其自动化、机械电子工程、能源与动力工程、汽车服务工程、过程装备与控制工程、智能制造工程等比较新兴与前沿的学科专业，就需要大型的实习实训中心，需要购买大型的机器或仪器设备，这样才能开展实践性教学，也才能真正把技术性知识手把手地传授给学生。有时，即使花了大量资金购买了相关的教学仪器设施设备，但是在仪器设施设备的维护与正确使用上又缺乏专业性实验师的指导。四川师范大学校党委副书记、校长汪明义教授在四川师范大学第五届工会会员代表、教职工代表大会第五次全体会议上做的工作报告《加强学科建设　推进内涵发展　努力建设我们共有的精神家园》提出，学校工作还有不少亟待改进的地方，如：学校现有基础设施建设还有待进一步加强，实验室建设对人才引进、学科建设的支持力度还不够，教师办公用房落实还不到位；高端领军人才特别是“国字号”专家、高水平学科带头人引进力度不够，制约了学科建设的发展；激发人才积极性、创造性、能动性的体制机制还不够顺畅。

（四）学科文化建设氛围不够浓厚

在问卷调查中，关于被调查者对地方高校的学科文化的认识，88.57%的被调查对象把学科文化视为学术共同体成员所追求的学术价值观与行为规范，87.43%的被调查者认为学科文化是指学术共同体成员所遵守的学术精神与道德准绳，78.29%的被调查者认为学科文化是学术科研中所生产的知识体系、技术和方法（见图4-5）。关于被调查者对地方高校学科文化重要性程度的认识，39.43%的被调查者认为学科文化特别重要，46.86%的被调查者认为学科文化比较重要，12%的被调查者认为学科文化对学科建设的影响一般（见图4-6）。

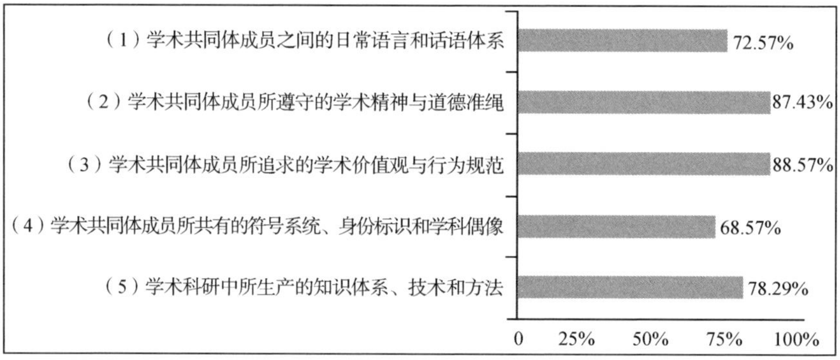

图4-5　对地方高校学科文化的认识统计结果

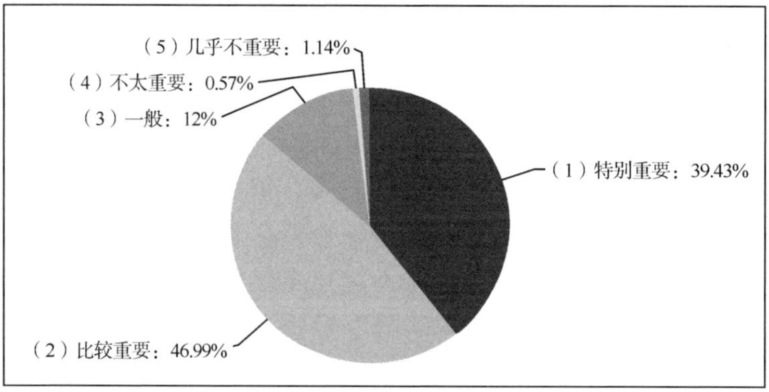

图4-6　对地方高校学科文化重要性程度的认识统计结果

在地方高校学科建设中，学科建设的文化氛围不够浓郁，主要表现在两个方面。

第一，学科建设的意识不强，没有形成高度的认同感。笔者调研西南地区的一些高校，发现学科建设成为地方高校校级领导及部分中层管理干部人员所操心的事情，而专任教师和其他一些行政管理工作人员则对学科建设不太了解，学科建设面临哪些主要问题，未来学校学科建设的路径选择怎么样，等等，他们都不太了解。虽然他们身在高校，但是他们并没有积极参与学科建设的意识。这其实是一种学科建设文化缺失的外在体现。比较好的学科建设文化氛围的表现就是全校教职工积极参与学科建设，把学科建设与教学、科研和社会服务工作紧密结合起来，在创建地方性、区域性一流学科中实现教师转型和教师专业发展，而不是把学科建设视为学科建设办公室、教务处、科研处等少数部门的工作。当然，这与地方高校对学科建设的重视程度、宣传力度、执行力度、学科自身的影响度有关。有学者认为，一流学科建设离不开一流的学科文化，一流的学科文化是一流学科建设的核心和灵魂。然而，在一流学科建设实践中，我们过于重视学科硬环境的建设而忽略了学科软实力的提升，导致学科建设呈现出学科精神的遮蔽化、学科门类的隔阂化、学科组织的科层化、学科评价的表浅化等文化困境[①]。

第二，学科组织内部成员之间部分存在“文人相轻”的现象。在同一学科内部、不同学科之间，因为现实学术利益的冲突、学科研究人员的人品和修养的参差、学术研究兴趣的差异等，学术群体中或多或少存在互相轻视的心态。这也成为学科建设中缺乏积极向上的学科文化的表现之一。

（五）学科建设的特色不够鲜明

通过本章前文对西南地区地方高校学科建设的现状分析，我们发

① 范玉鹏，余小波．一流学科建设的文化困境及其突破［J］．研究生教育研究，2019（1）：69-74；86．

现：学科建设中同质化现象比较严重。什么是同质化现象呢？即相同学科在不同高校中呈现相似的发展态势或路径选择，学科之间的相似性很强，差异性很弱，区别性不大。同质化现象的存在，从积极的一面来看，有利于强化相同学科的发展实力和影响力，促进学科命运共同体的构建；但是，从消极的一面来看，同质性现象的存在一定程度上会造成相同学科群的重复建设，会在一段时间内耗费大量的人力、物力和财力，尤其是同一城市，出现了相同学科在不同大学中重复建设的现象。同时，学科特色无法凝练，学科竞争力也不容易培育。

学科建设中的同质化现象导致学科发展面临一系列现实考验：第一，相同学科在不同大学中分布，如何培育学科特色成为亟待思考的问题，尤其是对于新建本科院校而言，其在学科人才上存在劣势，学科建设历史较短，基础不牢，使得同一学科在新一轮的学科竞争与评估中，始终处于劣势地位。长此以往，学科发展中的“马太效应”会愈加明显。第二，学科发展的生命力和竞争力如何体现也是必须面对的问题。地方高校所处于的城市究竟需要多少人才？市场对学科人才的饱和度是多少？我们大学所培养的同类型人才正处于供大于求的尴尬境遇，而此种情况下，地方高校还在进行大量同质化人才的培养。没有配置好有限的高等教育资源，势必会造成高等教育资源的隐性浪费，如果地方高校仅仅是把人才培养当成一种彰显大学职能的生产过程，而没有把提升学科建设的竞争力与人才培养质量并驾齐驱，没有对地方经济社会发展和人才需求量、人才质量要求做综合分析与考虑，那么，这样的学科也很难成为区域性一流学科。学科同质化现象会在相当一段时间内存在于现有学科分布体系之中，要清除此种现象不仅需要地方高校在校内对学科进行分析，还需要把学科置于区域之中，甚至纳入全国学科体系之中去思考本校学科建设的发展出路问题。

三、西南地区地方高校学科建设的影响因素

（一）大学校长

通过问卷调查和统计分析，我们发现大部分教师和学生都认为大学校长的治校理念对学科建设的影响作用是十分明显和巨大的。调查结果显示，37.71%的人认为地方高校校长治校理念对学科建设的作用特别明显，30.86%的人认为地方高校校长治校理念对学科建设的作用比较明显，23.43%的人认为地方高校校长治校理念对学科建设的作用一般，5.71%的人认为地方高校校长治校理念对学科建设的作用不太明显（见图 4-7）。在地方大学学科建设中，一位地方大学校长的学科背景往往影响或决定了一个学科或者一个学科群的发展水平、速度和质量。

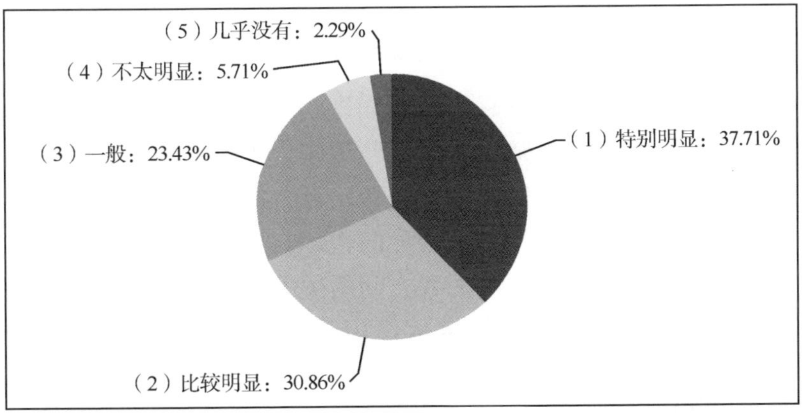

图 4-7　对地方高校校长治校理念对学科建设影响程度的认识统计结果

大学校长的治校理念对于学科建设至关重要，将认为校长的治校理念对学科建设起积极作用的人数与对所在学校建设成为一流学科持积极态度的人数进行线性回归分析（见图 4-8），结果显示 $R^2=0.94$，说明两者显著相关，校长的治校理念对调查对象建设一流学科的信心有着巨大影响，对学科建设起促进作用的治学理念可以有效提高学校教职工建设一流学科的积极性。

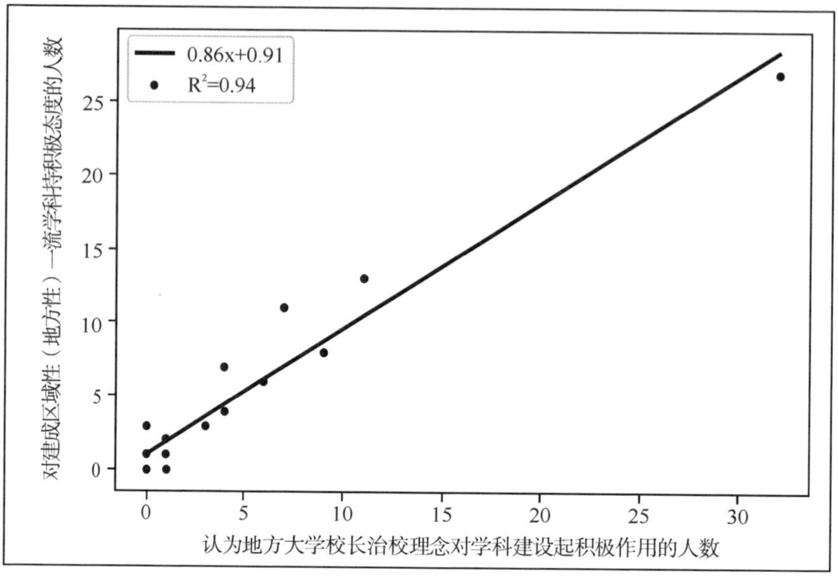

图 4-8　大学校长的治校理念对学科建设的作用相关性分析

地方高校的学科建设就是促进新知识的产生，就是在不同群体中对知识进行传承与传播。在知识生产的环境中，大学校长是知识权力的集中者，它代表着某一学科发展的方向和路径。故而，在地方高校学科建设中，需要重视大学校长的引领与导向作用。大学校长是引领大学学科建设与发展的核心人物，厘清两者之间的关系和逻辑，对于我们更好地建设区域一流学科具有很大的启示作用和意义。下面将从大学校长遴选、大学校长学术背景、大学校长任期三个角度来论述大学校长是如何影响学科建设与发展的。

第一，大学校长遴选。《中华人民共和国高等教育法》第四章第三十九条规定，国家举办的高等学校实行中国共产党高等学校基层委员会领导下的校长负责制。第四十一条规定，高等学校的校长全面负责本学校的教学、科学研究和其他行政管理工作。第四章第三十条又规定，高等学校的校长为高等学校的法定代表人。从现在的大学校长制度来看，公办本科院校的大学校长一般采取的是任命制，由主管高等教育的机构或部门任命某一所大学校长。大学校长的遴选与任命权力在上级领导或部门手里。这项制度有优点，也存在一定的局限性，就是上级任命的大学新校长未必是适合某一所大学发展的校长。因为教育行政主管部门遴选的初心是想选出那些能够忠实执行党和国家教育政策的大学校长，而事实上，我们经常发现，办好大学需要有个性、有魄力的校长，而有个性、有魄力的校长往往又是有创新精神的，有自己的个性和特点①。在大学校长的遴选与任命中，尤其是学者型、专家型的大学校长更是极为宝贵的人力资源。“与其他职业的人相比，学者是更为可靠的领导人。学者身份的校长会得到其他教师和同事的更多尊重并显得更为合理。这种合理性会扩充领导者的权力与影响。身为一流学者的领导人更具备专业知识并且会对大学的核心任务有更深刻的理解。……校长是大学质量的把关人，当一所大学聘用了成功的学者当校长，那么大学的质量门槛自然会提高。”②

第二，大学校长学术背景。大学校长的学术背景和学科建设方向、学科建设速度的关系如何？大学校长的学科背景是怎样的？是工学博士、教育学博士、理学博士，还是法学博士？大学校长的学科背景至少应有文、理、工之间的学科背景差异。论述这些问题需要先阐释大学校长的角色定位与使命职责，还有大学校长本身的科研能力和人格魅力。地方高校要想推动地方性一流学科建设的步伐和成效，就要遴选好大学校长，重视校长的引领与榜样作用。在不同地区不同高校学科建设发展的不同阶段，在多因素影响下的学科建设中，不同阶段不同类型的大学，不同的因素发挥的作用是不一样的。在中国要举办高水平的大学，大学校长必须具备较高的政治素质。这决定了我们对大学校长的人选有特殊的要求。大学的领导人应该是教育的内行，应该对教育运行规律进行过一番认真研究和探讨，能够按照教育规律办事。虽然我们不能要求

① 王洪才. 大学校长：使命·角色·选拔 [M]. 上海：上海交通大学出版社，2009：前言 5.

② 古多尔. 世界一流大学：校长必须是科学家吗？[M]. 孙蕾，沈悦青，译. 上海：上海交通大学出版社，2011：8.

每个大学的党委书记和校长都成为政治家和教育家，但具有较高的政治素质和教育理论素质是对大学党委书记和校长的基本要求①。大学校长一定要在学科发展上持公平心态，即既为弱势学科提供发展机会，又不压制强势学科的发展，同时还鼓励具有发展前途的新兴学科发展，当然更不能对自己从事的学科护短，为其争取不当的利益②。在大学学科建设与院系调整中，我们可以观察到，有时大学校长的学科背景影响着未来一段时间内大学学科建设的方向和重点。

第三，大学校长任期。我国相关教育法规定，每任大学校长的任期不超过 2 届，每届 4 年，即大学校长任期不超过 8 年。刘昌明在对大学领导体制的研究中，建议改革高校领导干部管理体制，具体设想为："第一，建立不称职校长罢免制，由教授代表组成校长考评小组，对没有事业心、责任感，不思进取，不善管理，没有政绩的校长，可以提请上级主管部门实行罢免。第二，改革校长任期制，对于工作能力强，有办学思想，有办学业绩，得到师生拥护的校长可以连选连任，不受任期制约，这样有利于高教事业发展，有利于教育家的成长成熟。"③ 大学校长的任期可以适度延长，一般而言，可以不超过 3 届，按每届 4 年算。因为任期太短，很可能新任大学校长的治校理念与方略还来不及逐一实现和经受实践的检验，他就又被调任或离开现任校长岗位。

总之，笔者认为，在地方高校中，无论是从校长遴选、校长学术背景，还是从校长任期来看，任用有作为和干劲足的专家型、学者型校长能够更好地发挥他们的聪明才智，从而推动大学的发展。归根到底就是一句话，大学校长要扮演好自己的角色。笔者认为，无论是何种类型的地方高校，大学校长应该扮演好政治家、教育家和社会活动家这三个角色。

---

① 王洪才. 大学校长：使命·角色·选拔［M］. 上海：上海交通大学出版社，2009：绪论 11.

② 王洪才. 大学校长：使命·角色·选拔［M］. 上海：上海交通大学出版社，2009：83.

③ 王洪才. 大学校长：使命·角色·选拔［M］. 上海：上海交通大学出版社，2009：绪论 6.

首先，政治家的角色是由中国高等教育制度所决定的，即党委领导下的校长负责制。地方高校的大学校长要懂政治、讲政治，把人民的利益作为新时代教育工作的根本出发点。要研习国家每个时期的教育政策、文件、会议精神等等，要吃透读懂会用政策。同时，在具体的高校治理中，要因校制宜，灵活处理不同学科的建设，要在贯彻好、落实好党的教育政策、路线和方针的同时，创新性地解决地方高校学科发展面临的新问题和新矛盾。

其次，大学校长应该是教育家。简单地说，大学校长至少应该是某一学科领域的专家和知名学者，不仅要热爱教育事业，而且要深谙高等教育发展的规律和学科发展的特点，同时，还需亲力亲为地参与地方高校学科建设。要求大学校长是教育家，主要是为了避免在学科建设与变革中出现外行领导内行、外行指导内行、内行不服从外行管理和领导的现象，以及由此导致的不同群体间的重重矛盾。如果大学校长不是行家里手，那么，其在学科建设的过程中就会出现一些错误的抉择，就会使有限的资源因错误的决定而白白浪费，进而导致学科建设收效甚微。

最后，在学科建设中，不能进行封闭式学科建设，大学必须与各级政府、企事业单位等不同利益主体进行交往和联系，因此，大学校长又要扮演社会活动家的角色。学科建设是推动高等教育内涵发展的重要抓手，其宗旨还是为社会培养人才。因此，地方高校培养的应用型人才必须既有知识，又懂技术。而学科建设也必须与行业要求和就业需求进行接轨，对学科课程设置进行适当调整，使学生具备从事相关职业的能力和素养。

（二）学科团队

学科团队建设是学科建设的重要内容。首先，在学科团队建设中，地方高校要遴选好学科带头人。在学科团队建设中，选择什么样的学科带头人是非常重要的。一个好的学科带头人能够有效带领团队建设，带动一个学科的发展与崛起。学科带头人一般要求学术造诣高，科研成果多，学术威望高，取得过重大科研成绩，在某个研究领域做出了突出贡献，能够引领某个学科的发展。学科带头人还应当具有独当一面的能力，具有良好的沟通协调和组织管理能力，能够维系与妥善解决学科群体成员的矛盾与冲突。

将认为学校高层次人才不足的调查对象的人数与对学校的学科建设态度不积极的调查对象的人数进行线性回归分析（见图 4-9），两者之间的 $R^2=0.77$，显示两者相关性强，说明学校的高层次人才作为学科带头人，可以提高其他人员对于学科建设的积极性。

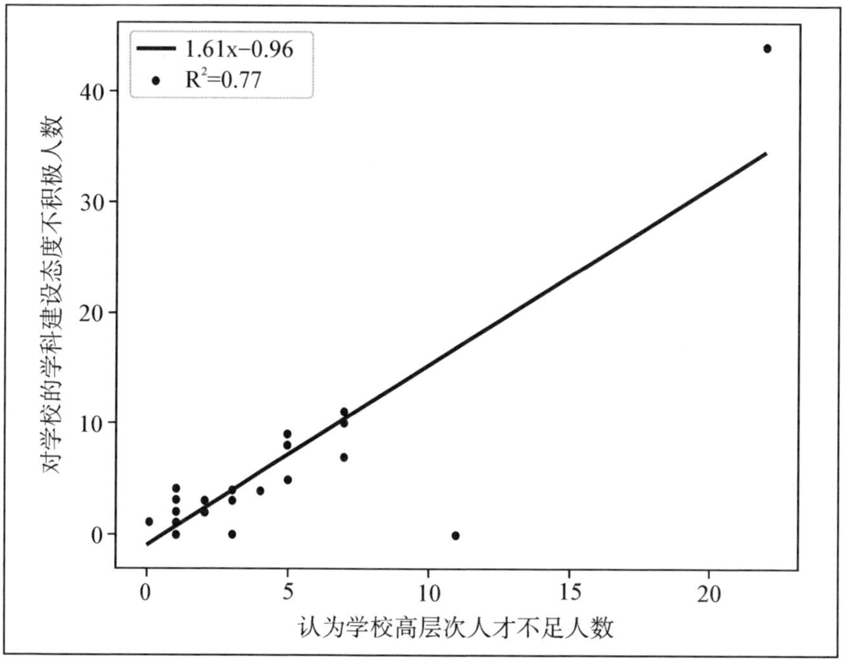

图 4-9　高层次人才不足与对学校的学科建设态度不积极的关系

学科带头人的遴选与聘用主要有两种方式：第一，从地方高校内部提选人才。在地方高校中，大学校长往往是某个学科或某个研究领域的学科带头人和学术骨干。如成都理工大学校长刘清友教授，主要从事石油钻头及装备的理论、实验、产品及应用研究，是钻头实验室学术委员会主任、国家重点实验室学术带头人，也是教育部长江学者特聘教授、“新世纪百千万人才工程”国家级人选、国家高层次人才特殊支持计划

“领军人才”人选、四川省学术和技术带头人，进入中国工程院 2017 年院士增选第二轮评审有效候选人（能源与矿业工程学部）。铜仁学院校长侯长林，教育学博士、法学博士，二级教授，是国务院政府特殊津贴专家、贵州省高校哲学社会科学学术带头人、中国高等教育学会第七届理事会常务理事、贵州省作家协会会员。西华大学建立了首席科学家制度，70 后教育部“长江学者”特聘教授李秋实任学校首席科学家。第二，从地方高校外部环境中引进人才。在引进卓越人才时，地方高校可以集中优势尽可能引进某个研究领域里最优秀的那一批人才。因为一个卓越的学科带头人犹如一位功勋卓著的名将，名将可以带好一支军队，带好一个科研团队。在这个方面，浙江师范大学非洲研究院的迅速崛起就是一个鲜明的成功案例。非洲研究现在是浙江师范大学特色研究领域和品牌学科，成为有广泛影响力的中国非洲研究机构与国家对非事务智库。这与该校引进了在非洲研究领域非常具有学术影响力，也非常具有人格魅力的教育部“长江学者”特聘教授刘鸿武息息相关。刘鸿武教授出生在西南边陲西双版纳，20 世纪 80 年代求学于武汉大学，大学毕业后任教于云南大学。1990 年，他从尼日利亚拉各斯大学留学回国后在云南大学组建非洲研究学科，多年来致力于非洲研究事业，足迹遍布非洲 20 多个国家。2007 年 9 月，刘鸿武作为浙江省政府引进人才，受聘为浙江省“钱江学者”特聘教授，到浙江师范大学组建了中国高等学校首个非洲研究院，并担任院长，主持浙江师范大学非洲研究院学科建设与研究院管理工作，建成国内首个非洲博物馆，使这所位于金华的浙江师范大学非洲研究院成长为国际知名的非洲研究与智库机构，吸引了来自世界各地的非洲研究交流学者，有力提升了中国非洲研究的国际影响力。2009 年，刘鸿武作为中国非洲研究界的代表，被中国人民对外友好协会、中国非洲人民友好协会共同评选为“中非友好贡献奖——感动非洲的十位中国人”，以嘉奖他对中非友好交往和非洲研究做出的杰出贡献。评委会认为刘鸿武对非洲文化和历史的研究，“有着独特的视角，充满了个人的心灵体验与感悟”。

其次，在学科建设中，地方高校除了遴选好学科带头人、大学校长和重点建设的学科外，还需要围绕重点建设学科培育若干个学科科研团队。因为光靠大学校长和学科带头人等极少数学术精英的努力是远远不够的。学科团队成员应该选拔使用中青年学者、教授和博士，并且团队成员之间还需要有一定的年龄跨度。就现在地方高校的教师队伍来看，一般学科科研团队成员大致由60后、70后和80后这三个年龄阶段的教授和博士组织而成。根据组织学和系统论的知识和规律，团队成员一般在6～10人为宜。太少了，难以形成竞争力；太多了，难免有少数人员不尽心尽责，从而影响团队的团结和士气。不过，学科成员内部之间的合力和分工，权、责、利之间的关系一般需要一段时间的磨合和实践考验，才能逐渐建立并稳定下来，学科团队成员才能彼此之间深入了解，相互认识，更好在学科研究中形成默契。

最后，学科团队成员之间要具有合作和科研精神。学科团队组建之后，相当于又构建了无数个较小的学术科研共同体。每个学科团队内部要保持和谐统一的竞争合作关系，同时，不同学科团队之间也要保持竞争与合作交流。学科团队不仅要具有普适性的学科文化精神，如求真务实的科研精神，追求学术自由，营造学术批评与质疑的研学风气与氛围，还要使内部成员不怕困难、敢于创新，具备长期研究所需的体力、精力，能够承受继续研究可能带来的失败风险和各种心理压力。这是学科团队成员在追求科研中需要修炼的基本功。

（三）学生生源

从地方高校知识生产的角度讲，地方高校的大学生是知识生产的消费者。他们通过学科教师的教学、参与学科教师科研和学生群体实践来获得专业知识、技术和经验。大学生是现实中正在成长和发展的学科人才，也是未来地方高校学科建设的后备人才。2000年度诺贝尔化学奖得主艾伦·G. 麦克迪尔米德（Alan G. MacDiarmid）曾经说过一段话："一所大学的质量并不取决于它所拥有的教学大楼，也不取决于它的实验室和图书馆，虽然这些都很重要，但是决定科学研究水平高低的关键在人。一般来说，即使有风景如画的校园、汗牛充栋的图书馆、装备精良的实验室，但要是不能将最优秀的师资和一流的学生吸引到这些建筑物之中，那这些建筑只能是虚有其表。因此，我一再强调——科学研究在于人，人是第一位的。”世界一流大学在进行一流学科建设时，非常重视优质的生源。国内的“双一流”大学也是通过各种奖助学金、改善住宿条件等政策吸引更多优质学生。如果人才培养质量不高，就业就不好，就业不好，又会影响地方高校的招生，最终形成招生、培养、就业难，再招生、培养、就业更难的恶性循环。

高等教育毛入学率是指高等教育在学人数与适龄人口之比。适龄人口是指在 18 岁至 22 岁这个年龄段的人口数。美国著名的教育社会学家、加利福尼亚大学伯克利分校公共政策研究生院教授马丁·特罗（Martin Trow）博士，在 1962 年首先提出了“大众高等教育”概念，1970 年提出“普及高等教育”概念，1973 年提出高等教育大众化概念，至此产生了高等教育大众化理论。根据马丁·特罗的理论，高等教育的毛入学率低于 15%属于精英教育阶段，高等教育毛入学率大于 15%小于 50%为大众化阶段，高等教育毛入学率大于 50%为普及化阶段。2018 年 2 月 26 日，教育部高等教育司副司长范海林在教育部发布会上透露：2018 年，我国高等教育毛入学率达到 48.1%。我国已经建成世界上规模最大的高等教育体系，即将由高等教育大众化阶段迈入普及化阶段①。

2017 年 9 月 12 日，从四川省人民政府网获知，四川省教育厅印发了《四川省教育事业发展“十三五”规划》。该规划详细论述了四川省“十三五”期间教育事业发展的主要目标——力争 2020 年高等教育毛入学率达到 50%（见表 4-9）。2019 年 7 月 23 日，四川省教育厅厅长李江向省人大常委会报告四川省高等教育改革发展情况。截至 2019 年 6 月，四川省共有高校 139 所（其中全日制普通本科高校 52 所，全日制专科高校 74 所，独立设置成人高校 13 所），在学规模 259.22 万人，全日制

---

① 专家：中国高等教育普及化还有很大空间[EB/OL].（2019-02-28）[2022-03-03]. https://baijiahao.baidu.com/s?id=1626672314375367752&wfr=spider&for=pc.

高校数量居全国第5位，高等教育毛入学率为45.39%[①]。

表4-9　四川省教育事业发展“十三五”期间高等教育发展主要目标

项目	人数	目标	属性
在学总规模(万人)	215.99	229	预期性
本科和高职在校生(万人)	188.19	191	
研究生(万人)	8.99	10.41	
毛入学率	34.34%	力争达到50%	

2017年12月26日，根据贵州省教育厅发布的《贵州省“十三五”教育事业发展规划》，贵州省高等教育毛入学率为：2015年31.2%、2017年34%、2020年40%（见表4-10）。

表4-10　贵州省“十三五”高等教育发展主要目标

项目	2015年	2017年	2020年	属性
在学总规模(万人)	80.3	87.8	94	预期性
研究生(万人)	1.5	1.8	2	
普通本专科(万人)	50.1	54	57	
本科(万人)	28.2	30	31	
专科(高职)(万人)	21.9	24	26	
成人本专科(万人)	12.2	11	11	
自考折合在校学生(万人)	1.2	2	2	
省外贵州籍普通本专科学生(万人)	15.3	19	22	
高等教育毛入学率(%)	31.2	34	40	

2019年1月25日，《重庆市人民政府办公厅关于印发重庆市高等教育发展行动计划（2018—2022年）的通知》显示，重庆市高等教育毛入学率2017年已达到45.2%，2020年计划达到50%。2017年6月4日，《云南省人民政府办公厅关于印发云南省教育事业发展“十三五”

① 四川高等教育改革发展情况发布　全省共有高校139所[EB/OL].(2019-07-23)[2022-03-03]. http://baijiahao.baidu.com/s?id=1639822398873927633&wfr=spider&for=pc.

规划的通知》显示，2015 年云南省高等教育毛入学率已经达到 30.2%。到 2020 年，云南省将扩大高等教育规模，高等教育毛入学率达 45%以上。综上所述，我们可以认为，在从高等教育大众化向普及化迈进的过程中，地区之间的差异还是比较明显的。如以 2020 年作为一个参考比较的基准，这一年云南省高等教育毛入学率计划达 45%以上，重庆市计划达到 50%，贵州省计划达到 40%，四川省力争达到 50%。

（四）学科基础

学科基础包括学科历史、学科经费和学科基础设施建设。学科历史一般是指某地方高校中不同学科的建设与发展过程。相对而言，建设比较早的学科，学科基础比较稳固，学科团队比较稳定，学科方向也比较明确。在已有基础上继续发展或者拓展新的学科研究领域或新的学科研究方向，也有利于促进学科的新发展。在西南地区地方高校中，很多高校都是由原来的师范专科和教育学院合并组建而来。师范教育学科办学历史比较长，积累了比较好的学科发展基础，因此，在“双一流”建设中不宜放弃传统师范专业。而且那些由师范院校升格合并而来的师范学院，基本上每个地级市就那么一所，却为地方社会培养了大量的中小学师资力量。如重庆科技学院由重庆工业高等专科学校和重庆石油高等专科学校于 2004 年 5 月 18 日合并升格而成。重庆工业高等专科学校创建于 1951 年，1998 年划转至重庆市，由中央与地方共建。重庆石油高等专科学校创建于 1951 年，为全国示范性普通高等工程专科重点建设学校，2003 年划转至重庆市，由重庆市与中国石油天然气集团公司共建，行业优势突出、办学特色鲜明，有石油与天然气工程、材料科学与工程、机械工程、控制科学与工程、安全科学与工程等 5 个省部级重点学科。石油与天然气工程学院是重庆科技学院的主干学院，学院紧密围绕我国油气工业重大技术需求，密切跟踪国内外最新动态，在矿产普查与勘探、油气井工程、油气田开发工程、采油采气工程、油气储运工程 5 大工程领域形成了稳定的学术方向和研究特色。其中，石油工程专业是国家级特色专业并已通过工程教育专业认证，石油工程和油气储运工程专业是国家“卓越工程师教育培养计划”专业，石油工程、油气储运工程和资源勘查工程专业是重庆市一流专业。可以说，石油与天然气工程专业的发展与该校悠久的办学历史紧密相关。

学科经费是影响学科建设质量和水平的最重要的保障。地方性本科院校学科经费的来源一般是地方性政府财政性投入、事业收入、科研立项获得的经费等等。但是，地方政府对所在地方的本科院校一般经费投入比较有限，而地方高校的发展经费需求是比较大的，如学校基础设施建设、学生寝室、教师住房、实验室建设等等，还有理工类学科设施设备的投入、教学仪器设备的投入等等。“提高研究水平所需要的投入是巨大的、长期的，一般的地方性学院很难有力量支撑如此巨大的投入，所以它们的重心应该放在基本知识的传授和基本能力的培养上，必须在自己的优势学科方面做强、做大，而不是盲目扩大自己的战线……任何大学发展必然有其重点学科和一般学科及辅助性学科，这并不妨碍一些重点学科后来演变为一般学科，一部分的辅助学科发展成为重点学科。因为学科发展是动态的，只有具备了良好的发展机制的学科才可能始终保持一流的位置。”① 2018 年 11 月 14 日，贵州省教育厅和财政厅出台了《贵州省一流学科建设管理办法（试行）》，其中第二章第四条规定，贵州省一流学科分为“世界一流建设学科（Ⅰ类/Ⅱ类）”“国内一流建设学科（Ⅰ类/Ⅱ类）”“区域内一流建设学科（Ⅰ类/Ⅱ类）”“区域内一流建设培育学科”（主要针对市州普通本科高校和新建普通本科高校）四个层次。第二章第七条规定了建设期一般为 5 年。其中：一期学科项目分为两批进行建设，第一批建设周期为 2017 年—2018 年，第二批建设周期为 2018 年—2021 年；二期建设周期为 2021 年—2025 年。第三章第九条规定，省财政厅设立并统筹有关资金支持一流学科建设，第十一条规定专项资金支出范围包括学科平台条件建设、学科梯队建设、科研活动、人才培养和学术交流合作。

学科基础设施建设是学科建设的基础性条件，如实验室建设、实习实训平台建设等。而且，现在随着地区经济社会发展的需要，对教学和实验

① 王洪才．大学校长：使命·角色·选拔［M］．上海：上海交通大学出版社，2009：39-40.

所用的各种仪器设备的质量要求也越来越高，购买这些仪器设施设备的成本也相当高昂。此外，不同学科的设施设备投入也是不同的。文理科之间设施设备投入的差异是比较明显的。有些学科，如化学学科、生物学科等，必须配备实验室，还有矿业工程、机械工程等学科专业，要求有比较好的实习实训平台，很多程序性知识的教学需要借助机器设备。

（五）制度建设

从第三章我们可知：高等教育制度是推动地方高校学科建设的驱动力，制度建设是促进西南地区地方高校学科建设的重要保证。从地方高校学科建设的制度建设来看，它主要包括国家层面的宏观教育制度、地方政府层面的中观教育制度、地方高校内部所建构的微观层面制度。科学规范的制度体系可以提高地方高校学科建设成员的积极性，可以更好地维护多元利益主体的权利。学科制度主要是从地方高校校级层面来讲的，学科制度主要包括一些具体的制度，如学科带头人遴选制度、学科建设经费使用制度、学科建设成果奖惩制度、一流学科进退制度等等。学科制度建设有两个根本目的：其一，服务于不同时期学科建设的实践需要；其二，监管和指导学科建设朝着健康、科学的道路发展。学科制度在建设中，既要保持相对稳定性，又要有一定的灵活性。也就是说能够比较长久地促进和推动学科发展的制度应该保留更长时间，但那些不太适应新背景和新时代的学科制度，应该及时更新与调整。

（六）学科文化

学科文化是影响一所地方高校学科建设的隐性力量，是学术共同体在参与学科活动中所形成的风气、习惯、惯例、态度等等。学科文化一方面承继了一所地方高校的大学精神、大学文化、大学理念、大学校风、大学教风、大学学风等因素中涉及学科的因子，如学科文化中的学术至上、学术自由的风气等等，另一方面又是大学在学科建设的过程中不断创建的新的精神风貌。我们可以通过田野考察的形式，去感受一所地方高校的学科文化，也可以通过与某地方高校相关的利益主体或关系主体间接地感受一所地方高校的学科文化，如通过校友、合作企业、合作政府、对口支援高校、教育厅、教育部等教育行政主管部门。

通过问卷调查和统计分析发现（见图 4-5），被调查者中认为学科文化是指学术共同体成员之间的日常语言和话语体系的占 72.57％，认为学科文化是指学术共同体成员所遵守的学术精神与道德准绳的占 87.43％，认为学科文化是指学术共同体成员所追求的学术价值观与行为规范的占 88.57％，认为学科文化是指学术共同体成员所共有的符号系统、身份标识和学科偶像的占 68.57％，认为学科文化是指学术科研中所生产的知识体系、技术和方法的占 78.29％。总体而言，在地方高校学科建设实践中，被调查者比较倾向于把学科文化当作一种学术规范、道德品质与价值追求。事实上，除了这些内容，学科文化还包含对学术界杰出人物的崇拜、知识、技术和方法等内容。此外，根据学科建设影响因素的分析结果，学科文化对学科建设的发展也具有一定的影响（见表 4-11）。

表 4-11　学科建设影响因素分析（n＝175）

影响因素	均值	标准差	排序	影响程度(%)				
对坚持地方性一流学科态度	2.19	0.973	4	非常有信心	比较有信心	一般	不太相信	几乎不相信
				21.14	54.86	10.29	11.43	2.29
学科整体布局	2.54	0.863	2	非常合理	比较合理	一般	不太合理	几乎不合理
				7.43	45.71	35.43	8.57	2.86
学科建设对社会服务职能的影响	2.49	0.830	3	特别大	比较大	一般	比较小	几乎没有
				10.29	39.43	43.43	4.57	2.29
大学校长治校理念	2.04	1.025	6	特别明显	比较明显	一般	不太明显	几乎没有
				37.71	30.86	23.43	5.71	2.29
学科文化	1.77	0.769	7	特别重要	比较重要	一般	不太重要	几乎不重要
				39.43	46.86	12	0.57	1.14

续表

影响因素	均值	标准差	排序	影响程度(%)				
学科建设规划对学科发展的影响	2.18	0.891	5	特别大	比较大	一般	比较小	几乎没有
				22.86	43.43	28	4	1.71
学科建设规划编制情况	2.58	0.825	1	特别合理	比较合理	一般	有点合理	几乎不合理
				6.29	40	47.43	1.71	4.57

对认同度最高的两种学科文化认知的人数之间的关系进行线性回归分析（见图4-10），结果显示 $R^2=0.95$，两者之间的相关性显著，可以认为大多数调查对象认为这两种认知之间并不冲突，调查对象认知中的学科文化不仅是学术精神、道德准绳，同时也是科研人员应该追求的学术价值观以及须遵守的行为规范。

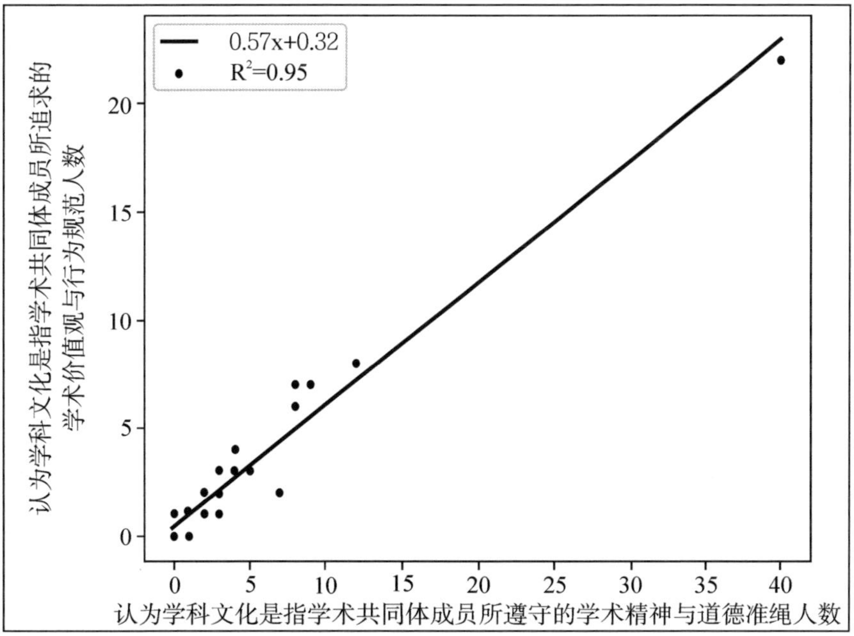

图4-10　对学科文化不同认识观的相关性分析

第三节 总结与反思

本章主要通过对云贵川渝地区地方高校学科建设开展问卷调查，对地方高校学科建设的现状进行分析，研究其存在的主要问题、影响因素等。通过对问卷调查和政策文本中的数据进行分析与比较，我们发现：

一、地方高校学科建设区域差异比较明显

地方高校学科发展水平与质量存在明显的区域差异，这主要是由历史因素与现实因素相互交织而成。历史因素包括学科建设的基础、早期办学定位、学科建设的既有队伍等，现实因素包括学科建设人才匮乏、学科建设经费投入严重不足、生源质量不高等。可以说，现实存在的差异一方面源于不同大学的学科建设基础与条件不同，另一方面源于高校所在地区的经济发展水平与经费投入不同。这种差异性还表现在不同高校在相同或相似的学科（群）中，学科发展的速度与质量不一样。在学科竞争中，笔者认为，同一学科群中学科建设的方向可以重新选择，或者学科研究的领域可以不一样。否则，不同大学中相同学科的发展会存在比较严重的趋同现象，这种现象会影响学科发展速度、学科水平和质量。如成都市有四川师范大学教育科学学院和成都师范学院教育学院，两所大学中的教育学科如何发展，两校之间相同学科之间的发展差异如何体现，这是两所学校都要考虑的问题。同理，重庆师范大学教育科学学院和重庆第二师范学院学前教育学院，贵州师范大学教育科学学院与贵州师范学院教育科学学院的关系也是如此。相同的学科如何在不同大学得到发展呢？目前，相同学科在不同大学之间的发展差异表现得并不明显。在学科建设之中，师范类大学在教育学学科建设上是否存在培养人才过剩的问题，相同学科培养的人才质量又如何科学评估，诸如此类的问题也是学科建设中需要思考和探讨的。就其现状而言，学科建设更多的是校内行为，还没有从区域性人才培养与市场需求的视角来思考不同学科究竟应该

培养多少满足地方经济社会发展需要的人才，是否考虑淘汰一些学科或专业，从而把有限的资源投入到具有更大发展潜力和基础更好的学科。

二、地方高校学科发展路径选择差异性明显

学科发展方向与路径主要与学校办学定位有关，而办学定位又与大学类型有关。从地方高校现有发展定位来看，在国家高等教育政策与转型发展理论和实践的双重作用下，有的地方高校选择应用技术型大学作为自己的办学定位，有的选择走教学服务型大学之路，有的选择创业型大学作为发展定位，有的依然选择走教学研究型大学建设之路。除了大学类型的区别和办学定位选择的不同，未来地方高校在发展趋势上会呈现不同的发展模式与路径选择。如学科建设基础很好的地方高校，会选择走教学研究型大学的发展之路，这种类型的大学遵循学科逻辑的办学思路。而对于新建本科院校而言，由于其受学科基础较为薄弱、学科建设人才匮乏和地理区位优势不明显等客观条件的制约，它们在大学变革中更多遵从政治逻辑的办学思路，选择走应用技术大学的转型发展之路。总之，学科建设之路与大学发展之路紧密联系在一起，都需要在不断实践中调整策略与方向，这样才能让学科发展与大学发展呈正相关，才能在若干年之后建成特色鲜明且具有很强竞争力与影响力的学科群。

三、影响地方高校学科发展的因素具有相对一致性

尽管地方高校学科发展存在比较大的差异，但是西南地区地方高校学科建设也存在一些共同的影响因素。一是学科建制基本相同，形成了“校—院—系”三级学科治理体系，体现出学科建设在组织架构上的层次性。西南地区地方高校都已经完成了学科管理的制度构建，形成了“校—院—系”三级管理的纵向结构。校级层面一般由研究生院或研究生处、发展规划处、学科建设办公室、科研处等机构来管理学校的学科建设，设有专门的办公机构并配备专业人员。学科层面形成了“国家级一流学科—省级重点学科—校级重点学科”三级学科建设的体系，已经

形成了比较具有特色的学科群。二是学科资源集中体现在人、财、物的拥有与分配上。在学科制度建设上，西南地区学科建设取得了阶段性成效，但是在学科建设人才引进、培养、使用和待遇兑现上仍存在问题。离职人员的工作调动，学科建设经费的投入、使用与监管，学科制度的完善与落实等方面都有待完善。“双一流”建设的新政策为地方高校的发展提供了新的竞争机会，但是，不容忽视的是，很多地方高校过去没有根治的问题仍然存在，如教师职业发展问题，尚需各个高校发展出一条高效可行的培养道路，以促进教师的职业发展。可以说，教师的发展是地方高校学科发展的关键性因素。

第五章　西南地区地方高校学科建设的案例分析

第一节　案例选择

案例研究是对某个“限定系统”，如组织、家庭或事件等进行深度描述和分析的一种研究方法。所谓“限定系统”，是指有时间和地点的界定，即所研究的组织、家庭或事件是限定在特定的时间和地点内的。在整个研究过程中，利用具体情境中丰富多样的信息渠道，包括观察、访谈、音像材料、文献和报道，来收集详细、深度材料①。案例研究是高等教育研究中十分常规的研究方法。根据研究课题的需要，可以选择个案研究，也可以选择多案例研究。通过深入细致地研究案例，一方面可以验证某个研究问题所具有的普适性的规律特点，另一方面可以在普适性之中探寻个性化发展的规律，检验调研访谈之前对地方高校学科建设的研究假设。通过实地考察、参观调研和深度访谈，在研究假设与研究事实之间得出研究结论。本研究选择贵州省两所地方高校的学科建设作为案例来进行分析与比较，旨在遵循地方高校学科建设的共性规律基础上，进一步探究单个地方高校学科建设发展的个性，在共性与个性之间，在普遍性与特殊性之间，探寻一条地方高校学科建设的发展之道。

① 刘献君．院校研究［M］．北京：高等教育出版社，2008：149-150.

一、研究资料的可获取性与案例的典型性

研究资料的获取、收集和整理是正式开展研究的前提，也是做好研究的质量保障。刘献君教授指出，教育研究中，要抓住问题、理论、资料、方法四个基本要素①。有多少资料做多少东西，这句朴实的句子，却在我整个研究过程中起着至关重要的作用，我也深深地体会到原始的、第一手资料的重要性。当然，在研究中，获取第一手资料非常不容易，是一个非常曲折的艰苦过程。根据本研究的需要，笔者选取了自己曾经工作的一所地方高校和另一所在学科建设上取得比较显著成效的地方高校作为重点调研访谈的对象。两所地方高校在学科建设中的成效与发展极具代表性和启发意义，都是在社会资源有限、区位优势不够突出、本科教育质量并不高的情况下取得若干成就，对它们进行“解剖式”的研究，也能够为同质性的地方高校学科建设的发展提供若干参考，当然，这样的期许也是本研究所追求的实践价值所在。

二、访谈提纲的设计与实地调研

本研究遵循问题导向和质性研究方法的逻辑进行访谈提纲设计，开展调研访谈并整理访谈资料，最后形成可供研究的文本资料。其具体访谈过程及实地调研经历了如下三个阶段：

第一，访谈前的提纲与问题设计阶段。本研究访谈提纲围绕研究的核心问题——地方高校如何建设一流学科而设计，该核心问题又细分为若干子问题：①地方高校学科建设的内涵、外延及边界是什么；②地方高校学科建设中面临的突出问题有哪些；③影响地方高校学科建设的因素是什么；④地方高校学科建设有哪些路径选择。访谈提纲设计完成后，又通过“预访谈—正式访谈—回访补充”的过程，先后对访谈提纲中的问题进行了删减与合并，并且对提问方式与语词表达进行了技术性处理，最后形成了访谈的录音、文本、图片等第一手资料。

第二，预访谈与正式调研阶段。2019 年 8 月—9 月，笔者通过老师、

① 刘献君．教育研究中的四个基本要素［J］．高等工程教育研究，2011（5）：54-58.

同学、校友等人际关系链，分别对云南大理大学文学院 M 讲师、云南楚雄师范学院外国语学院 Y 讲师、贵州师范学院数学与计算机学院 L 讲师、贵州师范学院教育科学学院 Z 讲师、贵州师范大学教育科学学院 L 教授、贵州师范大学教务处 W 博士、贵州财经大学公共管理学院 J 副院长、黔南民族师范学院教育科学学院 T 博士、黔南民族师范学院生物工程学院 H 博士、重庆师范大学教育科学学院 R 教授等西南地区地方高校的教师进行了预访谈，对预访谈资料进行了整理，并与研究假设中的内容进行了验证与校对，对访谈提纲中的问题又进行了修订完善。

第三，正式调研访谈与回访记录。为了更深入地探究我国西南地区地方高校学科建设的现实概况，了解区域性一流学科建设中面临的问题，本研究重点选取了 G 大学和 T 大学两所院校作为研究案例。笔者于 2019 年 9 月至 10 月，走访了 G 大学教育学院、彝学研究院、师范学院、生态工程学院、理学院、矿业工程学院、机械工程学院等院长和教师、学生，又走访了 T 大学校级领导、党政办公室、教务处、人事处、科研处、专业建设与学位办公室、评估中心、团委、图书馆、研究生处、发展规划处等部门的领导和相关工作人员，采用半结构式的深度访谈，用录音、笔记、拍摄照片等方式，实地参考校史馆、展览馆和图书馆等场地。11 月中旬，笔者再次回到两所高校，通过面谈、微信、电话和电子邮件等方式对正式访谈中仍然不清楚的内容和资料进行了第二次访谈，同时，还访谈了中国矿业大学（北京）和西南大学对口支援 G 大学的挂职干部、支教教师和顶岗实习研究生，收集整理了关于地方高校学科建设方面比较丰富的第一手原始资料，这些原始的录音、照片、文字等资料构成了本章节案例研究中的重要内容。

第二节　转型变革中的 G 大学学科建设

一、G 大学学科建设的发展概述

G 大学创建于 1938 年，2005 年 3 月，G 地区师范高等专科学校与

G 地区教育学院合并组建 G 地区学院，成为全日制普通本科高等学校。2014 年 5 月，经教育部批准，G 地区学院更名为 G 大学。2009 年 G 大学被列入教育部对口支援西部地区高等学校，与西南大学、中国矿业大学（北京）建立对口支援关系，与贵州大学、西安科技大学、深圳大学、南京林业大学等高校建立了合作关系，与西南大学、中国矿业大学（北京）联合培养硕士研究生，以“2+1+1”等模式联合培养本科生。

（一）学科分布格局：省校两个层级的学科布局

G 大学在保留和继续建设好传统师范学科专业的基础上，又不断调整学校二级学院的学科专业，申报和立项了一系列省级和校级重点学科（见表 5-1 和表 5-2①）。省级重点学科带头人为学校校级领导和二级学院或行政职能部门的负责人。

表 5-1 G 大学省级重点学科

序号	学科类别	学科名称	立项时间	学科带头人	职务、职称
1	省级特色重点学科	应用化学	2011 年	A	原化学化工学院院长、教授
2	省级重点学科	生态学	2013 年	B	原校党委书记、教授、农学博士
3		特殊教育学	2015 年	C	师范学院副院长、教授
4	省级重点支持学科	逻辑学	2009 年	D	教授
5		矿业工程	2012 年	E	原矿业工程学院院长、教授
6		计算机科学与技术	2014 年	F	教务处处长、教授
7		化学工程与技术	2015 年	G	原校长、教授

① 表 5-1 与表 5-2 数据根据 G 大学官网相关资料整理而来，数据统计截至 2015 年 12 月。

表 5-2　G 大学校级重点学科

序号	学科名称	立项时间	学科带头人	职务、职称
1	生态学	2007 年	A	原校党委书记、教授
2	化学	2007 年	B	原化学化工学院院长、教授
3	逻辑学	2007 年	C	教授
4	特殊教育学	2010 年	D	师范学院副院长、教授
5	化学工程与技术	2015 年	E	原校长、教授
6	机械工程	2015 年	F	教授
7	矿业工程	2015 年	G	原矿业工程学院院长、教授
8	土木工程	2015 年	H	土木建筑工程学院院长、教授
9	中国语言文学	2015 年	I	原副校长、教授
10	教育学	2015 年	J	师范学院院长、教授
11	中国少数民族语言文学（彝学）	2015 年	K	彝学研究院院长、研究员、黔灵学者

（二）特色学科形态：民族文化与彝学学科

G 大学彝学研究院的前身是 2003 年 G 地区师范专科学校（以下简称 G 地区师专）成立的彝文古籍研究所，这个研究所是 G 地区师专内设的一个学术机构。2005 年 G 地区师专升为本科，即 G 地区学院，2006 年原 G 地区师专的彝文古籍研究所更名为 G 地区学院彝学研究院，仍然是一个内设学术机构。2011 年，经过报批，彝学研究院批准成为 G 地区学院所属的正处级机构。2012 年该学院决定建彝族文化博物馆，由彝学研究院抓内涵建设。2014 年该学院更名为 G 大学，保留了彝学研究院。彝学是民族学之下的二级学科，彝学研究院中国少数民族语言文学（彝学）学科 2015 年 7 月获批成为 G 大学重点学科，被纳入校级重点学科建设规划，建设期为三年，学科负责人为院长。经过三年建设，G大学校级重点学科中国少数民族语言文学（彝学），其服务地方水平、学科队伍人才培养、研究内涵提升等方面都整体得到提高，学科建设水平已达到贵州省内一流水平，进一步增强了在国内的影响力。三年以来，彝学学科建设取得了如下方面的成绩：

第一，在拓展学科方向方面。在彝文古籍方向上，搜集了158本彝文古籍，搭建了贵州彝文古籍数字化平台，获得国家社科基金西部项目2项、中央民族文字出版基金项目2项。在彝文信息化方向上，在完成9700多个古彝文字集建设的基础上，研究院经过一年的努力，又增加了2000余个彝文字，达到12300多个；拓宽了贵州彝文输入软件的字符空间；进一步完善了传统彝文输入法，并用此输入法成功录入《西南彝志》《彝族源流》《扎数》等大部头著作。

第二，在学科团队建设方面。彝学研究院现有专职研究人员8人，其中研究员1人，教授1人，副研究员2人，助理研究员、讲师、编辑4人；硕导1人；博士2人，硕士1人；贵州省省管专家1人，市管专家1人，贵州省高校哲学社会科学学术带头人1人、贵州省黔灵学者1人；贵州省彝学研究会副会长1人，贵州省人类学学会副会长1人，贵州省少数民族语言文字学会副会长1人，市彝学研究会副会长1人、副秘书长1人；还聘请了中国社会科学院、中央民族大学等国内兼职研究员55人。

第三，在研究成果方面。出版了《彝语诗歌格律研究》《贵州彝族制度文化研究》《彝语诺苏话词法研究》《通用彝文字典》等专著。立项项目有2项国家社科基金项目，1项国家社科基金特别委托项目子课题，2个中央民族文字出版基金项目，10项省部级课题。共发表论文60余篇，在《西南民族大学学报》等期刊发表了高质量的学术论文。彝学学科负责人和团队人员获贵州省哲学社会科学优秀成果奖二等奖和三等奖，贵州省文艺奖二等奖和三等奖。

第四，在学术活动方面。学科团队人员参加过3次国际学术会议、

10次国内会议。如2016年7月27日至28日，学术团队参加了在贵州威宁县举办的第二届“撮泰吉”旅游文化艺术节暨第三届中国支嘎阿鲁文化学术研讨会。

将G大学彝学研究院在科研项目、期刊论文、已获奖项、学术论著方面获得的科研成果进行统计，可得表5-3：

表5-3　G大学彝学研究科研成果统计表①

序号	成果形式	级别	数量	占全校比例
1	科研项目	国家级	9	54.5%
		省部级	21	20.2%
		地厅级	32	23.8%
		横向课题	9	11.8%
2	期刊论文	CSSCI来源期刊	20	11.3%
		普通期刊	134	32.8%
3	已获奖项	省部级	16	66%
		地厅级	18	33%
4	学术论著	—	37	46.2%

二、G大学学科发展遭遇的瓶颈

G大学2005年升为普通本科院校，2014年又更名并转型。在经历了几任校长的治理之后，学科建设得到了一定程度的发展，取得了一系列显著成绩。但是，与省内其他地方高校相比，G大学在学科建设中也面临着不少制约发展的困难。为此，笔者2019年9月底，先后对G大学的校级领导、教职工进行了深度访谈，收集了比较丰富的一手资料，见表5-4。

① 根据G大学2019年10月彝学研究院成果展论坛上的信息统计而来。

表 5-4　G 大学受访者基本情况与访谈时间数据信息表

序号	受访者	性别	职称、职务	日期	地点	工具
1	A	男	师范学院院长	2019-09-25	特教楼 3 楼院长办公室	录音笔、笔记本
2	B	男	科研处处长	2019-09-25	西区综合楼 7 楼科研处办公室	录音笔、笔记本
3	C	男	人文学院党总支书记，原评估中心、高教所副主任	2019-09-25	绣山楼 B-3 楼人文学院党总支书记办公室	录音笔、笔记本
4	D	男	校团委书记，原党委办公室行政科科长	2019-09-25	校团委办公室	录音笔、笔记本
5	E	男	教务处综合科科长，原科研处综合管理科科长	2019-09-26	西区综合楼 6 楼教务处小会议室	录音笔、笔记本
6	F	男	专业建设与学位办公室副主任，发展规划处副处长	2019-09-26	西区综合楼 7 楼专业学位与建设办公室	录音笔、笔记本
7	G	男	专业建设与学位办公室副主任，发展规划处副处长	2019-09-26	西区综合楼 7 楼专业学位与建设办公室	录音笔、笔记本
8	H	男	国有资产管理处副处长，原理学院副院长	2019-09-28	西区教师公寓	录音笔、笔记本、电话
9	I	男	生态工程学院副院长	2019-09-28	西区生态工程学院副院长办公室	录音笔、笔记本
10	J	男	体育学院教师	2019-09-29	西区教师公寓	录音笔、笔记本、电话
11	K	男	经济与管理学院教师，西南大学经济与管理学院博士	2019-09-29	西区教师公寓	录音笔、笔记本、电话

续表

序号	受访者	性别	职称、职务	日期	地点	工具
12	L	女	师范学院教师	2019-09-29	西区教师公寓	录音笔、笔记本、电话
13	M	女	师范学院教师	2019-09-29	西区教师公寓	录音笔、笔记本、电话
14	N	男	师范学院教师	2019-09-30	绣山 A 教学楼 3 楼某教室	录音笔、笔记本
15	O	男	外国语学院教师	2019-09-30	绣山 B 教学楼 3 楼某教室	录音笔、笔记本
16	P	男	艺术学院教师	2019-09-30	西区艺术楼某教室	录音笔、笔记本
17	Q	男	经济与管理学院教师，中国矿业大学（北京）博士	2019-10-01	西区教师公寓	录音笔、笔记本

通过整理以上资料，可以发现 G 大学在学科建设中存在以下困境。

（一）学科建设人才极度缺乏

G 大学在转型发展和内涵建设中，虽然每年都在不断地引进硕士、博士和其他类型的教师，但是教师流失现象也比较严重。在原本学校高级专业人才就比较缺乏的情况下，一些教授、博士教师的流失对正在跨越式发展的学校而言是重大损失。由于教师流失，学科建设队伍人员在不断地补充与调整，学科团队的凝聚力难以培养，团队成员长期处于磨合之中。有的教师因为家庭原因调离现有的工作岗位。如一位生态学专业的博士，在该校已经工作了 7 年多时间，但是由于爱人在重庆工作，故而 2018 年辞职离开单位，回重庆某地方高校工作。学校的矿业工程是校级重点学科，该学科专业负责人 W 教授也因为个人原因，调离现有工作岗位，去了相邻市的一所地方高校。

在访谈学校科研处处长C教授时，他表示，目前学校在进行学科建设，学科带头人突然调离现有工作岗位，对学科建设影响极大，整个学科团队缺了主心骨，学科团队就缺乏凝聚力。C教授在谈到学科带头人和学科建设时，说道：

“学科团队建设存在很多问题，首先是学科带头人的问题，一个学科带头人可以带动一个学科的发展。其次，学科建设中的团队建设很重要。一个学科有了学科带头人，学科团队就容易建立起来。现有学科团队没有真正凝聚起来，团队建设还没有打造好，学科团队建设的运行机制也是不完善的。在学术界，特别有影响力的学科带头人是很缺乏的。”

与此同时，笔者在走访学校专业建设与学位办公室Z副处长时，他也对矿业工程学科带头人突然调离学校表示了深深的遗憾，并表示这对目前矿业工程学科的建设影响很大。在深度访谈Z副处长时，他还详细地谈到了一些教职工离职的原因：

“学科建设的环境还有待改善，学科研究的平台建设还需要完善，要为引进的人才搭建好研究的科研平台。比如说教师在这里归属感不强，工作不舒心，两口子不在一起，等等。这些都使教师想离职走人。人才引进特别困难，学科建设需要人才，但人才引进又困难重重。”

“你看，每年暑假7月份放假的时候，行政楼走廊上都能看到教师的小孩，教师还要带小孩。还有，教师的工作量如何考评等等。教师在工作上、生活上、待遇上还需要体现更多的人文关怀。”

在走访师范学院院长L教授时，他也提到了学科带头人W教授的离职成为学校发展中巨大的人才损失，W教授去了邻近地级市的一所普通省属本科院校。L教授表示，尽管现在学校招聘启事上给出的人才引进待遇非常高，但人才引进仍特别困难。如特殊教育学专业是学校的重点学科，而引进特殊教育学专业博士学历教师就特别困难，高层次人才引进的困难与省级重点学科特殊教育学学科的发展之间出现了比较大的冲突。虽然特殊教育学被列为省级重点建设学科，但是支撑这个学科发展的团队还没有真正建立起来。对此L教授说：

“最近五年来，我一直想引进这个专业方面的教师，去年才引进一个 85 后特教专业的女博士，这位教师博士毕业于捷克共和国帕拉茨基大学特殊教育学专业。”

W 教授系 70 后博士，硕导，是该校矿业工程学院院长，2019 年上半年因为个人原因调离现有工作岗位。W 教授在该校工作了 10 多年，在学校领导和同事心中属于颇有影响力的专家，他的离职确实在中层干部队伍中造成了不小的情绪波动。学校该学科的专业负责人没有正式遴选出来，这对于该学科建设的稳定发展产生了较大影响。这种优秀教授的离职也产生了一些连锁反应。教授、博士等教师离职、调岗，学科建设的骨干和优秀人才流失严重，学科建设缺乏核心领导人物和年轻优秀且科研能力强的教师来支撑，这些因素是目前 G 大学学科建设面临的重大问题。

我们也可以从 G 大学 2019 年的人才需求信息看到学校发展对人才的需求（见表 5-5）。从表 5-5 中我们可以看到，学校计划招聘 67 名教师，可见学校对高层次人才的需求是比较大的，尤其化学工程学院的需求量是最大的，理学院、生态工程学院和人文学院对高学历人才的需求量也比较大。尽管学校有西南大学、中国矿业大学（北京）两所全国重点大学的对口支援支持，如每年都有对口支援单招博士计划，但是仍然存在有的教师因为博士延期毕业，或者毕业后又辞职离开的情况。这些因素都不同程度地影响了学科建设中的科研团队建设。

表 5-5　G 大学 2019 年招聘博士学历人才需求表

序号	需求岗位	学科门类	一级学科	二级学科	学历	数量
1	化学工程学院	工学、理学	化学工程与技术、化学		博士	8
2	理学院	理学	数学、物理学、电子科学与技术		博士	6
3	生态工程学院	理学、工学	生态学、环境科学与工程、生物学、地质学、地理学、建筑学、风景园林学		博士	6

续表

序号	需求岗位	学科门类	一级学科	二级学科	学历	数量
4	人文学院	文学	中国语言文学、外国语言文学	文艺学、中国古代文学、中国古典文献学、中国现当代文学、比较文学与世界文学	博士	5
5	马克思主义教学部	法学、哲学	马克思主义理论、哲学		博士	5
6	经济与管理学院	管理学、经济学	工商管理、应用经济学		博士	4
7	矿业工程学院	工学	地质资源与地质工程、安全科学与工程、矿业工程、测绘科学与技术、电气工程		博士	4
8	师范学院	教育学	教育学、心理学		博士	4
9	土木建筑工程学院	工学	土木工程、水利工程、管理科学与工程、力学		博士	4
10	机械工程学院	工学	机械工程		博士	4
11	信息工程学院	工学	信息与通信工程、软件工程、计算机科学与技术		博士	3
12	外国语学院	文学	外国语言文学	英语语言文学	博士	2
13	体育学院	教育学	体育学		博士	2
14	艺术学院	艺术学	艺术学		博士	2
15	彝学研究院	法学	民族学	彝学	博士	2
16	发展规划处、评估中心	教育学	教育学	高等教育学	博士	2
17	BJ 循环经济研究院	理学、工学、农学、经济学	经济学、生态学、理学、环境科学与工程、农学、历史学、工学、法学、管理学、文学		博士	2
18	BJ 试验区研究院	哲学、经济学	应用经济学、哲学		博士	2

学校有四个二级学院拥有省级重点学科或校级重点学科。人文学院的逻辑学是省级重点支持学科，中国语言文学是校级重点学科；师范学院的特殊教育学是省级重点学科；信息工程学院的计算机科学与技术是省级重点支持学科；马克思主义学院的思想政治教育学科是校级重点学科。通过比较分析人文学院、师范学院、信息工程学院和马克思主义学院现有教师队伍的学历、职称、年龄、职务、性别、民族、学科专业等基本信息，我们可以获得如下认识：

其一，人文学院中现有 53 名教师，具有教授职称的教师有 11 名，占教师总数的 20.75%。获得博士学位的教师有 10 名，占教师总数的 18.87%。人文学院的中国语言文学学科带头人，学校原副校长已于 2018 年 12 月调任其他单位，该学科的带头人遴选问题就成为要迫切解决的现实问题。学校逻辑与文化研究中心负责人系 70 后教授，博士毕业于南开大学逻辑学专业，西南大学博士后，科研成果颇丰，也于 2019 年 12 月辞职，去了湘潭大学工作。

从年龄分布来看，教师队伍中 80 后有 16 名，占教师人数的 30.18%。80 后中最小的是 1988 年出生的，最大的是 1980 年 1 月出生的，年龄跨度在 31 岁至 39 岁之间。70 后有 24 名，占教师人数的 45.28%。60 后有 13 人，占教师人数的 24.53%。从教师队伍的年龄分布来看，80 后和 70 后占主体，教师队伍比较有活力。但是，80 后应该尽快地成为学科建设的骨干和主力军。在 16 名 80 后教师中，具有博士学历的只有 4 名。1979 年，我国学者赵红洲教授对古今中外 1000 多名著名科学家作出重大成果时的年龄进行了统计分析，认为科学家创造性最强的年龄是 35 岁至 45 岁，峰值为 37 岁。33 岁是首次贡献、成名的年龄，37 岁左右是做出最大贡献的峰值年龄。鉴于学科、专业的差异，最佳年龄区也有所不同①。

人文社会科学人才年龄与成果的时空分布包括成果产出年龄的分

---

① 张意忠. 高校学科带头人成长规律与培育机制［M］. 北京：中国社会科学出版社，2014：152.

布、成果时间序列分布和成果空间分布。人文社会科学人才成果产出的年龄服从对数正态分布的规律，总体上，峰值年龄为 41 岁。长时间跨度来看，从 15 世纪到 20 世纪的峰值年龄总体上呈现递减的趋势。按人文社会科学 13 个主要学科划分，文学人才成果的峰值年龄为 36.8 岁，经济学为 38.4 岁，心理学为 38.8 岁，哲学与艺术均为 39.1 岁，社会学为 39.9 岁，政治学为 40.9 岁，宗教学为 41.3 岁，语言学为 41.4 岁，人类学为 41.6 岁，历史学、考古学与法学人才的峰值年龄较大，分别为 43.2 岁、44.2 岁、44.3 岁。峰值年龄也就是成果产出的“最佳年龄”，仅说明人文社会科学家群体落在这个年龄区间时，做出成果的可能性较大①。

其二，师范学院中现有 60 名教师，具有教授职称的教师有 4 名，占教师总数的 6.67%。获得博士学位的教师有 3 名，占教师总数的 5%。其中，特殊教育学专业毕业的博士仅 1 名，其余 3 名拥有博士学历的教师是课程与教学论专业、高等教育学专业和发展心理学专业。还有几名教师正在攻读学前教育学、特殊教育学、心理学等专业的博士。

其三，信息工程学院中现有 37 名教师，具有教授职称的教师有 2 名，占教师总数的 5.41%，其中一名教授为该学院的院长，系 2013 年 9 月从贵州大学引进来的人才，也是计算机科学与技术学科带头人，还是学校教务处（教师工作处）负责人，该院长还是学校大数据学院的负责人。获得博士学位的教师有 1 名。

其四，马克思主义学院是 2020 年 4 月 21 日经批准成立的二级教学科研机构。其中，思想政治教育学科是校级重点学科。学院现有在职教职工 25 人（其中专任教师 19 人，行政人员 5 人，专职辅导员 1 人）。教师队伍中，教授 3 人，副教授 13 人，讲师 7 人，未定级教师 2 人，具有博士学历的教师 3 人。教师中有全国优秀教师、G 大学首届教学名师、市专业技术拔尖人才等，另有分散在学校其他部门的教师 8 人（其

① 崔璐. 15 世纪以来世界人文社会科学人才年龄与成果的时空分布研究 [D]. 武汉：华中科技大学，2014.

中教授 4 人）。

综上所述，四个拥有重点学科的二级学院，在学科建设中，仅仅就学科建设需要的教师队伍而言，拥有博士学历或教授职称的教师所占比重很小，比例最高也就 20%多一点，其余均在 20%以下。学校缺少高学历和高职称教师人才，而高水平和高质量的一流学科建设需要高学历和高职称的教师，两者之间的矛盾严重影响着学科带头人的遴选、学科团队的组建、学科成果的产出和应用型人才的培养质量和水准。卡文迪什实验室负责人卢瑟福曾说过：一个科研组织的领导人，不但要成就卓著，而且要具备能够激励并指导他人沿着有成果的路线前进的卓越能力，这样的人是极少的，但是对于研究组织来说却是本质的①。学科建设人才是影响区域性一流学科建设发展的关键性因素。

（二）学科建设经费严重不足

学科建设除了需要学术精湛且影响力颇大的学科带头人和团结和谐的学科团队之外，还需要在建设经费上做到大力投入、合理分配、有效使用和民主监督，这样才能保证学科建设工作稳步扎实地推进。地方高校大多实行“省地共建、以地为主”的管理模式。学校经费来源主要有四种途径：一是财政性拨款，如教育经费拨款；二是科研经费收入，其中包括纵向科研经费投入和横向科研经费投入；三是事业收入；四是其他收入。地方政府财政支持地方高校的建设，地方政府成为地方高校重要的经费投入主体。但是，笔者在调研访谈中发现，目前地方政府对学科建设的经费投入严重不足。究其原因，一是受到地方经济社会发展的影响。G 大学所处的城市经济发展水平虽然有所提高，但是与省内其他地市州相比，还有很大的差距，如与邻近的城市经济发展水平相比就差距比较大。二是学校目前还要偿还一些债务，学校在追求跨越式发展中还承担着比较大的经济负担和压力。三是在理工学科建设中，购买仪器设施设备需要的经费比较多。如笔者在访谈专业建设与学科办公室的

① EVE A S. Being the Life and Letters of Rt Hon. Lord Rutherford [M]. Cambridge: Cambridge Press, 1939: 297.

H博士时，他认为：

“投入不足，各个学科建设的教师积极性就不高。我们学校的实验室投入就不足。如生态工程学院，省里虽然列为区域一流学科培育学科，但是省里没有拨款。该学科建设未来准备向市里申请拨款。……没有投入怎么会有收获呢?”

（三）学科制度建设不够合理

从逻辑上讲，地方高校学科建设是学术共同体积极主动创新的结果。但是，如果学科建设缺乏制度的约束与保障，那么学科建设的成效如何评估呢？学科建设中的经费如何管理呢？学科建设中人、财、物等资源如何合理分配呢？此类问题都是地方高校学科建设中需要直接面对的客观难题。处理不好，将会影响学术共同体的整体利益，不利于区域一流学科的健康发展，当然，也会间接地影响学校的整体办学实力。学科建设的相关制度，其制定、颁布、实施、修改、完善必须程序化、科学化，要具备很强的公信力与可操作性，这是理想中的制度构建与设计框架。但是，在现实学科建设与大学变革中，学科制度建设还不够完善，主要表现在如下方面。

第一，从学科制度的建构主体而言，校级领导集体成为制度构建的主动推动者，而院级领导团队成为制度实施的被动接受者。校院级两层教职工之间没有形成相互融合的共同的制度设计者。学科制度的设计、颁发、实施以至修改完善应该成为全校教职工共同参与的事情，但是制度的建构者仅仅是校级领导和中层干部，其他基层教师参与度不高。校院两级主体应自觉成为学科制度的主动建构者，而非仅仅是校级主体单方面在承担责任和义务。校院两级主体都需要制定相关学科建设的制度，校级层面制定统领性的总则，而院级层面负责制定学科建设的具体细则，并且总则与细则之间须保持相对一致性与灵活性，从制度根源上为地方高校学科建设服务。自从2014年更名以来，G大学高度重视学科建设的制度设计，并且随着转型发展的纵深推进与内涵建设的需要，相继制定了相关促进学科建设发展的规章制度，如《G大学事业发展规划（2014—2020年）》《G大学科研奖励办法（暂行）》《G大学学科建设管理及奖励办法（暂行）》，等等。

第二，从制度的执行效果而言，学科建设的制度公信力与权威性还有待提升。每项制度的细则还需要完善，以便推动学校院校治理能力的提升和完善。制度的执行力与公信度需要提升，以增强制度的权威性与实效性。制度设计不宜过多，要保持制度的相对稳定性，而不是年年都在进行制度建设，把制度数量的增加视为年终绩效考核的成果之一。制度设计应该具有全面性与广泛性，应涉及从教师到学生，从学校到院系，从教学到科研，再到社会服务等多方面的内容。

笔者访谈了艺术学院 L 教师，他谈到了学校学科建设中存在的制度缺陷以及未来学科建设的制度构想。他比较坚定地认为制度建设对于学科发展具有重要作用，对学校变革也有重要影响。他说道：

“我所在的学院设有师范专业和非师范专业，现有音乐学、美术学、视觉传达设计、舞蹈表演、工艺美术、环境艺术设计六个本科专业。现在艺术学院这边基础设施和场地还是比较紧张。管理和制度方面也存在问题，年轻教师缺乏活力，交流较少，有些故步自封，要实行开放的制度。现有的制度没有体现多劳多得的评价机制，干多干少都差不多。目前，学院有 78 名教师，5 名教授，副教授在 10 至 15 名。现在年轻教师评副高职称，根据省内文件，除了需要教改项目等科研成果外，还需要基层工作经历，这是 2018 年出台的新的文件精神。学校教师辞职或离职走的人比较多，我们学院有一个教授辞职去了山东理工大学，另一个教授正在办理辞职手续，他们都在寻求更高的发展平台，很多问题是历史遗留问题，一时无法解决。

“未来制度建设方面，要在广泛调研基础上制定制度，保证制度科学、有效，同时更要贯彻落实，以前就没有落实好。学校学科发展要制定好发展目标，明确定位，以工科为主，多学科齐头并进发展。各二级学院在学科发展方面，要制定好培养目标，每个专业（师范专业和非师范专业）要制定好人才培养目标。我们学院又重新制定了 2019 年人才培养方案，这个新的人才培养方案就参考借鉴了师范专业的。如我们音乐学专业就定位为服务一线教育的师资，还有 OBE（成果导向教育）理念等。”

（四）学科文化氛围亟待增强

地方高校学科建设除了需要遴选优秀的学科带头人、组建团结的学科团队，增加学科建设经费的投入，进行学科建设的制度设计外，还需要培育自由、平等、公平、民主、包容的学科文化。学科文化是指由大学师生的工作作风、学习风气、科研风气、精神面貌、气质、形象等品质和行为所营造的一种氛围或环境，学科文化是推动学科建设的隐形力量。有学者认为，大学学科文化是学者在一定时期内创造的以知识为本原、以学科为载体的各种语言符号、理论方法、价值标准、伦理规范以及思维与行为方式的总和。其本质特征表现为：大学学科文化是学者、学科、知识三者在动态过程中相互影响的产物，大学学科文化具有强烈的学术性，大学学科文化具有明显的身份性，大学学科文化在本质上就是学科信念①。有学者提出，建设一流学科，需重视学科传统、内在品质的积累，培育底蕴深厚的学科文化，着力营造特色鲜明的学科文化氛围。这不仅有利于促进学科凝聚精神内核，亦有利于推动学科的创新与发展②。

笔者认为，学科文化就是一种大学师生共同追求的理念、目标与共识，一种克服困难与挫折的精神力量。笔者走访了师范学院院长 L 教授，对于学校的学科建设情况，L 教授说道：

“学校的一流学科建设仿佛是学校领导和一些中层干部的事情，有些老师似乎不太关注这个事情。现在老师们也不太愿意外出学习交流，主要是报账问题，有的老师到贵阳出一次差，自己还要搭钱进去。我现在有个省级课题有几万的经费，我都不想去报账了。”

从与 L 教授的交谈中不难发现，学校整个的学科建设工作似乎没有在广大的普通教职工中形成积极参与与主动建设的统一意识，似乎成为地方高校校级领导和中层干部的事情，似乎就是专业建设与学科办公室的事情。有学者指出，办大学就是“办”氛围。同理，学科建设也需要“办”氛围，要让更多的教师、学生参与学科建设，至少可以广泛收

① 蒋洪池. 大学学科文化的内涵探析［J］. 江苏高教，2007（3）：26-29.

② 陆根书，胡文静. 一流学科建设应重视培育学科文化［J］. 江苏高教，2017（3）：5-9.

集他们对于学科建设的意见或建议，让制定的学科建设规范、工作方案、政策与采取的举措，更符合广大教职员工的根本利益，在推动学科建设的同时，也促进广大师生员工获得利益。

笔者在访谈艺术学院L教师时，对于学科文化，他认为：

“学科文化是一个很抽象的概念，它是一个与学校文化、大学文化、校园文化有些类似的概念。它主要是指除了学校内涵建设中对学科建设的一些影响因素之外的一些因素。这种外在因素对学科建设和发展有推动、辅助作用。”

学科文化是一个内涵和外延十分丰富的概念。它既指一种学术共同体所遵循的行为规范、话语体系等，也包括校名、校风、校纪、校训、校歌、大学精神等内容。笔者在访谈师范学院W教师时，对于学科文化，他认为：

“学校自从更名转型发展以来，这几年学校学科建设也没有什么太大的变化和提升。现在的新校名有点长，听起来有点像高职高专一类的学校名称。”

可见，在G大学内，一些教师对学科文化内涵的认识比较模糊，对于学科文化究竟是怎样影响学科建设的，还需要借助一些其他概念来描述。在学科建设上，教师没有形成比较统一和理性的学科文化意识。学校的校名也属于学科文化的范畴，它是一种文化符码和标签，引导着公众对这所大学的认可和接受，它也一定程度上反映着一所大学的定位和追求，如有的大学校名具有很强的行业特色。事实上，本来G大学是一所公办的普通本科院校，在2014年申请更改校名时，引起了很大争议。更名之后，仅仅从校名来看，有点像一所高职专科学校，并且和省内几所专科学校校名相类似，比较容易混淆，也不太容易记忆。

（五）学科研究成果运用率低

自2014年转型更名以来，G大学经过院系合并、学科专业结构的调整、人员岗位的调整，学校正朝着应用技术大学之路前行。转型更名以来，学校在学科研究领域中也取得了不少学术成果，对地方经济社会发展也产生了积极影响。学校成果转化率和学科成果转化路径因学科差异而呈现不同形式。但是学术成果转化为地方经济社会的能力还有待提升，如理工类研究如何为地方企事业单位提供技术支撑，人文社科类研究如何为地方政府决策提供参考，等等。

（六）学科数据资源开发不足

随着“互联网＋”和大数据的发展，数据成为新时代极为宝贵的资源和财富。贵州省作为大数据建设的南方基地和中心，大数据产业的发展，推动了地区信息化建设之路，对教育扶贫、教育信息产业、高等教育国际化发展产生了巨大推动作用。地方高校应该充分利用大数据发展的机遇，运用大数据对学科建设进行监管和动态调整，为地方经济社会发展培养大量的数据科学人才。不过，G 大学在学科数据建设中还存在如下问题：

一是数据信息与客观情况不符。目前，学校的官网在学校简介栏目中，对学校发展各项指标设计的数据有清晰的描述，但是具体到一些数据，如全校教职工数、专任教师数量、在校学生人数、联合培养的本科生和研究生人数等等，我们通过学校的人事处、教务处（教师工作处）、学生处、评估中心（高等教育研究所）、专业建设与学科办公室（发展规划处）等不同部门获取的数据与学校官网提供的数据存在一定误差。

二是数据没有及时更新。从 G 大学和二级学院的官网信息来看，有的学院网站虽然设有学科建设这样的二级栏目，但是栏目中关于学科建设的信息没有更新，公布的信息还是几年前的数据，很多栏目就只有一个栏目名称而已，栏目之中没有具体的相对应的信息。如生态学作为学校的重点学科，学院网站相关信息显示的数据还是 2013 年的。如外国语学院中关于教师队伍情况的数据，有些教师已经离职，但是信息表格中还显示有他的姓名。作为二级学院网站，有的栏目有了数据，但是没有对数据来源和统计时间做介绍，这让阅读者看完之后，会误以为是最新的数据，数据信息的准确性有待提高。体育学院师资队伍的数据信息显示的是 2014 年的数据，经济与管理学院教师队伍公布的数据信息是 2018 年 10 月的。有的学院，如师范学院、人文学院中关于教师队伍建设情况的数据是 2019 年的。可见，数据思维与数据治理的意识没有深入教职工心中，数据信息的价值也没有引起教职工的重视，更遑论学科数据库的建设与完善了。

三是没有充分利用数据信息。学科建设涉及几个关键性因素，如学科带头人、学科骨干、学科团队成员职称、学科团队成员学历的情况、科研经费、科研成果等等。我们可以通过纵向和横向比较相关数据，来找寻学科建设中与其他同质性院校的发展差距，从而为地方高校学科建设找寻到有效路径。如通过文献计量方法和可视化分析，可以对近年来科研论文做知识图谱分析，从中检测学科研究的跨学科性，学科成果研究集中在哪些学科领域等问题。

为什么地方高校在进行学科建设时要重视数据思维与数据治理呢?这主要与两个因素有关。第一，外部刺激。顺应大数据时代发展的客观要求是学科建设的必经之路，充分利用大数据，才能享受大数据带来的红利。第二，内部需求。大学进行数字化建设是有效治理大学的发展要求。教育部对大学有学科评估和本科教育质量检测的要求，地方高校每年做好学校的大数据工作，可以准确、及时、自信地为迎评促建等工作提供质量保障，但更重要的是，可以对地方高校学科发展中的问题与状态有更精准的认识和了解，以便日后改进工作。对学科建设大数据进行监管，可以增强地方高校决策、判断、分析的准确性和前瞻性，这是地方高校进行学科大数据建设最根本的目的。

三、G 大学学科建设的实践反思

G 大学从 2012 年接受教育部本科教学合格评估以来，在转型发展和内涵建设的过程中，本科教学水平和质量不断提升，服务地方经济社会的能力也得到了加强。但是，学校的办学实力和整体水平还有待进一步提升，目前的发展还比较缓慢，还有很大的提升空间。在进行区域性一流学科建设中，除了需要克服本科教学评估以来遗留的一些问题如师资队伍建设外，还需要在领导团队、资源利用、人才政策和资源库建设等方面努力，这样未来才有可能在新一轮的学科竞争中赢得更多发展机遇，真真正正地提升学校的办学实力。

（一）学科团队：保持相对稳定团结的领导团队

G大学自升本以来，经历了5任校长，特别是从2013年至2020年，在短短的7年间，学校先后调任了4位具有不同学科背景和行政管理经验的大学校长来治理学校。与此同时，2018年12月，学校副校长的人员变动也比较大。大学主要领导频繁更替，使得学校的发展政策也时有调整与变动，校级政策难以得到比较好的贯彻落实，政策变动的负面影响也难以预测。

第一任校长任期（2005年11月—2013年5月）内的学科建设处于快速发展期。这一时期调任过来的第一任校长是学逻辑学专业的，任期内学校的逻辑学专业得到了飞速发展。2012年7月19日，学校召开了“十二五”学科专业建设、师资队伍建设、校园建设发展规划专家评审会。会上，第一任校长指出，学科专业建设规划要调整招生规模、专业设置，建构好专业群和学科群，学科建设需要专业支撑，为未来申报专业硕士学位点做好铺垫①。

第二任校长任期（2013年5月—2016年4月）内学科建设处于转型发展期。第二任校长曾任某大学副校长，在任期间从该大学引进了一名计算机科学与技术专业的教授，在学校内进行了学科专业结构的调整。G大学根据转型发展战略部署和培养服务生产一线高层次应用技术人才、服务基础教育一线教师的整体要求，将教育科学学院更名为师范学院，将马克思主义学院更名为马克思主义教学部，将地理与生命科学院更名为生态工程学院。“我们通过对学科专业和学院的调整，完成了二级学院布局的顶层设计，各学院特色逐步彰显，同时也为下一步学科专业的建设和发展奠定了坚实的基础和空间。”第二任校长说。

第三任校长任期（2017年2月—2018年2月）内学科建设处于平

① 我校召开“十二五”学科专业建设、师资队伍建设、校园建设发展规划专家评审会[EB/OL].（2012-07-26）[2022-03-30]. http://www.gues.edu.cn/content.jsp?urltype=news.NewsContentUrl&wbnewsid=10047&wbtreeid=1016.

稳发展期。第三任校长是一名60后，拥有非常丰富的学校、政府部门、机构组织等管理经验。在任期间，第三任校长主要是保持了学校既有的发展模式与进程，学科建设工作按工作计划有条不紊地推进，由于任期只有一年，故而学科建设成效不够显著。作为地方高校的校长，在相关会议和校长讲话中，我们不难发现第三任校长的大学观和对学科建设的理解与思考。如2017年7月16日，G大学召开了2017年教学科研工作会。第三任校长提出了学校“双一流”建设的发展之道，他说：“扎根地方建一流，打造更加鲜明的专业特色、学校特色、地方特色、试验区特色，积极走出一条有贵州特色的‘双一流’建设之路。”可以发现，在学校“双一流”建设中，扎根地方，进行特色发展成为推动地方高校学科发展的有效路径。

第四任校长任期（2018年8月—2021年9月）内学科建设逐渐转向工科方向。第四任校长曾任省城某地方高校副校长，是结构工程博士。第四任校长上任后，学校学科建设发展倾向于工科领域。2018年12月，学校校级领导层人事发生了重大改变。党委书记及四名副校长或调任或退休，同时，G大学又迎来了两位新的副校长。2019年4月3日下午，第四任校长到理学院进行工作调研时，谈及地方高校的“双一流”建设，他说道：“‘双一流’建设，对我们地州市高校来说，重点是学科建设。而学科建设的基础，是要有一支高素质的科研团队。”他要求理学院整合现有人才资源，通过内培外引，尽快把科研团队组建起来，形成团队做科研的局面。

第五任校长任期（2022年3月至今）内学科建设的工作主要还是延续过去的发展道路。新任校长属于80后教授，博士生导师，是从省外某“985工程”高校调任到G大学任校长的。由于新任校长刚刚来到G大学，学科建设的成效还不明显。2022年6月9日，在G大学召开的第二届第二次教职工代表大会暨工会会员代表大会上，新任校长作了题为《凝心聚力抢抓机遇　深化改革共谋发展》的工作报告，他强调，要持续推进学科专业建设，不断加强与省内外高水平大学在平台、人才培养、科学研究、学科建设等领域的合作①。

综上所述，我们发现，在地方高校转型发展、内涵建设、“双一流”建设的关键期，学校高层领导变换比较频繁，这给学校稳定发展带来了一定的冲击和影响。从第一任学文科的校长到第二任学理科的校长，再到第三任学农学的校长，第四任学工科的校长，第五任具有理科背景的校长，每一任校长的学科背景和发展理念、建设重点都不尽相同。而且，2016 年下半年和 2018 年的上半年，学校校长职位还出现了空档期，学校校长事务由校党委书记代管。可见，学校主要领导的变更与领导班子人员的调整，会让学校处于一种不太稳定的状态之中。这种不稳定表现在：一是学校政策会随着新的校级领导及领导班子的改变而改变，全校教职员工都需要一个逐渐适应与调节的过程。二是学校的中层干部与基层教师的心态会处于一种不平稳状态。中层干部和基层教师在职业发展中，会对自己未来职业发展产生忧虑与乐观两种相互矛盾的心态。因为新政策的颁布与实行，会带来一些机遇，也会形成一种挑战。如大学校长的学科背景直接会影响一个学校在某个时期内学科建设的投入与产出问题。在未来地方性高校一流学科建设中，应该保持相对稳定团结的领导团队，这样才能为学科建设提供比较稳定和谐的外部发展环境。

在中国，大学校长每届任期一般为 5 年，领导干部原则上担任同一职务时间不超过两届或 10 年。不过，通过对国内外一流大学校长任期的研究，我们发现，大学校长任期不宜太短，太短了几乎难以让学校学科建设在该校长任期内有大的发展。我们认为应允许好的大学校长适当延长任期，如延长至 12 年、13 年等等，这样可以让好的教育政策更充分地彰显价值，更好地服务于学科建设的发展需要。

---

① 凝心聚力抢抓机遇　深化改革共谋发展——我校召开第二届第二次教职工代表大会暨工会会员代表大会[EB/OL].(2022-06-09)[2022-07-12]. https://www.gues.edu.cn/info/1088/14307.htm.

（二）学科资源：充分利用好现有的校内外资源

G 大学作为市唯一一所地方高校，承担着为当地培养人才、发展科学和服务地方的使命和责任。可以说，学校的发展深受国家和地方政府的重视和支持。如学校获得了两所教育部直属重点大学的支持，一所是以师范教育见长的教育部直属重点大学西南大学，另一所是以矿业见长的中国矿业大学（北京）的支持，而这样的对口支援模式在省内还不多见。尽管有这样强有力的支持，但是学校的学科建设成绩并不显著。由于没有充分整合校内外资源，没有充分利用现有资源来促进学校整体的发展，自然无从带动学科建设的发展。如果说学科建设就是新一轮的资源大战的话，那么发掘和充分利用校内外资源就是有效的建设手段。在未来学科建设中，可以整合和利用如下校内外资源：

第一，校内外教师资源。应对现有教师队伍实行分类管理，如可以将教师队伍分为教学型教师、科研型教师、教学科研型教师和行政管理型教师。让每种类型的教师都能发挥各自所长，这样才能让热爱科学研究的教师获得好的发展，才能推动区域性一流学科的建设。热爱科学研究的教师，可以适度安排少量的课程教学，让他们有更充足的时间和精力投入学科研究，尤其是跨学科、多学科、交叉学科的研究。因为像 G 大学这样的新建本科院校，在区位优势不够明显和突出的情况下，引进人才、留住人才在短期内是比较困难的事情，而学科建设也是正在进行的工作，在用人与缺人的矛盾冲突中，应该对现有的教师资源进行合理分配，做到人尽其才。同时，要让行政管理型的教师服务于科研型教师，而不是去领导科研型教师。行政工作一定要服务于学术研究工作，行政文化一定要服务学术文化，行政工作人员要尊重教授和博士，要在报账、盖章、签字、审批、决策、宣传等细节上为学术研究人员提供方便、快捷而真诚的服务，而不是占据其位，以权谋私，或者以趾高气扬的态度对待学术研究人员。

第二，校内外文化资源。G 大学地处黔西北地区，拥有比较丰富的红色文化资源和民族文化资源，应自觉将红色文化和民族文化融入学科建设之中，融入地方高校课程之中，融入教职工的思想之中，把传承与弘扬红色文化与民族文化作为地方高校服务地方的重要体现，把研究红色文化与民族文化作为新的文化研究领域或方向。为什么地方高校在学科建设中需要把地方文化融入科学研究之中呢？这主要是与大学职能和地方文化的独特性有关。大学具有教学、科学研究和服务社会的职能，为地方经济社会发展培养应用型人才是大学最核心职能的外在体现，地方高校应该自觉扎根地方，为推动地方文化发展作出应有贡献。同时，地方文化具有独特性，这种独特性是指在特殊的历史、社会环境中形成，是特定地区才特有的文化现象，是有别于其他地区的文化特征。如西南地区的民族文化、彝族文化，就隐藏在云贵川这样的山区。因为民族文化具有特殊性，所以显得弥足珍贵。地方高校应该利用得天独厚的优势，充分推动民族学等学科的建设与发展，丰富学科建设的内涵。

第三，校内外校友资源。校友是地方高校发展的无形资产，是地方高校评估人才培养质量的有力佐证，是地方高校声誉和影响力的宣传者，也是地方高校筹措办学经费的有效来源。在学科建设，特别是进行校企校政合作时，要充分利用校友资源，鼓励吸引校友参与学校的学科建设，为母校创建地方性一流学科、培养一流人才贡献自己的力量。特别是在社会各领域中取得成就的校友，更是地方高校学科建设中外在的重要人力资源和财富，他们的财力支持、智慧贡献、宣传推介可以为母校进一步培养优秀人才提供良好的外部环境，可以吸收更多省内外的优秀学子来G大学求学深造、工作生活。

（三）学科政策：大力实施开放自由的人才政策

教师是推动学科建设的关键。有的教师偏爱科学研究，有的教师热爱课堂教学，有的教师擅长行政管理与服务。每个教师都有属于自己的职业发展梦想，每个教师对工作的大学都有自己的期盼和要求，当现实条件无法满足教师主体的客观需求时，教师内心深处就会产生抵触、反感、厌恶、不安等情绪，轻者消极怠工、表面应付，重者寻找机会、另谋高就。在这种情况下，教师队伍就出现了人才流动现象。湖南师范大学原校长张楚廷教授对来去自由的人才政策做过一番别有见地的分析：“越是条件相对较差的学校，越应当实行来去自由的政策……实行卡人、卡档案等限制措施，人事处的工作人员就容易工作作风简单，甚至粗暴。”① “我的工作不是强行卡人，而是创造好的环境和条件，让优秀人才愿意来且不愿意走。”② 地方高校在进行学科建设时，应该客观面对教师流失的现象，创建良好的学科研究环境和服务，以留住优秀的科研人才。

（四）学科数据：构建学科建设的大数据资源库

随着计算机科学和信息技术的发展，大数据、“互联网＋”、慕课、人工智能、微课等新技术新方式影响着地方高校的内涵发展。G大学充分利用了信息技术来提升学校服务社会的能力，如开展大数据平台下的教育扶贫工程。地方高校要尽快建立完善的大数据中心，大数据中心可以设置在学校发展规划处办公室或高等教育研究所或高等教育评估中心。大数据中心一方面，可以为向教育部提交本科教学相关信息库提供准确全面的数据信息；另一方面，可以通过数据的收集、整理、使用来监测和评估地方高校学科建设的发展情况。从数据类型和结构来讲，学校应该至少建立院系层面和学校层面两种类型的数据库，并且两者数据之间要具有一致性，最简单的要求就是各个二级学院学科建设的数据之和应该是学校层面数据统计的结果，这两者之间是高度统一的。收集与整理这些关于院校研究的数据，主要目的是借助贵州省大数据发展的时代机遇，利用数据资源和信息对整个学校的学科发展进行管理、引导和服务，以更好地推动学科的发展。

在实践中，学校可以每学期都坚持做数据的收集与整理工作，每个学年分为春季学期和秋季学期，数据资料分为电子版和纸质版，按学期推进，及时更新，不能让数据维持在静态，同时要让该数据中心成为地方高校内部宣传和外部宣传的权威信息中心。此外，还要让该数据信息成为一种公众化的社会资源，对外免费开放，接受社会监督与管理。如学校教务处、人事处、科研处、教师工作处、学生处、高等教育研究

① 张楚廷. 改革路上：张楚廷口述史［M］. 武汉：华中科技大学出版社，2019：65.
② 张楚廷. 改革路上：张楚廷口述史［M］. 武汉：华中科技大学出版社，2019：68.

所、评估中心等应该对学校教师职工人数、在读学生人数、留学生人数、专任教师数量等学校最基本最核心的数据有精准的表达，而不是每个部门的数据不一致，甚至互相矛盾。大数据学科建设资源库的建立，一方面可以推动学科建设工作的发展，如应对教育部学科评估工作、教育厅的数据上报工作、学校招生宣传手册的制作、学校人才引进资料的制作、校友文化宣传资料等等；另一方面，也是最根本的用途在于，通过对学科数据的收集与整理、分析，来发现学科建设存在的问题、一流学科与非一流学科的发展差距、学科团队建设情况、经费使用情况、仪器设备和实验室使用情况等等。学科建设的大数据犹如学校学科的档案，当面临学科带头人调整、学科团队重组、学科经费使用等问题时，它可以为未来学科的发展与决策提供重要的数据参考和依据。

第三节　有效治理下的 T 大学学科建设

T 大学位于“中国西部名城”——贵州省 T 市。T 大学 2006 年升格为全日制本科院校，2010 年通过学士学位授予单位评估，2013 年通过本科教学工作合格评估，2015 年整体搬迁至当地教育园区，实现了“一校一址”的办学目标。截至 2020 年 9 月 30 日，T 大学占地 750 亩，建筑面积 35 万平方米，实验实训中心 7.4 万平方米，教学科研仪器设备总值近 8300 余万元。馆藏纸质图书 105.4 万册、电子图书 300 万册。现有 10 个二级学院，2 个特色学院，1 个研究生院，1 个国学院，1 个继续教育学院。有 33 个本科招生专业，涵盖教育学、工学、理学、文学、管理学、艺术学、农学等学科门类。有全日制在校生 8867 人，联合培养全日制研究生 194 人。教职工 996 人，其中博士 166 人，硕士 414 人；正高级职称 148 人（二级教授 1 人，三级教授 8 人）；“双师双能型”教师 352 人；博士生导师 1 人，硕士生导师 93 人；国务院政府特殊津贴专家 1 人，省管专家 2 人，省级政府特殊津贴专家 2 人，贵州省优秀青年科技人才 2 人，贵州省高层次人才 18 人，贵州省千人创新创业人才 1 人，贵州省哲学社会科学学术带头人 5 人，贵州省青年哲学社会科学创新人才 1 人，贵州省社会科学学术先锋 2 人。学术团队中，有贵州省哲学社会科学十大创新团队 2 个，贵州省社会科学学术先锋号 1 个；贵州省科技厅创新人才团队 1 个，贵州省高校科技创新团队 12 个；省级教学团队 1 个，省级教学管理团队 1 个，T 大学基础教育创新团队、T 大学民族学创新团队等校级人才创新团队 22 个。

T 大学有贵州省区域内一流建设培育学科 1 个（教育学）、省级重点建设（含支持）学科 7 个，“教育发展与山区乡村振兴”学科群是区域内一流建设学科Ⅰ类学科群；建有博士后科研工作站 1 个，贵州省重点实验室 1 个，贵州省 2011 协同创新中心 1 个，贵州省大学科技园 1 个，全国民族团结进步教育基地 1 个，国家民委民族理论政策研究基地 1 个，省级科普示范基地 1 个，省级人文社科示范基地 1 个，贵州省高校特色重点实验室 3 个，贵州省高校工程中心 3 个，贵州省高校产学研基地 5 个，贵州省高校人文社科基地 1 个，省级专业技术基地 1 个，贵州省民族传统体育训练基地 1 个，市人文社科示范基地 1 个和校级科研机构 12 个。三年来，学校获得科研总经费 10754.3 万元。承担各级各类课题 1500 多项，其中，国家级课题 28 项，省部级课题 154 项；发表学术论文 2328 篇，其中，在 SCI、CSSCI 来源期刊上发表论文 220 篇；获得授权专利 802 项，出版专著 142 部，教材 75 部；获得省部级以上教学、科研成果奖励 22 项，其中，贵州省哲学社会科学优秀成果奖 14 项，贵州省科技进步奖 5 项。

T 大学深入推进产教融合、校企合作，组建了产教融合创新发展联盟，与各区县政府、经济开发区、高新技术产业开发区及多家行业企业建立了紧密的合作关系，开展了有效的项目合作，形成了“引社会服务之水，灌人才培养之田”的人才培养与社会服务融合模式。近三年，横向项目到账经费超过 5000 万元。学校坚持国际化办学战略，积极开展国际交流合作。2014 年至今，为“一带一路”沿线国家培养高级工程技术人才和管理人才 1499 人次；先后与国外多所高校和教育机构建立友好合作关系，选派学生 494 人次、教师 121 人次赴国（境）外交流访学；围绕十大重点学科在泰国、老挝、柬埔寨建立海外实习实训基地

10个；建立集学术研究、人才培养、政策咨询为一体的研究机构——“中老（老挝）研究中心”。

一、T大学学科建设的基本概况

（一）学科布局：大学校长学科治理模式

一流学科是一流大学的基石，是硕士点生长的土壤。近年来，T大学以“特色鲜明的高水平应用型大学”为发展目标，始终紧密结合地方经济社会发展需求，充分利用T市良好的生态环境、丰富的矿产资源、多彩的民族文化和优秀的教育传统，按照“合理定位、扎根地方、特色发展、突出应用、开放办学”的建设思路，建设成为全国百所高水平应用型产教融合工程项目高校、贵州省转型发展试点高校、贵州省首批高校文明校园。围绕“双一流”建设，学校进一步调整学科专业结构布局，形成了优势特色学科群，构建了教育学、民族学、化学工程与技术、林学等多学科协调发展的学科体系，为学校建成一流大学和硕士学位授予单位奠定了坚实基础。

T大学十大学科（见表5-6）具体发展情况如下：

表5-6　T大学十大学科一览表

贵州省区域内一流（培育）学科	校级一流学科	校级一流（培育）学科	院级一流学科
教育学	民族学 化学工程与技术 林学	工商管理 中国语言文学	马克思主义理论 计算机科学与技术 体育学 外国语言学及应用语言学

注：数据统计截至时间为2017年9月11日。

1. 教育学

T大学有着悠久的师范办学历史，教育学是其师范类专业的支撑学科。2017年5月，教育学以其深厚的学科发展积淀获批贵州省区域内一流（培育）学科，学科建设呈现出新高度：

多年来，教育学在学科定位上坚守本土化之路，在学科功能上坚持服务区域发展，在学科发展中坚定多学科交叉融合。通过人才引进、添置设备、夯实平台、完善图书资料库等途径，不断提升学科特色方向与竞争优势，教育学学科在发展中凝练了四个学科方向，形成“高等教育学领衔、教育学原理夯基、课程与教学论拓展、职业技术教育学”的学科方向优势。高等教育学方向重点开展院校研究，“教学服务型大学”的理论及校本研究成果卓著，引领着学校跨越式发展；教育学原理方向密切联系基础教育改革，重点聚焦“灵性教育”的理论与实践的创新；课程与教学论方向重点聚焦于“生态课堂”的研究；职业技术教育学方向与大生态、大数据、大旅游、大健康、民族文化、新材料等学科交叉融合，形成了多学科“协同共生”的发展格局，在构建多学科融合发展的职业教育理论体系与实践模式方面走在区域前列。

近年来，产出了一大批质量较高的学术成果：学科带头人 H 教授是国务院特殊津贴专家、省高校哲学社会科学学术带头人，成果颇丰。目前 H 教授共发表学术论文 100 余篇，其中在 CSSCI 来源期刊上发表论文 14 篇，在《人民日报》《光明日报》上发表理论文章 11 篇，出版著作 15 部。在学科带头人的引领下，学科梯队构建合理，在贵州省第十一次哲学社会科学科研成果评奖中，教育类获奖 5 项，居贵州省地方高校首位；在两届贵州省教育科学研究优秀成果评奖中共获奖 8 项；在重大课题立项方面，自 2014 年以来，获 1 项全国教育科学“十三五”规划教育部重点课题，3 项贵州省面向全国招标的教育改革发展研究课题。

2. 民族学

民族学之下的二级学科民族文化遗产学于 2012 年增列为省级重点支持学科，2014 年增列为省级重点学科，2016 年民族学一级学科增列为省级重点学科。学校成为继贵州大学和贵州民族大学之后第三个拥有省级重点学科民族学的单位。2017 年 8 月，经校内外专家评审，民族学入选 T 大学校级一流学科。民族学经过多年的办学积累，形成了少数民族史、少数民族艺术、遗产民族学、旅游民族学、教育民族学 5 个方向；拥有国家民委民族理论政策研究基地、省高校人文社科基地 T

大学武陵民族文化研究中心、贵州省非物质文化遗产传承人培训基地等多个省部级优质科研平台；由 25 人组成的学科团队，其中高职称人才占比 92%，硕博人才占比 80%，硕士生导师占比 52%。学科带头人入选“西部之光”访问学者，跻身全国民族学国家项目论文高频作者前 50 名。学科方向带头人受聘国家社科基金项目通讯评审专家、国家社科基金后期资助项目通讯评审专家。近 5 年学科团队成员主持国家社科规划课题 6 项、省部级课题 28 项、市委重大决策课题 4 项，发表在 CSSCI 来源期刊上的论文 26 篇，出版学术著作 20 部，其中 3 项成果荣获省第十一届社科成果三等奖。大学生课外科技作品先后荣获十三届、十四届“挑战杯”大学生课外科技作品比赛省级一等奖、全国三等奖，原创设计的苗绣系列产品被外交部定为外交礼品。未来 4 年，民族学将强化少数民族史和文化遗产学的基础研究，突出少数民族艺术和旅游民族学的应用研究，彰显教育民族学的区域特色，努力实现区域内一流学科建设目标。

3. 化学工程与技术

T 大学化学工程与技术学科成为当地市州新建本科院校唯一的省级重点学科，依托 T 市优质特种资源，以企业问题为导向，致力于解决 T 市资源综合利用的共性科学、技术和环保等问题，形成了材料化学、化学工程、工业催化和生物化工四个学科团队。团队成员 33 人，其中：教授 7 人，副教授 20 人，副高及以上职称教师占比 82%；博士学位教师 22 人，占比 67%；贵州省优秀青年科技人才 1 人，贵州省千人创新创业人才 1 人，贵州省高层次人才 4 人；校级学术带头人 3 人，校级学术骨干 4 人；兼职硕士生导师 7 人，双师型教师 14 人。学科人才指标居贵州省同类新建本科院校前列。学科团队研究成果在锰系功能材料、锰系新能源锂离子电池材料、土壤重金属污染及水污染治理、电解锰渣综合利用、天然产物提取分离及合成技术等方向正成为地方产业升级换代、产教融合、特色鲜明的亮点。中国火炬计划锰特色产业基地建设平台、贵州省 T 大学矿区土壤环境科学与技术院士工作站、贵州省普通高等学校锰系新能源材料重点实验室、微纳米材料及器材应用工程中心、锰矿资源利用高效产学研基地、锰矿深加工及其下游产品开发应用研发中心等6个平台，成为学校应用转型及区域内一流院校内涵发展的重要支撑。近3年，学科团队发表SCI论文40余篇，核心期刊论文（含英文核心和北大核心）50篇，成果转化3项，出版学术著作7部，授权发明专利7件，实用新型专利40余件；学科团队主持国家自然科学基金研究项目7项、省部级项目40项，获市科技进步奖2项，在研经费超过1000万元；为国内大学及研究院所输送40余名硕士研究生。

4. 林学

依托当地国家级自然保护区及周边地区丰富的森林资源，野生动植物保护与利用二级学科于2011年遴选为省级重点支持学科，2013年增列为省级重点学科，2017年林学一级学科增列为省级重点学科，T大学逐步形成了森林经理学、野生动植物保护与利用、园林植物与观赏园艺、水土保持与荒漠化治理四大学科方向。近5年，以林学学科为依托，T大学又成功建设了贵州省T大学矿区土壤环境科学与技术院士工作站、“农林水”工程技术实训中心、国家陆地生态系统定位观测研究站、特色动植物资源重点实验室、创新团队野生动植物保护与利用创新团队、野生动植物资源保护与利用研究中心、人工智能温室实训基地等科研平台14个。实验室面积3018平方米，仪器设备总值3185万元。学科团队成员30人中，教授7人，副教授20人，博士学位教师12人；科研经费达1700余万元，科研项目50余项，包括国家级项目8项，省级项目23项，地厅级项目6项，横向课题13项，发明专利4项；发表论文66篇，包括SCI来源期刊论文16篇，出版著作5部。学科带头人YCD研究员获贵州省科技进步三等奖1项，野生动植物保护与利用方向带头人WJF教授为国务院特殊津贴获得者、贵州省省管专家，园林植物与观赏园方向带头人LJX教授当选中国林业教育学会理事。团队指导的大学生课外科技作品荣获全国“挑战杯”大学生课外科技作品比赛三等奖。团队服务地方能力显著增强，团队成员与沿河县政府合作的“沿河沙子空心李冷藏保鲜与优质高产栽培两项技术研究”项目，解决了国家地理标志产品“沿河沙子空心李”在产业可持续良性发展上遇到的瓶颈问题。

5. 工商管理

工商管理为T大学第一批校级重点学科，整合了原应用经济学、地理学、农林经济管理学科等，形成了旅游管理、企业管理（市场营销、人力资源管理、财务管理）、技术经济及管理和创业管理4个学科团队。团队成员32人中，教授4人，副教授20人，博士学位教师11人，校外兼职硕导4人。学科坚定践行“T市需求，国家标准”的办学理念，与T市发改委、旅发委、市中小企业商贸中心等单位共建T市发展研究院、T市旅游培训中心、T市创业服务和企业管理咨询中心等平台，拥有贵州省2017年一流大学建设培育项目农村区域发展专业教学团队，建有省级武陵民族文化生态保护和旅游开发协同创新中心等研究平台。承担科研项目80余项，经费600余万元；出版学术专著8部，发表学术论文150余篇，学科发展及学术研究成果处于同类本科院校前列。学科以学生全面发展为本，建设了经济管理综合实验实训中心、旅游与酒店管理实验实训中心、经济管理创新创业实训中心等实验实训平台，在张家界、凤凰、浙江、上海等地建有多个实习就业基地。旅游管理、农村区域发展等专业学生参与实践教学与创新创业活动超2000人次，获得省级以上挑战杯等奖励6项。团队正努力把工商管理学科建设成为服务区域经济社会发展、培养地方政企产业人才的区域内一流学科。

6. 中国语言文学

中国语言文学是在三个校级重点学科、三个校级研究机构的基础上整合而成的。依托贵州省民汉双语服务基地、贵州省民族古籍研究基地两个省级科研平台，学科坚持突出地方特色、民族特色的基本定位，逐渐形成4个各具特色和优势的研究方向。其中，古代文学与地方文献整理方向以诗经学、近代词学等传统文学为研究重心，并积极开展对当地徐氏家族诗文集等的民族文献研究；语言学及应用语言学方向以黔东汉语方言及苗族等民族特色语言文化为研究重点；地方文化与地方文学方向系统关照黔东文化与文学，探索当地文化与文学体系；文艺学方向着重探索武陵山区地域文化和文学批评。近5年来，团队的科研、教学实力显著提升。团队成员主持国家级科研项目 4 项，省部级科研项目 25 项，横向课题 4 项；发表核心期刊论文 30 余篇，出版专著 17 部；获贵州省哲学社会科学奖三等奖 1 项，获贵州省教育科学成果奖二等奖、三等奖各 1 项。ZCH 同学参加的 2014 年创青春全国大学生创业大赛项目，先后获得了贵州省银奖、全国铜奖的好成绩。XBQ 同学的科研项目获国家级大学生创新项目立项。学生在《散文诗世界》《贵州作家》等刊物上发表学术论文、诗歌、小说、散文等作品百余篇。

7. 马克思主义理论

马克思主义理论的二级学科思想政治教育于 2016 年增列为省级重点支持学科，学科始终坚持挖掘 T 市红色资源，铸造红色基因，守好意识形态阵地，现已有思想政治教育理论与实践、马克思主义基本原理与基层社会治理、马克思主义中国化与武陵山区发展问题、中国近现代历史基本问题与 T 市历史文化 4 个研究方向。近 5 年，有中国社会科学院马克思主义研究院地方研究基地、市委宣传部共建马克思主义学院、贵州省廉政文化实证研究基地和贵州省大学生思想政治理论课优秀教学科研团队等科研平台。学科成员 32 人，其中教授 10 人，博士 13 人。团队成员主持国家社科基金项目 5 项，中国博士后基金项目 2 项，省级项目 17 项，市委重大决策课题 3 项，在 CSSCI 来源期刊上发表学术论文 17 篇，出版专著 12 部。

8. 计算机科学与技术

计算机科学与技术学科于 2017 年增列为省级重点支持学科，作为国家“大数据”战略的主干学科，坚持面向前沿，服务地方，形成大数据知识处理、无线传感网络、流程自动化、计算智能 4 个方向。有贵州省武陵山片区农业大数据研究与应用院士工作站、数字农业及农业信息技术省级科研创新团队和省级计算机实验教学示范中心等学科平台。团队成员 24 人，其中教授 5 人，副教授 11 人，博士 4 人，贵州省高层次人才 1 人，国家自然科学基金项目通讯评审专家 1 人。团队成员主持国家自然科学基金 3 项，省部级项目 24 项，教育部高等教育司产学研项目、省级教学质量工程改革项目 8 项，获全国大学生技能竞赛二等奖

4 项。学科建设以“信息技术应用”为导向，突出计算机技术智能化优势，助推地方社会经济发展。

9. 体育学

体育学学科坚持需求导向、强化学科交叉、推进学科发展，体育学积极与医学结合、拓展学科研究新领域。体育学学科逐步形成民族传统体育学、人体运动与健康科学、体育人文与休闲体育资源开发、体育教育与训练 4 个学科方向，并建立了贵州省少数民族传统体育项目基地、国家一级社会体育指导员培训基地等多个基地与平台。团队现有教授 8 人，副教授 14 人，博士 3 人。团队在 *Journal of Nanoparticle Research*、《体育科学》、《北京体育大学学报》等期刊上发表论文 40 篇，在 SCI、EI 来源期刊上分别发表论文 4 篇和 2 篇，获授权专利 6 项，出版学术著作 20 部。团队成员主持国家社科基金 1 项，参与国家级科研项目 6 项，主持省部级项目 29 项，获省级各类教学成果奖 11 项。

10. 外国语言学及应用语言学

外国语言学及应用语言学通过夯实学科基础，融合国际合作与交流，着力推广民族民俗文化，形成翻译理论与实践、中外文化对比研究、英语教学课程论 3 个学科发展方向，建立了英语多媒体与网络教学研究中心、博士工作室、武陵文化翻译研究中心等学科平台。近年来，利用学科优势先后与日本樱美林大学和泰国玛希隆大学、东方大学、苏南拉里理工大学签订了合作办学协议，共建海外实习实训基地 3 个、合作项目 5 项，共同培养人才 25 人。在 CSSCI 来源期刊上发表论文 6 篇，出版专著 14 部，教材 7 部；获批省部级项目 19 项，获省部级科研奖 3 项，省级教学成果奖 1 项。学生获批大学生创新创业项目 3 项，省教育厅人文社科学生项目 1 项，近 5 年学生共获国家级奖项 7 项，省部级奖项 15 项。

T 大学的办学定位、学科现状、学科建设总体目标、科研平台建设情况如下所述。

第一，办学定位。T 大学结合办学历史积淀和学校发展实际，确立了“地方性、服务型、特色化、开放态”的教学服务型高校的类型定位、“立足黔东，面向全省，辐射武陵”的服务面向定位和“高素质应用型”的人才培养目标定位。

第二，学科现状（见表 5-7）。现有贵州省区域一流（培育）学科 1 个，省级重点学科和重点支持学科 7 个。

表 5-7　T 大学学科建设一览表

序号	学科级别	学科名称
1	区域一流（培育）学科	教育学
2	省级重点学科	教育学、民族学、林学、化学工程与技术
3	省级重点支持学科	马克思主义与理论、计算机科学与技术、农林经济管理

第三，学科建设总体目标。T 大学以“突出应用、培育特色、提高质量”为原则，坚持“突出重点、分层建设、机制创新、注重内涵、狠抓质量、服务社会”的建设方针，形成以教育学、民族学、化学工程与技术、林学等多学科协调发展的学科体系。立足依托地方，服务发展的办学理念，按照“合理定位、扎根地方、特色发展、突出应用、开放办学”的建设思路，注重学科资源的优化整合和共建共享，加强教育学、民族学、林学、化学工程与技术四大学科建设，形成特色优势学科群。构建以贵州省区域内一流（培育）学科教育学和校级一流学科民族学、林学、化学工程与技术，校级一流（培育）学科农林经济管理、中国语言文学，院级一流学科马克思主义理论、计算机科学与技术、体育学、英语语言文学组成的学科建设“金字塔”。重点建成 1 个“服务地方需求，立足贵州领先，争创国内先进”的一流学科，2 个“服务地方需求，立足贵州先进，争做贵州领先”的一流学科，3 个积极对接“服务地方产业发展需求，立足区域领先，争创省内先进”的一流学科。

第四，科研平台建设（见表 5-8）。T 大学共建有 17 种科研平台。

表 5-8　T 大学科研平台建设一览表①

序号	平台类别	数量	获批时间（年）
1	国家民委研究基地	1	2014
2	贵州省 2011 协同创新中心	1	2015
3	省高校人文社科基地	1	2013
4	院士工作站	2	2015—2016
5	博士后科研工作站	1	2015
6	省级科技孵化平台	1	2016
7	省级实验教学示范中心	1	2013
8	省级特色重点实验室	3	2011—2016
9	省高校工程中心	2	2012—2014
10	省高校产学研基地	5	2012—2015
11	省高校科研创新团队	6	2012—2015
12	贵州省哲学社会科学创新团队	1	2016
13	创新群体重大研究项目	3	2016
14	校级科研机构	4	2016
15	省级工程技术研究中心（参与合作）	2	2012—2013
16	市人文社科普及基地	1	2015
17	非物质文化遗产培训基地	1	2016

（二）学科队伍：以教授、博士为主体的团队

数据截至 2022 年 5 月 20 日，学校现有在校生 9011 人，教职工 996 人，博士 190 人，硕士 409 人；正高级职称 183 人（二级教授 1 人，三级教授 18 人）；博士生导师 1 人，校内研究生导师 57 人，校外兼职硕导 112 人；“双师双能型”教师 353 人。国务院政府特殊津贴专家 1 人，省管专家 5 人，省政府特殊津贴专家 3 人，市管专家 12 人；贵州省优秀青年科技人才 3 人，贵州省高层次人才 18 人，贵州省千人创新创业人才 1 人，贵州省哲学社会科学学术带头人 4 人，贵州省青年哲学社会科学创新人才 1 人，贵州省社会科学学术先锋 4 人；贵州省哲学社

①数据统计截至时间为 2017 年 6 月 13 日。

会科学十大创新团队 3 个，贵州省社会科学学术先锋号 1 个，贵州省科技厅创新人才团队 1 个，贵州省高校科技创新团队 12 个，省级教学团队 1 个，贵州省民汉双语服务基地 1 个，贵州省民族古籍研究基地 1 个，省级教学管理团队 1 个，学校基础教育创新团队、学校民族学创新团队等校级人才创新团队 22 个。

2016 年 7 月，T 大学成立了社会服务中心，该社会服务中心的主要职能是统筹协调全校人力资源、科技资源、文化与艺术资源、设备与场所等教育资源，牵头推进学校与政府、企业、行业的合作，督促各专业学院做好社会服务工作。开拓与地方合作交流渠道，负责校级与地方交流合作协议的签订和实施，协助各专业学院与地方政府、企业、行业合作协议的签订，并对重大合作项目进行跟踪、协调和监督。积极为各二级学院与地方政府、企业、行业搭建合作平台，并对专业学院与地方政府、企业、行业合作情况进行统计、分析，发布社会服务工作质量报告，为上级部门提供社会服务决策咨询。在学校领导高度重视和社会服务中心工作人员持续不断的努力下，T 大学先后成立了马克思主义学院社会服务团队等 10 个二级学院的社会服务团队，并且还成立了若干研究领域和研究中心，每个研究中心还设有专职人员负责社会服务团队的建设。2020 年，T 大学成立了以校长领衔的高等教育学创新团队。

（三）学科制度：校园文化引领下的制度

学科制度建设是促进学科发展的硬性条件，是确保学科建设有序健康快速发展的重要保障。学校自升本以来，高度重视学科建设的工作，通过建章构制来加速学科发展。从组织架构分析，学校 2016 年又成立研究生院，下设综合科、学科建设办公室、研究生工作办公室、博士后（院士）管理办公室等，主要承担学科建设、研究生工作、博士后科研工作站（院士工作站）等的运行、管理及建设工作。学校设置有发展规划处办公室，其中重要职能之一就是会同相关职能部门和院系组织、起草、论证、修订、完善学科建设、师资队伍建设、校园建设等专项规划和二级学院规划，并对有关规划的实施进行监督、检查。从具体学科制度来看，2008 年 12 月，学校制定公布了

《T大学关于重点学科建设的实施办法（试行）》。2016年12月，根据《中国制造2025》《关于引导部分地方普通本科高校向应用型转变的指导意见》《贵州省教育综合改革方案》等国家和省市文件精神，结合T大学所在地级市产业发展实际，组建了“T大学产教融合创新发展联盟”。2017年，又制定了《T大学一流学科建设与管理办法》《T大学学科（术）带头人、中青年学术骨干遴选与考核管理办法》。2019年4月26日，T大学印发了《T大学博士科研启动基金项目管理办法》（以下简称《管理办法》）等校级层面的管理办法。其中，《管理办法》第四部分第十二条规定：博士科研启动基金项目的经费，实行“一次核定，包干使用，超支不补”的原则，即为每个项目提供10万元～25万元经费，具体资助经费以学校当年招聘博士研究生的政策为准。资助经费的使用需严格按照项目预算执行。

（四）学科特色：一流学科教育学的发展

1. T大学教育学学科建设基本概况

T大学教育学院办学历史悠久。其前身是教育科学研究室，2004年更名为教育科学系。2011年12月初等教育系并入，2013年6月学前教育系及物理与电子信息系教育技术学专业并入。2014年5月更名为教育科学学院，2016年7月更名为教育学院。目前，设有学前教育系、特殊教育系和基础教育系3个教学系，有学前教育、特殊教育、小学教育3个本科专业，学前教育、小学教育2个专科专业。建有市家庭教育中心、市教育研究中心、学校基础教育中心和学校学前教育研究中心4个研究中心。现有省级专业综合改革项目1个（学前教育专业），校级重点建设专业1个（学前教育专业）。目前，在校全日制在读学生规模1000人左右。

教育学院现有专兼任教师89人，其中，享受国务院特殊津贴专家1人，教授14人（含二级教授1人、三级教授2人），客座教授4人（境外1人、境内3人，其中长江学者1人），副教授38人，博士学历教师19人（含在读），硕士学历教师31人；有省级学术带头人2人，省区域一流建设培育学科（教育学）方向带头人2人；有德国、俄罗斯等国家的知名高校研究生学历教师 6 人。近 5 年，教育学院教师承担国家社科基金、全国教育科学规划等国家级课题 8 项，承担省教育厅、省社科联、省哲学社会科学基金等项目 30 余项，发表论文 300 余篇，出版著作和教材 40 余部，获省部级及以上级别科研奖项 10 余项，科研实力不断提升。学科水平不断跃上新台阶：2016 年，成为贵州省拟申请新增硕士学位授权点之一；2017 年，获批省级区域内一流（培育）学科；2019 年，在武书连中国大学教育学分省排行榜中，名列全省本科高校前茅。

2. T 大学校长的治校理念

2013 年 5 月 23 日，H 校长就任 T 大学校长。H 校长认为，办好一所大学是十分艰难的，大学校长不能频繁调动，要让其有比较充裕的时间对大学进行谋划，并按其理念逐步实施。在谈到大学内部院系治理时，H 校长认为，院系是人才培养的主体，大学管理不能太硬，要讲温情，要圆润，要坚持科学管理，但也不能太过，因为科学管理不讲情面的东西也不少。在设计人才业绩奖制度时，H 校长更倾向于这样的大学内部治理观："我不反对管理学三段论的观点，认为人类的管理经历由经验管理、科学管理到文化管理三个阶段，不过，我更赞成将管理划分为知识管理、智慧管理和灵性管理三个阶段。尽管我还讲不清楚智慧管理和灵性管理之间的差异，但是我已经明显地感觉到灵性管理是一种与智慧管理有相同之处又有很多不同之处的管理状态或存在，它和智慧管理紧密相连又高于智慧管理。通过人才业绩奖制度的建立引导广大教职工为学校的发展做贡献，如果要对其划分管理阶段的话，最多只能算是科学管理和智慧管理的阶段，还达不到文化管理和灵性管理的高度。"

在多年的教学与科研工作中，H 校长提出了灵性教育的育人观。大学是充满灵性的有机体，灵性是大学创造的源泉动力，是大学存在的坚实基础，是大学智慧的丰满场域。灵性教育是大学教育目标的最高境界，发展人的灵性是大学教育的本真价值选择。构建充满灵性的大学共同体，须制定灵性教育方案，开展灵性教学科研，打造文化管理团队，创建优雅校园环境。H 校长曾说："地大，天大，就大学教师而言，课堂大，教学大，课堂教学大于天。我们要敬畏法律，敬畏心中的道德律令，敬畏天空中的星辰，作为大学教师，我们更应敬畏课堂，敬畏教学，要把课堂教学正常进行作为学校教学秩序的底线。"

H 校长还提出了"七性"课程观。应用型高校"金课"的打造至少要体现"七性"：一是教育性，教学的教育性是应用型高校必须遵循的教学规律。二是实用性，应用型人才服务社会离不开实用性知识和技术。三是丰富性，大学是知识的宇宙，具备知识的丰富性也是应用型高校的重要的特征。四是前沿性，应用型创新型人才的培养需要在课堂教学中传授相关学科的前沿知识和技术。五是思辨性，培养思辨性思维能力是应用型高校课堂教学的重要特征和基本要求。六是研究性，应用型高校的课堂教学也是一个艰辛的学术研究的过程。七是艺术性，应用型高校课堂教学要努力将创造性、审美性和情感性融于一体，体现艺术价值。

H 校长认为，进行科学研究必须唤醒学术自觉，明确科研的使命是创新，需要从三个维度提高学术研究能力：一是哲学思辨可以为学术研究提供指导观点和分析方法，使其从纷繁复杂的现象中把握本质，揭示其本质和规律；二是科学实证使学术研究的结论具有可检验性和可证伪性；三是人文关怀为学术研究提供了伦理规范，研究者应当尊重前人及其他同行、其他学科的研究成果，促进学术思想的交流传播，杜绝剽窃、抄袭等不良行为。2020 年 6 月 23 日，由 H 校长领衔的 T 大学高等教育学创新团队举行了成立仪式暨首场学术沙龙。首场学术沙龙由 H 校长主讲，他以"对发表高水平教育科研论文的思考"为题，围绕高水平教育科研的选题及研究，文章的撰写、修改、发表等工作，进行了高屋建瓴的论述，提出了高水平教育研究的"八要"，即要研究新的问题、要有厚实的理论、要重视学科交叉、要强化领域意识、要遵守文章规范、要有修改的意识、要找到合适期刊、要有高标准追求。

2013 年 5 月 23 日，在 T 大学召开的领导干部大会上，H 校长还阐述了他的学生观："我还希望也用发展的理念指导学校的学生工作。要告诉每一个到T大学学习的学生，来学校是来发展的，是来‘增值’的。”在学校变革发展中，T大学坚持以人为本的育人理念，坚持“明德　致用”的人才培养价值观，构建“通识＋专业＋自主＋项目”的“山”形人才培养模式，充分彰显大学培养人才的根本职能，学生考研录取人数呈逐年增长的趋势。2013—2019年，学校考取的硕士研究生分别为22、47、53、60、71、87、91人，彰显了学校的办学水平和人才培养质量的提升（见图5-1和表5-9）。根据表5-9，我们可以发现，从学科专业分布来看，尽管学校是以师范教育为主的地方高校，但是理工科类考研录取人数远远多于人文社科类学生考研录取人数，学科专业差异性比较明显。

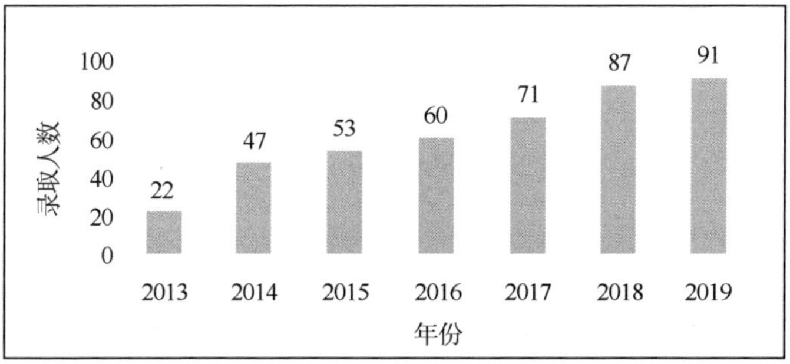

图5-1　T大学2013—2019年考研录取人数统计表

表5-9　2019年T大学各二级学院录取硕士研究生人数统计表[①]

序号	二级学院	学生人数	录取研究生人数	录取率
1	农林工程与规划学院	261	22	8.4%
2	材料与化学工程学院	187	18	9.6%
3	经济管理学院	227	13	5.7%
4	马克思主义学院	70	11	15.7%
5	大数据学院	288	9	3.1%

① 2019年11月13日，笔者深度访谈T大学教务处负责人时，从学校教务处获得了表中的最新信息。

续表

序号	二级学院	学生人数	录取研究生人数	录取率
6	人文学院	229	7	3.1%
7	艺术学院	196	5	2.6%
8	大健康学院	97	4	4.1%
9	教育学院	91	2	2.2%

3. T大学教育学学科团队及学科研究方向

T大学在确立把教学服务型大学作为自己的办学定位以来，学校经过不断地思考、探索，在成功拿下教育学区域一流（培育）学科之后，进一步对教育学学科进行了团队建设的调整和研究方向的凝练。从2016年开始，学校与贵州师范大学、西南大学联合培养硕士研究生。2016年，与西南大学共建有研究生工作站，启动了“西南大学教育学部与贵州省T大学联合培养教育硕士机制研究”项目及“西南大学教育学部与贵州省T大学共建教育学一流师资”项目。该学科研究方向和团队建设情况如下：

第一，培育了一级学科教育学之下四个二级学科的研究方向。T大学在已经有多年师范教育的办学基础之上，结合学校内涵建设的需要，2017年至2020年，利用市政府规划投入的1.5亿元学科建设资金，大力支持学校学科建设。学校计划从市政府规划的学科建设资金中投入4000万元、自筹1200万元用于教育学区域一流学科建设。在教育学学科之下分出教育学原理专业、高等教育学专业、课程与教学论专业和职业技术教育学4个研究方向。

第二，建成了结构合理、学术能力强的中青年学科团队。根据贵州省教育厅申报教育学学术型硕士学位点对教师结构队伍的要求：45岁以下不低于40%，而T大学教育学已经到达62%；高职称比例不低于50%，此条要求T大学教育学已经到达93%；正高职称比例不低于25%，此条要求T大学教育学已达到50%；博士学历教师比例不低于60%，此条要求T大学教育学已经达到75%（见表5-10）。

表 5-10　T 大学区域一流（培育）学科教育学研究方向及团队成员构成表①

序号	学科研究方向	团队成员	年龄	学历	职称	是否硕导	备注
1	教育学原理	LHX	43	博士	教授	是	学科方向带头人
		ZZY	43	博士	副教授	否	学科建设骨干
		LHX	39	硕士	副教授	是	学科建设骨干
		SZY	38	博士	讲师	否	学科建设骨干
2	高等教育学	HCL	56	博士	教授	是	学科方向带头人
		LJ	50	硕士	教授	是	学科建设骨干
		GXC	38	硕士	副教授	是	学科建设骨干
		HP	35	博士	副教授	否	学科建设骨干
3	课程与教学论	HJ	56	博士	教授	是	学科方向带头人
		SXY	43	博士	教授	是	学科建设骨干
		LHF	48	博士	教授	是	学科建设骨干
		GJ	45	硕士	教授	是	学科建设骨干
4	职业技术教育学	LCA	49	博士	教授	是	学科方向带头人
		WDZ	38	博士	副教授	是	学科建设骨干
		LY	34	博士	副教授	是	学科建设骨干
		HJQ	35	博士	副教授	是	学科建设骨干

二、T 大学学科建设面临的问题

自 2013 年 T 大学顺利通过教育部本科教学水平合格评估之后，T 大学经过不断地探索、讨论、调研、思考，最终把学校办学定位为教学服务型大学，走应用型大学之路。在学科建设方面，T 大学也在人才引进、本科生培养、研究生培养、留学生培养和服务地方社会经济发展的过程中发挥了引领、推动作用。但是，其学科建设还是面临着一些困

① 该表据 2019 年 11 月 13 日由 T 大学教育学院主持工作的副院长 B 教授提供的文献资料和访谈信息整理而成。

难。笔者对T大学的部分校级领导、老师和学生进行了深度访谈，发现T大学学科建设面临的如下问题。

（一）学科布局不太合理

T大学升本更名以来，特别是H教授2013年5月就任T大学校长以来，学校的学科专业进行了一系列调整与变革。在“双一流”发展背景下，现有的学科布局还需要进一步优化，以更好的状态适应和服务地方经济社会的发展需要。在论及T大学宏观层面的学科布局时，H校长认为：

“学校学科专业在发展初期发展得比较快。以前T大学是师范高等专科学校，还有师范的底子，升本之后的T大学是综合性大学，学科建设朝着大而全的路径在发展。当时，除了军事学之外，其他学科都有。这种大而全的学科布局不利于T大学的发展。2016年之后，学校学科专业也进行了调整，学科建设的思路朝着小而精的方向发展。2016年调研时，T大学有46个专业，现在实际招生专业有33个。……学科的收缩是很艰难的过程，专业的收缩也是很艰难的。……现在学校学科建设最大的问题就是学科布局，学科布局要朝着建成高水平大学的目标而努力。要升为大学，至少要有三个主干学科。T大学的主干学科是在建设中慢慢形成的，第一个就是人文社会科学（包括艺术科学），第二个是工学，第三个是农学……学科建设工作现在主要由研究生院来做。”

2019年10月8日至9日，T大学召开了“学校学科建设发展和布局优化中的问题”调研座谈会。H校长提出学科建设的总定位：一是积极推动人文社会艺术学科应用转型升级，二是促进应用学科水平的提升，三是给自然科学学科预留出适当的发展空间。学科建设发展的原则和要求主要有三点：一是突出主干学科并兼顾其他学科的发展布局；二是服务地方需求，强化应用学科；三是“扶优、扶特”建设一流学科。教育学要力争在区域一流学科建设的基础上，成为国家一流建设学科；工学、农学、法学、管理学在省级重点学科建设的基础上要有所突破，成为区域一流学科，从而牵动当地教育生态、工业生态、农业生态和文化生态学科群的发展。

2019 年 12 月 11 日，在学校召开的 2019 年“双一流”建设工作总结研讨会上，H 校长对“双一流”建设下一步工作提出如下要求：一是要在学科建设规划中预留出医学学科的位置；二是要加强高水平人才队伍建设，加大高峰人才建设力度，特别是要把教授、博士团队做大做强；三是要重视高水平的教学、科研和社会服务成果的产出。

（二）学科建设的层次和水平不高

根据学校举全校之力加快建设区域性一流学科的发展目标要求，学校在一流学科建设中，还需要进一步整合学校教师资源，形成一个个特色鲜明且颇具竞争力的学科建设团队。把单打独斗的中青年博士、教授个体转变为一个个具有鲜明特色的研究团队，进一步打造和做强一流学科，增强一流学科的竞争力。笔者深度访谈了 T 大学校长 H 教授，作为大学校长和教育学学科带头人，关于地方高校一流学科建设，他认为：

“学科建设包括广义和狭义的概念，主要是指学科团队、科学研究、人才培养、学科平台。应用型本科高校学科和专业都很重要，我们学校将文化传承和国际合作与交流也纳入了学科建设的范围……对像 T 大学这样的新建本科院校而言，学科建设的范围是更宽广的……”

2019 年 12 月 11 日，T 大学召开了 2019 年“双一流”建设工作总结研讨会。H 校长对学校“双一流”建设又提出了自己的意见，提出了几个关键性的学术概念——学科意识、专业意识、学科专业一体化，并且简明扼要地将“学科与专业”“学科建设与专业建设”两组学术术语的逻辑关系做了阐释，对未来“双一流”建设提出了更高的要求，并且提出学科建设新的转向——医学学科的建设。他认为，地方高校要高度重视学科建设，要特别关注交叉学科的发展。因为交叉学科是多学科的集合，其所拥有的知识和技术，既能够进入更多专业的课堂教学，也更有利于教师提升多方面的社会服务能力。H 校长认为：

“在高水平应用型高校建设过程中应强化‘双一流’建设……通过一流学科、一流专业建设来实现一流大学的建设目标……各二级学院要高度重视一流学科建设，二级学院院长要有强烈的学科意识。没有学科意识的院长不是合格的院长，没有学科意识的大学也不是合格的大学，没有学科的历史就没有大学的历史。同样，重视一流专业建设也要有强烈的专业意识，坚持学科专业一体化，绝不是将学科和专业混为一谈，专业生长在学科上，学科支撑着专业，我们既要重视学科建设，也要重视专业建设。”

笔者深度访谈了研究生院院长。院长是一位年轻有为、科研成果颇丰的70后职业技术教育学专业博士，德国联邦职业教育研究所访问学者，曾先后任职学校图书馆馆长、教育学院院长。他还是国家社科基金项目评审专家，省级一流（培育）学科教育学学科方向带头人，贵州省智库专家，贵州省教育科学院高等教育兼职研究员，贵州师范大学硕士生导师，市政府兼职督学，T大学第五届教学督导专家，T大学学术委员会委员。在谈到区域一流学科建设的问题及发展方向时，他认为：

“如何将研究重点不同、研究方向不同、研究兴趣点不一的成员力量聚集起来，合理谋划与科学设计职业技术教育的建构方向和发展思路，使大家在思想上高度统一、在行动上整齐有力，借以形成独特的研究方向，是今后很长一段时间内要认真思考的问题。”

2017年5月4日，T大学召开了贵州省区域内一流建设培育学科总结表彰会，对教育学学科在申报贵州省区域内一流建设培育学科过程中的经验进行总结，会上，学校教育学院原院长认为：

“要做成功任何一件事，都离不开成功的准备与深谋远虑。……如何建设，每一阶段、每一方向的建设目标是什么等问题，同样需要提前思考与谋划。本学科（教育学）有两个方向（高等教育学和职业技术教育学）的学术带头人在我院（教育学院），在这两个方向上，我们决不能拖学科建设的后腿。学术带头人将努力向学科带头人学习，本着高度负责的精神，谋划学科方向的发展；团队成员也需要发扬我校‘苦心多励志，追求卓越’的大学精神，克服畏难情绪，提前规划自己的研究领域与课题，把个人成长与学科方向的发展有机地结合起来。”

“坚持‘学科—专业’一体化的建设思路，促使教师教学与科研能力的协同发展……我们将鼓励教师的研究向教育学原理与课程与教学论研究方向聚集，主动适应学校转型发展的需要，重点开展教育教学领域的应用研究。”①

（三）学科建设领军人才比较匮乏

学校每年从国内外引进不少青年博士和教师，如从国内“双一流”大学和国内著名研究院所中大量引进青年博士、教授，从国外引进海归博士，等等。人才引进力度之大，博士数量增加之快，远远超越和领先于省内其他地方高校。引进的年轻博士大都具有一定的工作经历，有的还来自省城的高校。学校还聘请了西南大学教育学部部长、“长江学者”朱德全教授为特聘教授，2015 年建立了院士工作站。我们可以通过引入人才的公示名单、各二级学院及行政部门的负责人的简介、学校人才引进招聘信息三个方面来分析 T 大学学科建设中人才引进与发展的基本情况。

笔者通过 T 大学官网相关栏目，比较详尽地整理了从 2017 年至 2022 年学校引进人才的基本信息。通过整理发现，六年来，学校先后从中南大学、兰州大学、中国科学院大学等国内外高校引进博士 69 名。在引进的人才中，高学历、年轻化，具有比较丰富的高校、企事业单位的工作经历是这些引进人才的共性特征。

六年来，学校在人才引进工作中成效非常显著，一段时间内，学校成为优秀人才的聚集地，有的博士还从贵阳、成都、重庆、昆明、广州等中心城市加入该校工作。这些年轻的博士，既有高学历，又有工作经历，很快就能够融入新环境，适应新的工作岗位。这样的人才引进可以有效地解决“双师型”教师队伍建设中存在的隐性问题，也一定程度上减少了地方高校从内部培养人才的时间成本。笔者在地方高校工作期间发现，在地方高校向应用型大学转型的过程中，要培养产教融合的人才，就需要具备一定数量和资质的“双师型”教师。但是，在实践中，

---

① 珍惜机会，努力作为，实现区域一流学科建设目标[EB/OL].(2017-05-05)[2022-03-03].http://www.gztrc.edu.cn/index.php/cms/item-view-id-6787.shtml.

确切地讲，比起“双师型”教师的称号，“双证型”教师的称号似乎更贴切。所谓的“双师型”教师只是具备了作为教师从业资格的证书和与教师学科专业相关的行业背景从业资格证书，也即是说，那些已经被评为“双师型”的教师并不具备真正意义上在企事业单位工作锻炼的实践经历。这样的“双师型”教师是难以承担为地方经济社会发展培养应用型人才的目标要求的。

虽然学校的人才建设取得一些成果，但在学科建设中，学校仍缺乏一些高层次领军人才，如院士、“长江学者”、“杰青”等。学校也是从政策上、经费上加大力度引进高层次人才，如 T 大学在 2018 年公开招聘“长江学者”，实施“长江学者奖励计划”。

三、T 大学学科建设的启示

（一）学科发展的动力：大学文化的隐形力量与熏陶

大学校园文化是一种隐形的力量，它内隐在大学校风、学风、教风和工作作风之中。它的内涵也是极其丰富的，如大学精神、大学校训等都可以算作是大学校园文化的一部分。它对大学学科建设起到了规范、引领、调节和指导的作用。大学校园文化主要形塑着大学的精气神，引领大学朝着梦想的道路前行，如师生热爱学术研究，崇尚学术，求真务实严谨，这些都有利于培养研究生的科研能力，有利于调动中青年教师从事科研的积极性和主动性，有利于提升大学教师的讲课水平和质量，也有利于激发大学生学习的热情和兴趣。办事公正、重视服务的行政办公作风，有利于激发全校教职工的工作热情和工作干劲。

（二）学科培育的环境：以图书馆为代表的基础设施

图书馆是现代大学组织中非常重要的组成部分，它是大学生第二学习课堂，也是大学生交流中心。图书馆的功能已经多样化，现代化的图书馆不仅仅是藏书借阅的地方，也是提供综合服务的平台。有的大学图书馆不仅建有阅览室、打印室、学术报告厅、信息服务中心，周边还建有咖啡馆、小型电影院、小型书店及小超市。无论寒暑春秋、白天黑夜，大学生都可以待在图书馆，看书、学习、上网、休闲、交流、听报告、用餐等。可以说，现代图书馆为大学生提供了非常良好的学习环境。尤其是随着大数据技术的发展，图书馆更是成为引导大学生成长的重要平台。如通过图书馆借书和还书系统的数据库信息，可以检测不同学院、不同学科、不同专业、不同年级、不同性别等大学生阅读兴趣所在，哪些学科类的书籍成为教师和大学生最喜欢的读物，哪些书籍借阅量不是很大，流通量也比较小，哪个时间段借书量最大，哪些书还需要购买，哪些学科的同学最爱读书，等等。信息化技术的引入、多功能区域的建设和大数据信息的分析可以为大学生的成长提供更加良好的成长环境。

T 大学图书馆历史悠长，底蕴深厚。目前馆舍面积 3 万平方米，馆藏纸质图书 92 万册，电子图书 283.3 万册，各类数据库 50 余个，阅览座位 3000 个，电脑 275 台。此外，图书馆还设立了 24 小时自修区；采用汇文自动化集成管理系统进行管理，引进了 RFID 图书智能管理系统，实现了 24 小时自助借还书和图书智能分拣。图书馆有在编职工 35 人，其中教授 1 人，研究馆员 1 人，副研究馆员 6 人，博士 3 人，硕士 8 人。T 大学图书馆和档案馆两馆实行合署办公。T 大学档案馆前身为 T 大学组织部档案室，2016 年 11 月成立 T 大学档案馆，图书馆馆长兼任档案馆馆长，设副馆长 1 人，设有业务科室——档案编研科，现有在编职工 5 人，主要保存 1980 年以后的档案。学校现有文书档案 3194 卷，会计档案 278 卷，照片 9088 张，印章 69 枚，图纸 21 张，字画 14 张。

T 大学在图书馆建设与管理上可以说是做到了制度创新。T 大学图书馆管理实行“三全”制度，这来源于 H 校长所提出的图书馆工作的三个理念：“一是全天开放，即 24 小时开放；二是全年开放，即包括平时和假期都要开放；三是向全市人民开放。”可见，图书馆成为一个文化传播与继承中心，特别是地方高校图书馆，对于地方志、地方史料等文献资源的保存与珍藏具有十分重要的作用。地方文化、民族文化等可以成为大学生了解某个地区重要的认识方式，对于丰富大学生的精神世界和陶冶情操具有不可替代的作用。可以说，这种“三全”制度值得其他地方高校学习借鉴。

（三）学科定位的选择：教学服务型大学的治校理念

大学具有教学、科学研究和为社会服务的三大职能，作为地方高校，把服务地方经济社会建设作为办学定位和治校理念，是一种政策驱动、大学办学规律和地方高校转型发展综合作用下而做出的理性抉择。然而，把服务地方的治校理念深入地方高校教职员工内心深处，并且转化成实践指南，却是一个复杂而漫长的过程。T大学在本科办学历程中，关于办学定位与学校类型的选择，也经历了一段艰苦卓绝的探索与反思的过程。2006年T大学在原有的基础上合并升格为一所地方普通本科院校，但是这样的院校重组并没有真正意味着这所大学就是一所办学实力很强、本科教育质量很高的地方高校，它只是形式上表征着这所大学的发展方向，也预示着未来它将朝着本科教育的道路前行，并昭示着这所大学未来在地方经济社会发展中应该自觉承担使命、责任与担当。2013年5月，T大学接受了教育部本科合格水平专家组的考核，顺利地通过了本科教育水平合格评估，从国家层面承认了T大学从2006年升本以来所取得的系列成绩。2015年学校整体搬迁，实现了“一校一址”的办学目标，开启了学校转型跨越发展的崭新篇章，从而更加坚定了将教学服务型大学作为办学定位的治校理念。

（四）学科发展的外因：高等教育国际化与区域发展

随着经济全球化不断加深，国际化已然成为高等教育发展的主流趋势之一。随着“双一流”建设水平的不断提升，高等教育国际化已经成为各高校的发展战略之一。随着我国高等教育国际化、信息化和数据化的快速发展，地方高校的办学条件、建设环境和外部机遇得到了极大的改善，同时也迎来了各种挑战。开放办学和与国际高校合作交流成为地方高校提升办学质量和实力的有效方式，也是现代大学具有的属性之一。T大学在开展国际教育实践活动中，取得了较好的成绩，成为贵州省地州市普通本科院校中留学生教育做得很好的大学之一。T大学招录的留学生来自韩国、泰国、柬埔寨、老挝、马来西亚、印度尼西亚等国家，留学生来源比较广。在留学生教育中，T 大学实行了在地国际化教育的政策。T 大学国际学院立足当前，着眼于长远，本着“331”（“三创”：创新、创业、创意。“三自”：自主学、自我教育、自我服务。“一品”：校园文化品牌——国际文化节）的开拓性办学思路和先进的国际化办学模式，探索中西方教育的最佳结合点，尊重每一个学生的个性和潜能，为学生的发展提供多种机会。积极开展高品位的校园文化活动，狠抓学风建设和人才培养质量，积极支持大学生参与社会实践、青年志愿者活动和考研，全力做好留学生工作，推动国际化办学。

第四节　案例启示：同质性发展中学科建设的差异与追求

通过对贵州省两所地方高校学科建设的发展概况、面临的困境和实践反思进行分析，我们发现，在外部条件几乎相同的情况下，地方高校学科发展的差异主要还是由学科组织内部的权力运行与学科组织外部的资源分配、调节两个方面不同引起的，这也可以视为同质性条件下地方高校学科建设的发展规律。

本研究选取贵州省两所地方高校作为案例，两所地方高校的学科建设具有某些一致性的特点，但是两校之间也存在比较鲜明的个性化发展，这样的差异性也体现了案例研究的实践性意义。两校变革发展的同质性表现在：

其一，两校具有相似的历史发展渊源。两校均由原来的师范类专科学校合并更名升格为地方高校，两校的发展历史与学科基础差不多。G 大学由原来的师范高等专科学校和教育学院合并升格而来，T 大学由原来的师范高等专科学校升格而来。两校升本时间都差不多，G 大学 2005 年合并升本，T 大学 2006 年升本成功。两校都属于所在地区唯一的新建本科院校，G 大学位于黔西北地区，T 大学位于黔东地区，都承担着为地方经济社会发展培养应用型人才的使命与责任。

其二，两校在区位优势上具有相似性。两校均处于人口比较众多的少数民族地区，G 大学所处的城市属于人口大市，截至 2018 年底，该市常住人口为 668.61 万。有 45 个民族分布其中，在各少数民族中，人口超过万人的有彝族、苗族、回族、白族、布依族、蒙古族和仡佬族等 7 个民族，这 7 个民族人口总数达到 122.55 万。截至 2018 年底，T 大学所处的城市户籍人口为 443.86 万，有汉族、侗族、土家族、苗族、仡佬族等 29 个民族。两校都处于高等教育和经济发展水平欠发达地区，两地级市经济发展水平可以参见表 5-11 和表 5-12。两校都处于三省交界、旅游文化资源比较有特色的地区，G 大学所在的城市地处云贵川三省交界处，T 大学所在的城市地处湘贵渝三省市交界处。两校与区域性高校之间的联系交流都受地区交通环境的影响。

表 5-11　2018 年贵州省市州 GDP 初步数据①

排名	地区	2018 年 GDP（亿元）	2017 年 GDP（亿元）	名义增量（亿元）	GDP 增速
1	贵阳市	3798.45	3537.96	260.49	9.90%
2	遵义市	3000.23	2748.59	251.64	10.40%
3	毕节市	1921.43	1841.61	79.82	10.20%
4	六盘水市	1525.69	1461.71	63.98	8.80%
5	黔南市	1313.46	1160.59	152.87	10.80%
6	黔西南州	1163.77	1067.60	96.17	12.00%
7	铜仁市	1066.52	972.18	94.34	9.60%
8	黔东南州	1036.62	969.86	66.76	7.90%
9	安顺市	849.40	802.46	46.94	10.30%

① 2018 年贵州各市州 GDP 出炉：赶超云南，贵阳遵义任重道远［EB/OL］.(2019-02-18)［2022-03-03］. https://baijiahao.baidu.com/s?id=1625800107368945276&wfr=spider&for=pc.

表 5-12　2018 年西南五省区市的 GDP 发展情况比较①

排名	地区	2018 年 GDP（亿元）	2018 年人均 GDP（万元）	人口总量（万人）
1	四川	40678	4.9	8302
2	重庆	20363	6.6	3075
3	云南	17881	3.7	4800
4	贵州	14806	4.1	3580
5	西藏	1450	4.3	337
西南(合计)		95178	4.7	20094

其三，两校在办学定位上具有一致性。两校都成为中国应用技术大学（学院）联盟首批成员高校，都是贵州省“十二五”硕士学位授予立项建设单位、贵州省首批向应用型转型发展试点高校、全国产教融合试点项目高校。两校均把建成应用型大学作为发展目标，都致力于培养应用型人才。

两所地方高校虽然在历史渊源、区位优势和办学定位上具有同质性，但在学科领导的体制机制和学校文化建设的内容上都存在比较明显的差异，这样的差异使得两所基础差不多的大学在发展方向、发展速度、人员构成、制度建设、经费使用、人才培养、科研转化、文化培育等多层次多领域中呈现出不同的鲜明特点。如 T 大学在学科文化建设中，更偏向校园文化建设，更侧重对学校办学定位的选择与思考；G 大学更强调红色文化资源的挖掘与民族文化的建设，并且在红色文化研究领域取得了阶段性的显著成果。

通过对贵州省两所地方高校同质性发展中学科建设的差异进行分析，我们可以发现，西南地区地方高校学科建设主要要从以下两个方面进行规范与完善。

① 2018 年贵州各市州 GDP 出炉：赶超云南，贵阳遵义任重道远 [EB/OL].(2019-02-18)[2022-03-03]. https://baijiahao.baidu.com/s?id=1625800107368945276&wfr=spider&for=pc.

1. 大学权力的运行与规训

在推进一流学科建设中，大学权力——行政权力和学术权力——的运行应该自上而下，把权力进一步下放给各个二级学院或二级行政职能部门，这样才能在实际操作中提高中层干部和基层教职工参与学科建设的积极性。通过对两所大学学科建设情况的实地调研，我们发现有的基层教师实际上对学校学科建设的工作了解得很少。这里谈及的权力下移，主要是分配更多权力给中层干部，如二级学院的院长、二级行政职能部门的处长等。在二级学院的学科建设中，二级学院需要什么样的人才，需要多少学科建设经费，需要多少实验室和科研平台，等等，二级学院院长和学术委员会通过民主协商与讨论，完全可以自主决定学科建设所需要的一切物质性或精神性的资源。在经费使用与报销上，也应该更加地开放。只有真正实现权力下移，才能充分调动二级学院或职能部门的负责人对于学科建设的积极性。同时，对于科研成果显著的教职员工要实行优秀成果重点奖励的措施，进一步调动他们研究的积极性和主动性。

2. 大学资源的分配与调适

大学学科建设所需要的资源不可能做到均衡分配。如果实现了均衡分配就有违建设区域性一流大学和一流学科的初衷，“双一流”建设的新政策本身所具有的竞争性和选拔特性就决定了一所大学不可能所有学科都会成为一流学科，这既不符合大学学科发展的规律，也不符合大学学科建设的实际情况。这些已经被遴选出来的一流学科都是竞争选择的结果，很多一流学科是在以前学校的校级重点学科或省级重点学科的基础上进行建设的。故而，在某个时间阶段内，有限的大学学科资源要相对集中地投入少数几个重要的学科建设之中。那些已经被列入一流学科建设名单的学科应优于其他非一流学科获得资源的优先使用权。在资源有限和学科建设需求无限的矛盾运动中，大学学科建设的资源只能有针对性地投入，这种现实在很长一段时间内都将存在。

总之，透过地方高校的学科调整、机构重组、人员调整、职能变迁，我们可以发现：从表面上看，地方高校学科建设的成效表现在学科数量的增加、学位点的增设、研究生招生人数的增多、科研成果的增加、学科建设团队成员的增加；从内在来看，学科建设的推动在于大学内外部学术权力的变迁与转移。并且，在大学权力的驱动下，大学资源实现了重新分配，如增加地方高校一流学科建设的经费、人员投入，为一流学科建设和发展提供更多的平台，改善一流学科建设的基础设施环境，等等。西南地区地方高校本身在发展中就与研究型大学等存在巨大差距，而且这些差距因“马太效应”而表现得更加明显。地方高校除了需要解决新时代“双一流”建设背景下学科建设发展的问题，还要继续解决学科发展中那些历史性遗留问题。故而，在地理区位优势并不明显，学科建设基础并不牢固，学科建设人员比较匮乏的现实境遇下，西南地区地方高校的学科建设注定是一项极为复杂的系统工程。它关涉到一个大学的人事、教学、科研、规划、制度、资源、定位等多重因素，它的建设与变革必定是充满艰辛与曲折的。地方高校应通过实行权力下移与资源倾向性的分配，经过艰苦卓绝的努力和多年的学科积累，努力建设区域性一流学科，以增强自身的办学实力和核心竞争力，从而进一步提高自身服务经济社会的能力。

第六章　西南地区地方高校学科建设的路径选择

“双一流”建设对西南地区地方高校学科建设的发展既是机遇又是挑战。在新一轮的地方高校竞争中，“双一流”系列政策的推行，一方面为地方高校提供了新的制度设计和目标导向，另一方面也为地方高校参与新一轮的竞争提出了新的要求。地方高校在人才建设、资源配置、技术支撑方面存在巨大的差距，因而地方高校在遵循学科建设发展规律的同时，还需要在学科知识生产、学科人才培养、学科组织制度上寻找新的发展路径。只有这样，地方高校学科建设才能实现学科建设规划中的目标，才能办好党和人民满意的地方一流大学和地方一流学科。

第一节　学科知识生产：开展跨学科研究以适应地方经济社会发展的需求

一、知识生产主体的转变：实现多元利益主体共同参与学科知识生产

从前面章节的内容可知，地方高校主要是由新建本科院校和老牌本科院校组成，这类大学具有很强的同质性。在国家政策的驱动下，地方高校就会选择把应用型大学作为学校的办学定位。不过，虽然同为应用型大学，但不同大学在具体办学类型上还是存在差

异。如T大学把教学服务型大学作为学校的定位选择，G大学把应用技术型大学作为学校的办学定位。不管选择何种类型的办学定位，在学科定位上，这些地方高校都具有高度一致性，即把培养符合地方经济社会发展的应用型人才作为大学服务社会的旨归。地方高校学科制度的构建也应该始终围绕这个根本目的来进行制度创新与设计。从实践层面来讲，地方高校可以通过如下方式构建符合办学定位的学科建设制度。

要构建学科分类体系的人才制度。毋庸置疑，地方高校欲早日建成区域性一流学科的目标，就需要拥有一个业务精湛、品德高尚、团结友善的学术群体，尤其是一批学科领域的知名教授和博士。为了更好地聚集人才，搭建适合这些人才施展才华的平台，地方高校应该制定好学科带头人、学科负责人、学科团队等学科建设的人才制度。对于学科建设人才，要从制度层面有效维护和保障他们的学术权力和利益，这样才能为地方高校一流学科的长远发展提供稳定而持续的人力资源。针对自然学科、人文学科和社会学科的人才，地方高校应该制定学科分类的人才奖惩制度，这样才能激发不同学科人才的主动性和积极性。从顶层设计上讲，虽然现在很多地方高校都制定有师资队伍建设发展的规划，但是规划中有些对教师需求量的要求和对科研成果的考评条款并不符合实际情况，要么过高，要么过低，故而校院两级的学科人才规划应该更具体，更细化，目标可以适当低一些，能够完成学校发展所需要的人才需求才是合适的。

要加强以青年教师为中坚力量的后备人才的培养。由于教师发展所依托的基础是学科，教师在开展科学研究时，主要以自己长期研究的学科领域为基础，再借用其他学科的理论，来服务于自身学科建设发展的需要。事实上，地方高校在人才储备与供给上存在供小于求的矛盾，引进人才难，留住人才更难，培养人才又具有比较长的周期，因此，在现有的人力资源情况下，地方高校需要遴选和组建与学科方向和重点学科群相应的学科团队，甚至可以根据学科建设的发展需要，在高等教育政策许可的范围内不拘一格纳人才，破除“四唯”的沉疴痼疾。在学科目标导向和科研项目驱动下，破格提拔和任用学科带头人和学科建设骨干，这样更能激发青年教师的积极性。在人力、物力和财力有限的情况下，地方高校一方面要加强与地方政府、地方企事业单位的沟通联系，争取获得地方政府更多的办学经费支持，以便吸引更多优秀人才；另一方面要增强自身办学的综合实力，特别是增强服务地方经济社会发展的能力，通过为地方政府、地方企事业单位提供咨询、决策、管理和智库服务，赢得地方政府和地方企事业单位更多的支持，为地方高校学科人才的发展提供更多空间和发展的平台。教授和博士是地方高校教师队伍中最核心的中坚力量，构建以他们为主体的学科建设人才团队，才能确保地方高校一流“学科梦”的实现。

二、学科组织建设的架构：建立多样化组织参与的学科分类评价体系

由于地方高校学科建设资源有限，我们不可能使所有的学科都达到区域性一流学科的水平，那么，择优建设和重点支持就成为一种实然选择。从前文第四章实证分析中，我们可知：西南地区 87 所地方高校，无论是老牌本科院校，还是新建本科院校，除了一些军事学、医学等特殊专业性学科外，都已经建成了包括文学、历史学、哲学、教育学、经济学、法学、理学、工学、农学、管理学、艺术学等在内的多学科综合性大学。从我国现有的十三大学科门类体系中，西南地区地方高校基本上包含了九大学科门类。那么，在“十四五”规划建设中，这些学科都能建成区域性一流学科吗？哪些学科有望经过一段时间的努力可以建成地方性一流学科？对这些问题的思考就形成了学科分类管理和重点建设的实践依据。

（一）学科分类建设策略主要遵从学科逻辑和实践逻辑的规律

这种学科分类建设策略主要遵从学科逻辑和实践逻辑的规律。上述地方高校的现状决定了选择重点建设的时间依据，下面我们来探讨学科

分类建设的学科逻辑。从西南地区“十三五”学科建设的概况来看，区域性一流建设的目标与“学科梦”是对过去重点学科政策的延续与传承，如这些被列为区域性（地方性）一流学科的都是原来的校级重点学科、省级重点学科和省级重点培育（支持）学科。如果对每个学科的团队构成、已有基础、发展愿景、经费使用等做比较分析，那么，大致上可以把这些学科分为强势学科与弱势学科，或核心学科和边缘学科。

这样的学科分类建设策略也与地方高校的分类建设有关。如行业类特色型地方高校，它的学科特色是十分鲜明的，而且强势学科和弱势学科的分界线十分清晰。如作为行业特色型的成都理工大学现在有地质资源与地质工程 1 个专业被列为一级学科国家重点学科，有地质工程、矿产普查与勘探、地球探测与信息技术 3 个专业为二级学科国家重点学科，有地球科学 1 个学科进入 ESI 全球排名前 1%行列。毫无疑问，地质学学科是该校的特色学科。为什么它的地质学会成为最具有行业竞争力和影响力的学科呢？我们从其办学历史中可略窥一二。成都理工大学创办于 1956 年 3 月 15 日，初名成都地质勘探学院，是我国为服务当时工业建设需要兴办的第三所地质院校。2019 年 12 月 26 日，成都理工大学成为教育部与四川省共建的“双一流”建设高校。该区域内还有一部分地方高校属于新建本科院校，而且其中很多新建本科院校都是在原师范专科学校和地级市教育学院的基础上合并组建或升格而来的，因此师范类学科与非师范类学科在学科力量、知识积累、技术支撑、发展前景等方面不由自主地分为了强势学科和弱势学科，传统的师范类学科得到一如既往的支持和发展。即使在新时代和新技术的浪潮冲击下，这样的传统型学科也可以通过转型发展获得新的生命力。

（二）应该把学科分类建设策略与大学教师的分类建设结合起来

这种学科分类建设策略还与大学教师的分类有关。一方面，大学教师隶属于某学科体系之中，他们对于学科的忠诚度远远高于对所在高校的忠诚度。因此，尽管不同大学之间有正常的教师流动现象，但是大学教师很少从一门学科流向另一学科，充其量也只是从某一门学科领域的某一专业流向另一专业。地方高校的教师队伍是真正建设学科的核心力量，从教学和科研的互动关系上看，可以把大学教师分为四类：一是以教学为主的教师，简称教学型教师；二是以科研为主的教师，简称科研型教师；三是以教学和科研兼顾的教师，亦称教学科研并重型教师；四是偏重管理类的教师，亦称管理型教师。因为学科和教师存在依存关系，所以教师的分类发展有利于推动学科的分类发展。如果把学科体系按照自然科学、社会科学和人文科学来分类，那么相应学科的教师又可以分为自然科学类教师、社会科学类教师和人文科学类教师，这样的分类法恰好与现有的科研评价体系保持了一致。

根据前文第二章中关于知识生产模式转型理论可知，知识生产模式2中跨学科发展和知识生产模式3中大学、政府、企业、社会相互融合的知识特点，要求我们现在的地方高校在学科建设中重视学科交叉领域，因为这些领域往往是新知识、新理论和新思想的诞生地。只有遵循学科属性的客观条件，才能实现不同学科之间真正的跨越。如开展教育学研究，在学科团队建设中，除了需要吸纳具有教育学学科专业背景和知识的专业人才，也需要吸纳来自数学、社会学、心理学、信息科学等其他学科的人才。在学科梯队建设中，理想的团队成员构成是老、中、青年教师之间的结合，人数控制在6～10人最适宜。人多了难免存在“出工不出力”的共享主义者；反之，人员太少，又难以形成核心凝聚力和团队竞争力。

如前文第二章所论述的那样，尽管从知识生产模式转型理论的视角来看，发展跨学科和超学科成为大学学科发展的必然趋势，但是对西南地区的地方高校而言还存在一定困难，不是我们想当然地认为不同学科之间就可以轻松实现一种“无障碍”的成功跨越，它是需要一定主客观条件的。具体而言，跨学科研究需要满足的主客观条件在于：

其一，学科自身的特点和规律。在推进西南地区地方高校一流学科建设的过程中，应尊重和探寻不同学科之间内在的客观联系，不仅包括显性的关联，也包含隐性的关联，即从理论和实践两个层面去发现学科发展的规律，遵从学科建设的规律。那么学科建设具有哪些规律呢？从中世纪大学创建开始，当时的大学有神学、法学、医学和哲学四科，到今天，中国大学学科门类有文学、史学、哲学等十三种学科门类，每一种学科门类之下又细分为若干一级学科，每个一级学科之下又再细分为若干二级学科。可见，学科发展经历了不断分化的过程。同时，在现在的学科发展中，学科之间又进行了融合。如物理学和化学之间的交叉融合形成了物理化学，在数学和计算机科学基础上交叉融合而形成的数据科学。可见，深谙学科变化的规律，才能实现学科跨越。学科之间的内外联系为实现成功跨越创造了前提条件。假如你是一名研究教育学的从业人员，让你去为一位婴儿做切除大脑肿瘤的开颅手术，试问，你能去吗？恐怕没有人敢去做这样的风险尝试。可见，如果你想实现从教育学到医学这种学科大类的跨越是根本不可能的。因为不同类型、不同层次、不同文化的大学学科家族都积累了专业而精深的学科知识，学科之间的门槛是非常高的，学科之间的界限也是十分明显的。因此，不是任何两种学科之间就能够跨越的，至少在学科大类是很难的。

其二，学术研究的过程和研究问题的复杂性。学科建设一方面是促进新知识的萌发，另一方面是促进科学研究的发展，而科学研究直面的就是我们这个纷繁复杂的客观世界和人的情感世界、思维世界，世界是整体的和谐统一的客观存在。高等教育研究领域中存在的系列问题，往往不是单一学科可以完美解决的，它需要多学科“会诊”。就像一个肺炎患者做心脏类手术一样，它不仅需要心脏外科医生，也需要皮肤科、呼吸科、检验科、麻醉科等其他科室的医护工作人员，才能使病人恢复健康。

其三，研究人员具有多学科的专业知识、研究经历和研究志趣。在西南地区地方高校一流学科建设中，研究成员本身应具有一定的多学科专业知识、技术、经验和良好的人际关系，并且已经在某些研究领域取得了丰硕的成果，得到了学术研究领域中同仁的认可、尊重和推崇。也即是说，研究人员积累了比较丰厚的文化资本和社会资本。如果研究人员缺乏这样的从业经历与经验，那么，即使组建了一些跨学科的协同创新的组织和团队，这些研究成员也很难充分发挥各自的能力。同时，学科共同体成员要对协同创新研究的团队文化具有认同感和归属感，具有合作奉献的团队精神、严谨求实的治学品质和浓厚的研究兴趣，能够按照跨学科组织的模式真正参与协同创新研究。

第二节　学科人才培养：遵循服务地方的原则培养具有多学科知识的人才

一、学科人才的培养：构建高校—政府—企业联合培养的模式

在知识经济时代，知识生产不是单一学科可以完成的，需要多主体参与知识生产、传播与创造，因此只有具备多学科知识的应用型人才才能适应地方经济社会发展的需要。自 1999 年我国高等教育扩招以来，随着新建本科院校的合并升格转型发展，地方高校所培养的人才就逐步与地方产业、行业进行合作。这种应用型人才培养模式应该从表层合作走向实质性合作，尤其是在教师转型方面。在地方高校、地方政府和地方企业的三角关系中，地方高校应该成为协调三者关系的主动倡导者。一方面，地方高校应该不断增强学科建设的实力，努力获取地方政府的大力支持；另一方面，地方高校在推动地方性、区域性一流学科建设的过程中，通过经费管理、人才引进、科研机制考评等制度创新，影响地方政府的政策制定与导向，促进地方政府出台适宜地方高校发展的政策、制度。

地方高校在进行学科建设时，需要充分利用好政策制度，需要在解决大学生就业难的矛盾冲突中寻求学科建设之道。转型发展的成功给地方高校推进一流学科建设提供了学科自信与实践经验。在推进区域性一流学科建设时，需要加强政府、企业和大学之间的合作交流，同时，充分利用高等教育国际化的舞台，加强国内外高校之间的合作和交流。地

方高校在进行区域性一流学科建设时，可尝试结合政府、企业和大学三个行动主体开展合作。

第一，充分利用好国家高等教育政策，如对口支援的政策。可以选派地方高校教师去地方政府部门挂职锻炼，培养地方高校教师的管理水平和能力。地方高校可以参与地方政府事业发展规划的制定、修改，可以参与地方政府的教育扶贫工作，也可以参与地方政府教育政策的制定与修改工作，等等。地方高校应该为地方政府的发展提供智力支持和人才智库建设。本研究中所指的地方高校很多都是新建本科院校，属于省地共管，以地为主的管理模式，很多新建本科院校还是地方区域中唯一的本科院校。因此，在推动地方社会人才发展的建设中，地方高校承担着为地方培养人才的历史重任。这里的人才培养不仅仅是培养应用技术型人才，还要为政府培养管理干部、为企业培养专业型技术人才。随着地方高校一流学科建设工作如火如荼地开展，这样的趋势只会加强而不会减弱。

第二，地方高校要和地方企业实现长久而持续的合作。地方高校学科专业的设置，除了必须符合国家高等教育政策的法定要求之外，还需要充分考虑地方行业的发展需求。地方高校在进行学科专业调整和人才培养时，可以邀请地方企事业单位的负责人、工程师等技术成员参与人才培养方案的制定与修改，耐心倾听地方企事业单位对人才需求的要求。在与企事业单位建立的合作中，地方高校也需要按“十三五”教师队伍发展建设规划的要求分批次、有重点地挑选教师到企事业单位中挂职锻炼，也可以以“学徒制”的方式参与企业管理和发展生产。需要注意的是，类似的合作，要变按政府要求和约束的“被迫合作”为“主动合作”，真正在人才培养和企业效益之间找寻到合作的平衡点。同时，地方高校在与企事业单位合作时，要保障“双师型”教师的素养和能力，而不仅仅只有“双师型”教师的称谓而不具备相应的能力。

第三，加强地方高校与其他地区的大学之间的合作交流。地方高校可以加强与省内外、国内外大学之间的合作，这种合作是适应高等教育国际化和全球化发展趋势的必然要求，要积极吸收借鉴世界一流大学学科建设成功的发展经验。地方高校在推进一流学科建设时，主要是以发展本科生教育为主，同时兼顾发展留学生教育和研究生教育。研究生教育主要是以专业型硕士研究培养为主，少数地方高校也在尝试申报学术型研究生培养项目。由于西南地区属于经济发展欠发达地区，与东部、中部地区高校相比，在学科建设水平和发展能力上存在较大的差异。按照国家“双一流”建设和地方政府“双一流”建设规定的时刻表，要在有限的时间里完成地方性一流学科的建设目标，需要在巩固现有学科的基础上，充分利用国家高等教育政策，以政策强大的推动力去促进地方高校一流学科的建设。西南地区地方高校在推进一流学科建设时，也要利用好对口支援高校的人力资源，特别是在互派干部挂职、教师支教、联合培养本科生和研究生等项目中加强联系和合作。在人才引进上，受援高校也可以优先考虑从支援高校中大力引进博士人才，从而节省更多的时间成本和人力成本。

为了推动西南地区地方高校的发展，国家不断地出台各种新的政策，如对口支援政策等。根据教育部《关于实施“对口支援西部地区高等学校计划”的通知》（教高〔2001〕2 号），“对口支援西部地区高等学校计划”（以下简称“对口支援计划”）于 2001 年 5 月 10 日正式启动。2017 年 4 月 10 日，教育部发布《教育部关于对口支援兰州城市学院等高校工作的通知》（教高函〔2017〕5 号），决定增加部分高校对口支援西部高校，并对现有部分对口支援高校做出调整（见表 6-1）。实施西部大开发战略，加快中西部地区发展，是我国迈向现代化建设第三步战略目标的重要部署。积极发展西部地区高等教育，加快培养急需的高级专门人才，是实施西部大开发战略的重要任务。该“对口支援计划”规定，实施“对口支援计划”要以人才培养工作为中心，以学科专业建设、师资队伍建设、学校管理制度与运行机制建设为重点，争取用五年的时间，使受援高校的教学、科研和管理水平有较大提高，为受援高校的长远发展奠定坚实基础。

表 6-1　对口支援西部地区高等学校名单[①]

序号	受援高校	受援高校主管部门	支援高校	支援高校主管部门
1	贵州大学	贵州省	浙江大学	教育部
2	贵州师范大学	贵州省	厦门大学	教育部
3	贵州师范学院	贵州省	华中师范大学	教育部
4	贵州医科大学	贵州省	苏州大学	江苏省
5	贵州民族大学	贵州省	华南理工大学	教育部
6	贵州工程应用技术学院	贵州省	西南大学、中国矿业大学（北京）	教育部
7	贵州财经大学	贵州省	中央财经大学	教育部
8	重庆医科大学	重庆市	华中科技大学	教育部
9	重庆三峡学院	重庆市	东南大学	教育部
10	云南大学	云南省	复旦大学	教育部
11	大理大学	云南省	华中师范大学	教育部
12	西南科技大学	四川省	中国科学技术大学	中科院
13	西南民族大学	四川省	湖南大学	教育部
14	乐山师范学院	四川省	武汉大学	教育部

2020 年 2 月 24 日，教育部印发了《高校银龄教师支援西部计划实施方案》（以下简称《实施方案》），启动实施高校银龄教师支援西部计划。《实施方案》旨在推动东部地区高校对口支援西部地区高校工作，充分利用高校退休教师优势资源，调动高校优秀退休教师继续投身于教育事业的积极性，推动西部高等教育振兴发展，帮助提升西部高校立德树人、队伍建设和科研创新的能力，推动西部地区高校“双一流”建设，缓解西部地区高校师资总量不足和结构不合理等矛盾，提升西部高等教育发展水平。

① 根据教育部官网信息整理而来，数据截至 2020 年 3 月。

二、知识生产的组织形式：以跨学科知识的组织形式培养应用型人才

地方高校现在已经把培养应用型人才作为学校人才培养的定位选择，但是从方案到实践，从理念到行动，还需要学科专业教师的帮助。学科专业教师既是理论性知识的传播者，又是实践性知识的创造者。当然，在知识经济时代，从理论上讲，这样的要求是自然的和合理的，但是，在实践中却不尽如人意。如地方大学“双师型”教师是这类学科专业教师的核心力量，不过，地方大学“双师型”教师实际上仍然只是理论性知识的传播者，而不是实践性知识的创造者。他们很多仅仅拥有几个行业、职业的合格证书，而并不具备某个行业、职业所要求的行业能力和从业经历。那么，这种改头换面后的“双师型”教师队伍只是在文字描述上和数据统计上改变了地方大学教师队伍的结构构成，但是实际上与地方大学提出的培养应用型人才发展目标有较大出入。当然，这样培养的应用型人才只是专业知识的储备者，当这一批人才进入行业、企业竞争时，行业、企业所需要的知识创造者与现实地方大学所培养的人才之间就出现了比较激烈的矛盾和冲突。于是，地方大学培养的人才就处于一种比较尴尬的境地——高不成低不就。要么进入职场之后重新以学徒制方式接受老员工的传帮带指导，重新积累实践性知识，成为某个行业或职业的新手；要么就是慢就业，重新储备某个行业或职业所需要的实践性知识。这种比较尴尬的境地其实是可以在大学本科教育中改变的。从知识生产、传播与创造的途径来讲，作为知识的拥有者与创造者的地方大学教师应该主动积极转型。

遵从学科发展的规律，建立相近学科会聚的研究中心。从中世纪大学诞生以来，大学学科经历了由起初的神学、法学、医学和哲学四科发展到现在我国的文学、历史学、哲学、理学、工学、农学、教育学、经济学、法学、军事学、医学、管理学和艺术学十三大学科门类。进入21世纪以来，随着信息科学和计算机科学的发展，又形成了数据科学等这样的交叉学科。从中世纪大学到德国柏林大学，再到美国研究型大

学，到中国的“双一流”大学，在千年的学科变迁历史中，大学学科经历了不断分化，又不断综合的发展轨迹，可以说，分化和综合成为大学学科发展的规律之一。进入21世纪以来，西方欧美等发达国家学术界提出了“学科会聚”的学科建设观，学科会聚也成为新时代学科发展的趋势。作为一个舶来的学术术语，“学科会聚”等同于我国学术界所谈论的学科交叉。学科交叉和协调创新研究，一方面适应了知识生产发展模式的转型要求，另一方面在地方高校面对现实改革中的复杂性和综合性问题时，提供了有效的解决途径。如西南地区地方高校大多位于非省城的地级市，这些地区拥有丰富多彩的旅游文化资源，也拥有浓郁的民族文化，要对这些资源进行开发利用，就需要具备地理学、旅游管理学、历史学、社会学、文化学等多学科背景的研究人员加盟，这样才能更好地开发利用当地资源，进而推动地区旅游文化的发展，也为地方高校培养的学生提供更多的就业机会。

第三节　学科制度建设：加强学科制度的体系化建设

从前文分析可知，西南地区地方高校主要是由新建本科院校和老牌本科院校组成，这种类型的大学具有很强的同质性。在国家政策的驱动下，地方高校选择应用型大学作为学校的办学定位。不过，不同地区的大学在选择办学定位类型上还是存在细微的差异。如T大学把建设教学服务型大学作为学校的定位选择，G大学把创建应用技术型大学作为学校的办学定位。不管选择何种类型的办学定位，在学科定位上，这些地方高校又具有高度一致性，即把培养符合地方经济社会发展的应用型人才作为地方高校服务社会的旨归。在学科制度体系化的建设中也应始终围绕这个根本目的来进行制度创新与设计。从实践层面上讲，地方高校可以重点通过如下方式构建符合地方高校转型发展和内涵建设需求的学科制度体系。

一、优化学科人才培养制度，构建学科分类体系的人才管理制度

通过前文的分析，我们发现：西南地区地方高校在学科建设中建立了与之相关的制度，如学科带头人的培养与管理制度、联合培养研究生的管理制度、学科研究成果的奖励制度，但是，这些制度并没有在学科建设的实践中充分发挥应有的价值和优势，没有真正提高地方高校教师参与学科建设的积极性和主动性。地方高校的教师属于不同的学科门类，在各自所属的学科领域之中开展学术活动，不同学科之间教师也会进行学术交流和合作，共同遵循学科共同体的行为规范和道德标准。地方高校除了承担为地方经济社会发展培养具有专业知识、专业技术、专业思维和专业服务意识的应用型人才之外，也为地方高校本身的学科建设发展培养学科型的教师，促成教师在科研上的转型和在知识构建与教育模式上的转型。在此基础上，根据学科建设的顶层设计要求，地方高校要优化学科人才培养制度，构建学科分类体系的人才管理制度。

从西南地区地方高校学科建设现状分析，这些地方高校已经形成多学科的学科门类系统，大致有 9～10 种大学学科门类，也形成了一些重点建设学科群，设置了专门管理学科工作的机构和人员，学科建设也取得了一定的成果。在知识生产模式转型理论的指导下，地方高校可以根据学科分类和知识分类重新建立新型的学科人才培养制度。如可以把整个知识体系分为自然科学知识、人文科学知识和社会科学知识三个大类，再根据自然科学、人文科学和社会科学的学科差异，对隶属于不同学科门类体系的教师进行分类考评。地方高校教师应根据知识生产分类的特点，逐渐从学术型研究向学术型与应用型并重的研究转型。地方高校教师队伍中“双师型”教师应该实现从理论性知识传授的传统型教育模式向实践性知识、技术、思维传授的服务型教育模式转变。通过教师教学、科研和社会服务工作，在地方高校、教师、学生之间构建学习共同体，在培养应用型人才的同时，也完成自我知识体系的更新与应用型

研究的华丽转型。地方教师在知识资本存量上具有一定的竞争优势，但在社会资本上存量不足，因此，地方高校教师要加强与地方政府、地方企业之间的合作和交流，促进知识资本、文化资本、物质资本和社会资本在群体间的自由交换和流动。

二、完善学科建设经费管理制度，构建高效公开的学科建设财务制度

学科建设经费是推动地方高校学科建设工作的物质保障，加大学科建设经费的投入与监管，可以加快学科建设的进程和步伐。从高等教育管理的体制机制来讲，西南地区地方高校主要是地方政府管理，地方政府给地方高校提供办学经费。办学经费的拨付又受地方政府财政收入状况的影响。在这种情况下，西南地区地方高校应完善学科经费管理制度，构建高效公开的学科建设财务制度、方便快捷的报账制度，简化一些签字盖章的报账流程，可以通过数据化和信息化建设，提高经费使用与管理的效率，加大对学科研究项目的投入和奖励力度。如简化课题申报、项目申请、项目结项等过程的签字流程，加大校级课题经费支持力度，等等。校级课题可以根据最终科研成果的数量和质量实行奖励，鼓励更多校内教师参与校级、省部级课题的研究。

鉴于此，地方高校在推进区域性一流学科建设的过程中，还需要建立高效的学科建设财务制度。第一，要加强对学科建设经费的管理和学科科研成果的奖励，杜绝学术腐败行为的发生，确保“好钢用在刀刃上”。与进入国家层面的“双一流”建设高校相比，西南地区地方高校学科建设经费十分缺乏，把有限的学科建设经费用在一流学科建设中，并且把制度所形成的共识性认识落到实处，才能有望在规定的时限内实现建成区域性一流学科的“学科梦”。第二，建立健全学科经费报销制度。在大数据、信息化和“互联网＋”的背景下，地方高校可以建立学科建设财务线上办公和柜台人员线下办公相结合的工作制度，减少签字、盖章等经费报销中的繁文缛节，提高学科建设经费报销的效率，提高财务工作人员的素质和能力，用高效便捷的财务管理服务来助力地方高校一

流学科的建设。第三，从地方高校学科建设的运行过程来看，像财务处等行政职能部门应该为教学岗和科研岗的教师提供快捷优质的服务，充分发挥行政职能部门的服务功能。要遴选专业型的财务工作人员，设置专人来管理全校的学科建设经费，更好地履行财务工作人员的职责。

结　语

一、研究基本结论

学科建设是地方高校转型发展和内涵建设的重要举措，是增强地方高校办学实力的有效途径。本研究从知识生产模式转型理论的分析视角，对我国西南地区地方高校学科建设的历史流变、理论基础、现状特点、影响因素、路径选择进行了深入剖析，得出了以下基本结论：

第一，基于知识生产模式转型理论的分析视角，地方高校学科建设的本质是发展知识。

知识生产是当今社会的主要特征之一，地方高校处于知识生产时代，也要参与知识生产和竞争。地方高校作为培养专业性知识的应用型人才的主要场所，在国家“双一流”建设和各省区市地方政府政策的驱动下，也在不断进行内部治理体系建设和外部关系调整，不断提升学科建设的水平和质量。知识作为地方高校人才培养重要因子，在大学职能彰显中扮演着重要角色。在知识社会中，谁拥有丰富的专业知识、专业技术、专业思维和专业情感，谁就能在劳动力市场中占据优势地位。地方高校基本上都是多学科综合性大学，按学科体系进行人才培养，随着对科研和教学工作的重视，现在地方高校也非常重视多学科、跨学科和交叉学科复合型人才的培养。可见，地方高校学科建设的本质就是发展知识，培养具有高深专业知识的人才。地方高校无论是教学型高校、教学研究型高校还是应用型高校，都以培养具有学科知识的人才为学科建设的根本目的。

第二，在国家高等教育政策驱动下，地方高校学科建设发生相应的变革行为，其背后的诱因主要是地方高校权力的变化和地方高校内外部资源的使用。

地方高校的发展与国家高等教育政策的调整变化息息相关。我们必须承认的事实是：在国家“双一流”建设和各省区市“双一流”建设举措正式出台和实施之前，西南地区地方高校学科建设的水平和质量与东、中部地区就存在一定的差距，西南地区地方高校内部也存在各种矛盾和冲突，只是这些矛盾和冲突比较隐蔽或在可控范围内。一项项新的高等教育政策的出台，为地方高校学科建设提供了发展的机遇与动力，但是短时间内也很难解决地方高校学科建设中已经根深蒂固的问题。如学科建设人才的缺乏，各学科培养的专业人才质量不高；一些地方高校的就业率也不尽如人意。在新政策的驱动下，地方高校也可以借助新的发展契机，重新审思过去的学科建设工作，总结成败的经验和教训，重新分配权力，进一步把权力下放给二级学院的中层干部和广大基层教职工，让这些与学科建设利益息息相关的主体能够在不同层面不同程度地参与地方高校的学科建设。地方高校还应该整合内部资源，如教师队伍的群体智慧、校内科研平台或研究中心等，使其充分发挥自身价值。只有扎实地做好这些基础性工作，才能有望在“十四五”期间取得预期性的成就，而不是简单地重复过去学科建设的老路。

第三，西南地区地方高校学科建设要想取得持续不断的成就，就必须在人才培养和制度建设上下大功夫。

人才培养不仅仅是为社会输送具有专业知识的应用型人才，更是要在学生成长成才的过程中，培养地方高校的教师。地方高校教师也需要不断培养才能适应知识经济社会的发展需要和地方高校学科建设的转型需要。地方高校教师需要在专业知识、专业技术、专业思维和专业情感上不断提升自己的职业能力。因为学科之间的知识边界是十分明显的，自然科学学科知识有别于人文科学学科知识，人文科学学科知识又有别于社会科学学科知识；工学博士不同于文学博士，文学博士又不同于理学博士；注册会计师证书不同于教师证。地方高校教师还应注重应用性知识的增加和应用性技能的培养，转变教师教育方式，重视实践育人。在制度建设中，地方高校不仅要广泛征求教职工的意见，还需要进行制度创新并落实到位，特别是学科队伍建设制度、学科经费使用制度、学科科研奖励制度等。

第四，虽然西南地区地方高校学科建设与东、中部地区地方高校学科建设的“马太效应”十分明显，但若在学科特色建设上加以反思与重建，仍有望形成学科核心竞争力。

与东、中部地区地方高校相比，西南地区地方高校学科建设具有学科积累不够丰厚、学科知识生产人才匮乏、学科建设经费不够充足、学科建设文化氛围不够浓厚、科研成果转化率低等问题，并且随着“双一流”建设的逐渐展开，这样的差距更加明显。为了在学科竞争中逐步缩小差距，西南地区地方高校学科建设工作可以在凝聚学科特色，打造地方性、应用性学科上做文章。西南地区所具有的民族文化资源和自然资源是极其宝贵的，有些资源还是稀缺性的，地方高校在学科建设中应与地方企事业单位、地方政府联合进行科学研究，提升科研能力和科研成果的转化率，增强地方高校学科建设服务地方社会的能力。在地方高校学科建设资源有限的情况下，可以就几个具有良好发展基础和前景的学科加强与地方社会组织的合作，这样有望真正提升学科的竞争力，形成具有一定影响力的区域性一流学科。

二、研究创新之处

本研究选取西南地区地方高校学科建设作为研究对象，通过历史回顾、理论分析、调查分析和案例比较，形成了对该区域内如何建设区域性一流学科的认识和基本结论。回顾整个研究的始末，本研究创新之处主要表现在如下两个方面：

第一，分析视角的创新。本研究主要使用了知识生产模式转型理论的分析视角，主要原因有以下几点：一是地方高校、学科、知识之间存在紧密的逻辑联系。地方高校是由校—院所构成的组织，每个学院又是由若干学科和相关专业构成。大学主要通过知识的生产、传播和应用进行人才培养。二是地方高校学科建设变革处于知识经济时代，知识经济时代的经济发展主要是以知识为基础、以脑力劳动为主体。它是继农业经济、工业经济发展之后的一种新的形态。三是知识生产理论本身经历了不断丰富和不断发展的过程。现有的知识生产体系中有如下几种主要的知识生产模式：①1963 年的“小科学”和“大科学”的知识生产；②1994 年的吉布斯知识生产模式 2；③1997 年的国家创新系统；④2000 年之后产生的知识生产模式；⑤2003 年的知识生产模式 3 和四螺旋模式。知识生产理论本身就是大学知识体系中的重要内容，这些理论也在影响着地方高校知识的生产、发展、传播和应用。

第二，研究方法的创新。本研究所言及的研究方法创新并不是指在现有研究方法的种概念和属概念基础上再创造了一种新的研究方法，而是指选用了比较适切的研究方法，促进了对研究问题的深入认识与了解，从而得出了一些新的观点和结论，并且这些新观点和结论具有比较强的可操作性，对于促进西南地区地方高校一流学科建设具有借鉴意义。从这个层面上讲，本研究所使用的方法具有一定的创新性。在大数据背景下，运用 Citespace5.1、Bicomb2.0、Nvivo11.0 等统计分析软件，将学科建设的制度、政策、规划、访谈内容等文本形式的原始资料转化成可视化的图表，这样的信息呈现方式可以更直观、更清晰地展示学科建设的历史脉络、现状、存在的问题及发展策略。本研究以历史流变、理论基础、现状调查和案例研究为研究思路，分析了地方高校学科建设的内涵、外延和边界，学科建设的特点、存在的问题和影响因素，以及未来地方高校学科建设的路径选择，对地方高校建设区域性一流学科具有一定的借鉴与参考价值。

三、研究不足之处

由于受到一些主客观因素（如研究者的能力水平、科研经费、交通条件等）的影响和制约，本研究不可避免地存在一些不足之处：

第一，实证调查与案例分析还有待深入。由于学科建设研究是一个需要在实践中进行探索和理论观照的研究领域，笔者为此做了大量实证调查和案例分析，但实地调查的过程并不总是一帆风顺。比如在对贵州两所地方高校进行深度访谈时，有一些大学教师对学科建设的内容不太了解，也验证了在前期访谈和问卷调查中受访教师对学科建设展现出的淡漠。这种情况给问卷调查带来了很大的阻力。尽管笔者采取了随机抽样调查的方式，以曾经就读学校和工作学习中所认识的老师、同学和朋友等为研究对象，通过问卷星发放调查问卷，收集到了比较丰富的一手资料，但由于我国地方高校数量众多，每所地方高校学科建设的基础、学科建设的发展定位、学科建设团队、学科文化等不一样，本研究的结论无法解决全国所有地方高校存在的个性问题。因此，在有效解决地方高校学科建设存在的普适性问题的同时，还需要对每所地方高校不同学科所面临的特殊矛盾与具体情况做深入细致的思考与实践探索，这项任务有待在未来工作中进一步完善。

第二，知识生产模式转型理论与地方高校学科建设之间的逻辑关系问题还有待寻找更适切的分析切入点。知识生产模式转型理论作为20世纪90年代逐渐发展起来的众多关于知识生产的理论体系，它也是知识经济社会时代的重要特征之一，这种理论本身也是在不断发展、不断批判和不断吸收中逐渐完善的。本研究基于“地方高校—知识体系—学科分类”的逻辑关系，运用知识生产模式1、知识生产模式2和知识生产模式3的理论特点，来分析在这种理论指导下地方高校学科建设中存在的问题。这里需要澄清的是，三种知识生产模式理论是并列存在于知识经济时代，每种理论都有自身合理的成分，当然也有不够尽善尽美之处。三种理论并不是随着时间的推移，后一种理论就要取代前一种理论的关系。本研究结合了西南地区地方高校学科建设的特性，分析了在知识经济社会背景下如何更好地吸收知识生产模式转型发展的理论成果，以更好地指导西南地区地方高校学科建设的实践。在理论观照实践变革中，究竟以何种更适切的方式或分析维度来分析和解决地方高校学科建设的矛盾冲突，恐怕还需要在地方高校学科建设的实际工作中不断摸索和探究，而本研究所做的还只是浅层的论证和推理。

参考文献

一、中文文献

（一）著作类

［1］克拉克．高等教育系统：学术组织的跨国研究［M］．王承绪，等译．杭州：杭州大学出版社，1994.

［2］克拉克．高等教育新论：多学科的研究［M］．王承绪，徐辉，郑继伟，等译．杭州：浙江教育出版社，2001.

［3］华勒斯坦，儒玛，凯勒，等．开放社会科学：重建社会科学报告书［M］．刘锋，译．北京：生活·读书·新知三联书店，1997.

［4］华勒斯坦，等．学科·知识·权力［M］．刘健芝，等编译．北京：生活·读书·新知三联书店，1999.

［5］沃勒斯坦．知识的不确定性［M］．王昺，等译．济南：山东大学出版社，2006.

［6］比彻，特罗勒尔．学术部落与学术领地：知识探索与学科文化［M］．唐跃勤，蒲茂华，陈洪捷，译．北京：北京大学出版社，2018.

［7］陈达云．民族院校学科建设战略研究［M］．北京：人民出版社，2011.

［8］陈燮君．学科学导论：学科发展理论探索［M］．上海：生活·读书·新知三联书店上海分店，1991.

［9］方泽强．高等教育学的学科建设研究［M］．广州：广东高等教育出版社，2014.

[10] 关少化. 大学学科建设领导行为对学科发展的影响研究 [M]. 武汉：华中师范大学出版社，2012.

[11] 蒋洪池. 大学学科文化研究 [M]. 北京：光明日报出版社，2011.

[12] 李娟，李晓旭. 高等学校重点学科建设研究 [M]. 北京：中国科学技术出版社，2015.

[13] 李铁君. 大学学科建设与发展论纲 [M]. 北京：中国社会科学出版社，2004.

[14] 梁传杰，罗勤. 高校学科建设改革与发展研究：以湖北高校群为例 [M]. 北京：人民出版社，2017.

[15] 梁传杰. 学科建设理论与实务 [M]. 武汉：武汉理工大学出版社，2009.

[16] 刘小强. 学科建设：元视角的考察：关于高等教育学学科建设的反思 [M]. 广州：广东高等教育出版社，2011.

[17] 罗云. 中国重点大学与学科建设 [M]. 北京：中国社会科学出版社，2005.

[18] 斯日古楞. 中国近代国立大学学科建制与发展研究：1895—1937 [M]. 北京：中国社会科学出版社，2016.

[19] 王丽娟. 民国国立大学学科价值取向流变研究：1912—1936 [M]. 北京：中国社会科学出版社，2018.

[20] 项建英. 近代中国大学教育学科研究 [M]. 上海：华东师范大学出版社，2012.

[21] 谢桂华. 高等学校学科建设论 [M]. 北京：高等教育出版社，2011.

[22] 翟亚军. 大学学科建设模式研究 [M]. 北京：科学出版社，2011.

[23] 张绍文. 大学学科竞争力 [M]. 上海：华东师范大学出版社，2019.

[24] 左兵. 西部地方高校学科建设的制度分析 [M]. 青岛：中国

海洋大学出版社，2008.

（二）期刊论文类

［1］董泽芳，张继平．王亚南的学科建设思想及对一流学科建设的启示［J］．大学教育科学，2020（6）：86-93.

［2］龚放．知识生产模式Ⅱ方兴未艾：建设一流大学切勿错失良机［J］．江苏高教，2018（9）：1-8.

［3］胡建华．知识学科与组织学科的关系分析［J］．高等教育研究，2020，41（5）：25-30.

［4］黄文武．知识生产与学术创业的整合：学科建设的应然取向［J］．高校教育管理，2020，14（6）：77-85.

［5］李海龙．知识网络化与学科建设［J］．学位与研究生教育，2020（6）：36-43.

［6］李海龙．知识组织再造：一流学科建设的路径选择［J］．湖南师范大学教育科学学报，2020，19（3）：55-62.

［7］刘献君．论高校学科建设［J］．高等教育研究，2000（5）：16-20.

［8］聂永成．知识生产模式转型视角下的大学治理结构变革［J］．国家教育行政学院学报，2019（9）：46-52；75.

［9］瞿振元．知识生产视角下的学科建设［J］．中国高教研究，2019（9）：7-11.

［10］王建华．人才竞争、资源配置与理念重审：关于“双一流”建设的若干思考［J］．中国高教研究，2019（1）：16-21.

［11］殷朝晖，黄子芹．知识生产模式转型背景下的一流学科建设研究［J］．大学教育科学，2019（6）：61-66；122.

［12］周海涛，胡万山．地方高校高水平学科建设的模式、难点与对策［J］．高等教育研究，2020，41（3）：36-41；85.

［13］朱永东．新时代我国高校学科建设面临新挑战［J］．中国高等教育，2020（5）：44-46.

（三）硕博论文类

［1］李燕. 世界一流学科评价及建设研究［D］. 合肥：中国科学技术大学，2018.

［2］姚宇华. 知识生产模式转型视角下大学组织模式变革研究［D］. 武汉：武汉大学，2020.

二、外文文献

［1］CARAYANNIS E G，CAMPBELL D F. Open Innovation Diplomacy and a 21st Century Fractal Research，Education and Innovation（freie）Ecosystem：Building on the Quadruple and Quintuple Helix Innovation Concepts and the "Mode 3" Knowledge Production System［J］. Journal of the Knowledge Economy，2011，2（3）：327-372.

［2］ADMIRAAL W，WUBBELS T，PILOT A. College Teaching in Legal Education：Teaching Method，Students' Time-on-Task，and Achievement［J］. Research in Higher Education，1999（6）：687-704.

［3］TSUI L. Courses and Instruction Affecting Critical Thinking［J］. Research in Higher Education，1999（2）：185-200.

［4］JENS-CHRIST S. Disciplinary Differences in Norwegian Graduate Education［J］. Studies in Higher Education，2000（25）：53-67.

附　录

一、访谈函

亲爱的朋友：

首先，真诚感谢您对本研究课题的支持和参与！

参与观察与深度访谈是本研究收集资料的重要方式，我承诺以保护受访者的权益为前提，在征得受访者同意的前提下进入访谈环节。

在进行访谈时，为了能真实地还原访谈的内容，在不影响您的生活和工作的前提下，请允许我录音或做笔记。

整个研究过程我将恪守以下原则：

1. 我将对所有受访者的姓名完全保密，并对访谈材料进行加工整理以保护受访者的隐私，只将访谈内容做学术研究之用。

2. 访谈结束后，访谈内容经与受访者商谈并征得受访者同意后才会作为研究材料使用，受访者不同意发表的材料会进行加工处理或删除。

3. 在访谈中，受访者可随时退出，我们将尊重受访者的意愿。

再次感谢您的合作与支持！

访谈人：

2019 年 11 月

二、访谈提纲

1. 您认为，“双一流”背景下地方高校学科建设包括哪些内容？

2. “双一流”背景下贵校学科建设发展规划包括哪些内容？

3. “双一流”背景下贵校学科建设面临哪些主要问题？解决这些问题有哪些措施或办法？

4. 您认为影响贵校学科建设的因素有哪些？关键性的因素是什么？

5. “双一流”背景下贵校学科建设面临的挑战与机遇有哪些？

6. 贵校的特色学科是什么？是如何进行建设的？

7. 您认为，学科治理是什么？它和学科建设是怎样的关系？

8. 贵校主管学科建设的机构或部门是什么？

9. 贵校是否制订了关于学科建设的规划？您认为，学科建设发展规划对实际学科建设有没有作用？如果有，那是什么作用呢？

10. 贵校的重点学科是什么？

11. 与“十二五”相比，“十三五”期间贵校学科发展的情况如何？

12. 贵校现在的学科建设经费投入情况怎样？

13. 您认为大学校长与学科建设具有怎样的关系？

14. 您认为，区域性一流学科建设的政策对教师有什么影响？

15. 贵校的学科建设是如何进行管理的？

16. 您对西南地区地方高校学科建设有什么好的建议？

17. 贵校学科建设的制度有哪些？

18. 您认为，学科文化是什么？它对学科建设有没有影响？

19. 想要建设好贵校的学科，提升学科建设水平和质量，您认为还需要采取哪些措施？

20. 除了上述问题外，您对贵校未来学科建设与发展还有什么建议或意见？

三、“双一流”背景下西南地区地方高校学科建设情况调查问卷

尊敬的老师或同学：

您好！我是一名华中师范大学教育学院在读博士生，感谢您在百忙之中填写此卷。该问卷调查旨在深入了解“双一流”背景下我国西南地区地方高校学科建设情况。问卷中所获取的信息仅用于学术研究，敬请根据实际情况放心填答，我们将对您提供的信息绝对保密。您的回答对研究“双一流”背景下我国西南地区（主要是云南、贵州、四川、重庆）地方高校学科建设具有非常重要的意义。衷心感谢您的支持和帮助！敬祝生活愉快，万事如意！

王琳博

2020 年 7 月 30 日

“双一流”背景下西南地区地方高校学科建设情况调查问卷

您所在的工作单位或学校名称是____________________。（具体到二级学院或机构，如云南大学高等教育研究院）

您的研究方向或研究领域是____________________。（如高等教育管理）

1. 您的性别是（　　）

（1）男　　（2）女

2. 您的年龄是（　　）

（1）20～30 岁　　（2）31～40 岁

（3）41～50 岁　　（4）51 岁以上

3. 您当前的学历是（　　）

（1）本科以下　　（2）本科

(3) 硕士研究生　　(4) 博士研究生

4. 您当前的身份是（　　）

(1) 大学教师　　(2) 在读学生

(3) 政府工作人员　　(4) 企业工作人员

(5) 其他社会人员

5. 您所在的高校位于哪个省市？（　　）

(1) 云南省　　(2) 贵州省

(3) 四川省　　(4) 重庆市

6. 您所学学科属于以下哪种类别？（　　）

(1) 哲学　　(2) 经济学

(3) 法学　　(4) 教育学

(5) 文学　　(6) 历史学

(7) 理学　　(8) 工学

(9) 农学　　(10) 医学

(11) 军事学　　(12) 管理学

(13) 艺术学

7. 您对参与您所在学校的学科建设的态度是？（　　）

(1) 积极参加　　(2) 有条件地参加

(3) 无所谓（参加或不参加都可以）

(4) 几乎不参加

8. 您对您所在学校建成区域性（地方性）一流学科的态度是什么？（　　）

(1) 非常有信心　　(2) 比较有信心

(3) 一般（不赞成，不反对）　　(4) 不太相信

(5) 几乎不相信

9. 您认为您所在学校的学科整体布局是否合理？（　　）

(1) 非常合理　　(2) 比较合理

(3) 一般　　(4) 不太合理

(5) 几乎不合理

10. 您认为您所在学校在学科建设中取得的最大成绩是？(　　)

(1) 学科数量不断增加　　(2) 学科队伍不断优化

(3) 学科研究能力不断增强　　(4) 学科特色更加鲜明

(5) 培养的人才质量不断提升　　(6) 学校综合实力不断增强

11. 您认为您所在学校的学科建设对发挥社会服务职能具有多大的影响？(　　)

(1) 特别大　　(2) 比较大

(3) 一般　　(4) 比较小

(5) 几乎没有

12. 您认为地方高校校长的治校理念对学科建设的作用怎样？(　　)

(1) 特别明显　　(2) 比较明显

(3) 一般　　(4) 不太明显

(5) 几乎没有

13. 您认为学科文化对学科建设的影响怎样？(　　)

(1) 特别重要　　(2) 比较重要

(3) 一般　　(4) 不太重要

(5) 几乎不重要

14. 您认为您所在学校的学科建设规划对学科发展的影响怎样？(　　)

(1) 特别大　　(2) 比较大

(3) 一般　　(4) 比较小

(5) 几乎没有

15. 您认为您所在学校的学科建设规划编制得如何？(　　)

(1) 特别合理　　(2) 比较合理

(3) 一般　　　　(4) 有点合理
(5) 几乎不合理

16. 您认为地方高校学科建设主体有哪些?(　　)[多选题]
(1) 地方高校　　　　(2) 地方政府
(3) 地方企业　　　　(4) 社会公众
(5) 其他组织

17. 您认为地方高校学科建设的内容有哪些?(　　)[多选题]
(1) 学科专业知识和技术的积累
(2) 新兴学科和学位点的建设
(3) 学科平台、实验室的建设
(4) 学科基础设施建设
(5) 学科专业人才的培养
(6) 学科文化的营造和积淀
(7) 学科带头人和团队建设

18. 您认为地方高校的学科文化包含哪些内容?(　　)[多选题]
(1) 学术共同体成员之间的日常语言和话语体系
(2) 学术共同体成员所遵守的学术精神与道德准绳
(3) 学术共同体成员所追求的学术价值观与行为规范
(4) 学术共同体成员所共有的符号系统、身份标识和学科偶像
(5) 学术科研中所生产的知识体系、技术和方法

19. 您认为您所在学校的学科建设整体上存在的问题有哪些?(　　)[多选题]
(1) 结构布局不合理
(2) 缺乏高水平学科带头人
(3) 建设经费投入不足
(4) 管理体制机制不畅
(5) 学科建设文化氛围不浓厚

(6) 缺乏强有力的领导核心

20. 您认为您所在学校的重点学科在人才培养方面存在哪些突出问题?(　　)[多选题]

(1) 实践育人有待加强，实践能力较弱

(2) 创新创业教育有待加强，创业能力较弱

(3) 人才培养国际化程度不高，学生出国留学机会不多

(4) 分类培养有待加强，培养特色不明

(5) 培养质量有待提升，用人单位满意度不高

21. 您认为您所在学校重点学科建设在科学研究中存在哪些问题?(　　)[多选题]

(1) 科研成果总量不够丰富

(2) 高质量、高水平科研成果不多

(3) 科研项目与课题创新性不足

(4) 科研成果的转化与应用能力较弱

(5) 学科研究中跨学科合作不多

22. 您认为您所在学校的重点学科建设在管理方面存在哪些问题?(　　)[多选题]

(1) 重点学科建设的整体规划与设计不合理，目标过高

(2) 学科建设的对外合作与交流不多，开放办学力度不够

(3) 促进学科建设和发展的激励机制不够健全完善

(4) 学科成果评价机制与奖惩制度不够合理，奖励力度很小

(5) 学科管理人员的素质和能力有待提升，服务态度有待改善

23. 您认为您所在学校在学科队伍建设中最突出的四个问题是什么?

(　　)[多选题]

(1) 顶尖级学科领军人物几乎没有

(2) 高层次人才队伍总量不足

(3) 学科教师梯队结构不合理
(4) 学科建设团队成员的合作和交流不多
(5) 学科教师科研能力不强
(6) 学科教师受教育的国际化程度不高
(7) 学科教师学历和职称不高
(8) 学科教师的教学能力和水平不高

24. 您认为评价地方高校学科建设成效，最重要的四个影响因素是什么？（　　）[多选题]
(1) 学科带头人和学科团队
(2) 科研课题、项目和科研成果
(3) 跨学科研究能力和水平
(4) 学科国际化水平和影响力
(5) 一流学科数量和排名
(6) 学科研究的经费
(7) 学科基础设施和平台建设
(8) 人才培养质量
(9) 社会服务能力

25. 您认为提升地方高校学科建设水平的最重要的四项策略是什么？
（　　）[多选题]
(1) 增加学科经费的投入
(2) 遴选卓越的学科带头人
(3) 组建强有力的学科团队
(4) 培育浓厚的学科文化氛围
(5) 构建完备的相关学科制度体系
(6) 加强学科交叉和跨学科研究和合作
(7) 大力引进优秀的学科建设人才

(8) 推动学科教师的国际化水平和能力建设

(9) 寻求更多国家和地方政府的政策支持

(10) 增加地方高校综合办学实力

(11) 招收更多优秀的学生

26. 您所在学校在“双一流”建设中最大的亮点是什么？（请填写）

____。

27. 除了以上内容之外，您对您所在学校的学科建设还有哪些建议？（请填写）

____。

烦请您检查填写中是否有遗漏的地方，再次感谢您的参与和支持！

后　记

本书是在我的博士论文基础上修改完善而成。我在写作中数易其稿，到了整理出版成学术专著的时候，又花了不少时间和精力来修改。按照学术专著出版的要求，从文字表达、数据资料、政策制度和引文规范等方面做了细致而全面的修改。从读博到博士论文写作，到答辩，再到将博士论文整理成书稿出版，差不多用了5年时间。个中滋味，只有亲身经历方能体会。如果从关注本书的研究课题开始算起，2012年我去贵州某地方高校工作，到今日出版专著，已整整十年。十年来，我主要关注地方高校的转型发展、学科建设、大学治理等内容。在书稿的写作中，我深切感受到：一是要拥有坚持不懈做事的毅力。能够忍耐学术研究的寂寞和艰辛，才能体验到收获学术成果的惊喜与欢乐。二是要拥有一颗感恩之心。我要感恩求学和工作以来，一直默默支持、关爱和鼓励我的人。

首先，经师易求，人师难得。谢谢我的导师王俊教授招录我为她的博士生，否则我就没有继续求学的机会。王老师是一位治学严谨、宽厚仁爱的知性学者，还是一位讲课幽默、充满激情的老师，更是一位充满传奇经历的女军人。在我的博士论文写作中，王老师倾注了不少心血，也没少为我担心。在王老师的引荐下，我有幸旁听了刘献君老师的“教育研究方法高级讲座”课程，还经常去喻园讲坛聆听其他老师的讲座。2020年1月，王老师刚做完手术，身体还没有完全康复，就通过微信和电话关心我的学习和生活，鼓励我坚持不懈地做好研究。可以说，没有王老师耐心细致和循序渐进的指导，我是很难完成博士论文的。至今，我还清晰地记得王老师发给我的那篇《我是怎样写出优秀学位论文的》。在我博士论文开题、正式写作、后期修改中，这篇论文给我启发很大。王老师不仅是我生命旅程中遇见的贵人和恩人，更是我在武汉的亲人。导师是这个世界上和你没有血缘关系，但是又真心希望你过得很好的人，这份师生缘分我铭记于心，它将激励我砥砺前行。

其次，独学而无友，则孤陋而寡闻。感谢华中师范大学教育学院的任课老师——董泽芳、涂艳国、王坤庆等，他们的精彩授课让我收获了知识，锻炼了思维。感谢论文开题报告中的每位评审老师提出的宝贵意见，让我的开题报告和论文得以不断完善。感谢论文正式答辩委员会的董泽芳、郭卉、欧阳光华、周小李、罗祖兵、邹义欢老师提出的论文修改意见，也谢谢恩师在答辩快要结束时对我的殷切期望和美好祝愿。我是一个不善言辞的人，希望在未来的工作和学习中不断努力，以实际行动回报师恩，回报母校，回报生活中遇见的每一位朋友。感谢华中师范大学教育学院所有的领导和老师们，经常来寝室看望我们，关心我们的学习和生活。感谢 2017 级的博士生同班同学和同门师兄弟、师姐师妹们，在三年多的时光中，能够与你们一起学习、交流和探讨，我感到莫大的幸运。还要感谢辅导员白颖颖老师、甘安虹老师以及其他博士校友对我学业和就业等方面的关心。

再次，感谢养育我的父母。他们给予了我宝贵的生命、健康的身体和幸福的家庭。他们勤劳、善良、朴实的品质激励着我，感染着我。读书期间，没有工作和收入，全靠他们的大力支持和宽容理解，我才得以安心求学。在武汉读博期间，谢谢舅舅一家对我的关照。还要感谢我的贤妻杨红女士，谢谢她给我的关爱与支持，谢谢她对我们这个小家庭的辛勤付出和努力。也感谢女儿王玥希的到来，让我感受到初为人父的快乐。

最后，谢谢参与问卷调查和深度访谈的高校领导、老师、同学和朋友们。尤其是 T 大学的校长从百忙之中抽出时间参与和支持我的深度访谈，还安排和组织了诸多领导、教师参与访谈，并赠送给我许多珍贵的文献资料。这些文献资料开启了我的智慧，丰富了我的研究内容。还要感谢G大学、毕节职业技术学院、毕节幼儿师范高等专科学校、铜仁职业技术学院、贵州师范大学、贵州财经大学、贵州民族大学、凯里学院等学校的相关领导和教师对本研究的积极参与和大力支持。感谢我的工作单位重庆幼儿师范高等专科学校的领导、同事和朋友们对我提供的帮助和指导。本书需要感谢的同仁太多，限于篇幅，不再赘述，一并谢过。同时，向参与匿名评审该书稿的专家们表示真诚的感谢。

始生之物，其形必丑。由于本人研究能力有限，拙作疏漏之处在所难免，恳望诸位同仁批评与指正！

王琳博

2022年8月28日于重庆万州